중국을 아는 100가지 키워드

코카콜라 병에 빠진 중국

중국을 아는 100가지 키워드
코카콜라 병에 빠진 중국

지은이 • 탄도 요시노리
옮긴이 • 김양수
초판 1쇄 발행일 • 1998년 5월 25일
초판 3쇄 발행일 • 1999년 3월 20일
펴낸곳 • 도서출판 자작나무
펴낸이 • 송인석
주소 • 121-160 서울시 마포구 상수동 21-1
전화 • 3142-9152~4
팩스 • 3142-9160
등록 • 제 10-713호(1992. 7. 7)
ISBN 89-7676-279-7 03330

값 • 8,500원

* 잘못된 책은 바꾸어 드립니다.

중국을 아는 100가지 키워드

코카콜라 병에 빠진 중국

탄도 요시노리 지음

김양수 옮김

자작나무

차례

제1장 요즘 중국에서는 무엇이 유행할까

제2장 변화하는 중국의 가정을 들여다보니

제3장 중국으로 간 자본주의, 그 후

제6장 변화하는 중국, 변화하는 중국인

현미경으로 보는 중국

이 책은 일본 요미우리(讀賣) 신문사의 베이징(北京) 특파원과 베이징 국장을 역임하는 등 다년간 중국관련 업무에 종사해온 탄도 요시노리(丹藤佳紀)의 『키워드로 읽는 현대중국(キ-ワ-ドで讀む現代中國)』(岩波書店 刊, 1995)을 완역한 것이다(저자의 도움으로 현재 상황과 맞지 않는 내용이나 통계수치는 경제상황에 맞게 수정하였다). 이 책의 강점은 중국의 최근 실정을 매우 소상하고도 재미있게 전달해준다는 데 있다.

20세기는 체제대립의 시대였고, 양자간의 대립과 갈등에서 비롯된 국제관계의 이합집산으로 우리의 대 중국관계도 우여곡절을 겪어왔다. 비록 우리와는 분명히 입장이 다르긴 했지만, 대 중국관계에 있어 연속과 단절이 점철되었던 점은 일본도 마찬가지였다. 일본은 봉건시대에는 중국문화에 대한 일종의 동경을 갖고 있었지만 메이지 유신을 전후하여 '탈아론(脫亞論)'

을 주창하면서 점차 중국을 경시하게 되었고, 그러한 분위기가 파시즘의 영향을 받고 재차 고조되었다. 그러나 패전 후에는 '지나(支那)'가 아닌 '중국'을 직시한다는 객관적 입장이 강조되면서 중국학 연구도 착실한 발전을 이루었고, 1972년 수교 이후 현재에 이르러서는 본 궤도에 올라 거의 동보성(同步性)을 확보하고 있는 느낌이다.

그러면 우리의 경우는 어떠했는가. 한국전쟁을 거친 후 냉전의 분위기 속에서 중국에 대한 정보는 매우 일방적인 형태로만 전달되었다. 어린 시절 『자유의 벗』과 같은 잡지를 통해 문화 대혁명 당시 군중행동을 촬영한 사진을 보고 몹시 강렬한 인상을 받았던 기억도 난다. 문화 대혁명이 종결되고 중국상황에 대한 피상적인 소개가 조금씩 나오게 되었던 것은 1980년대 이후였다. 중국학에 대한 80년대적 문제의식은, 냉전의 분위기로 인하여 그간 단편적으로밖에 알려지지 않았던 현대중국의 역사와 체제상의 특성을 편견 없이 이해함으로써 올바른 전체상을 수립하는 데 맞추어졌다. 그래서 '공백 메우기'로서의 연구와 소개가 활발히 진행되었다. 번역물들을 중심으로 일별해본다면, 외국의 중국 현대사 저작이나 인물전기류, 혹은 현대작가의 문학작품들이 주종을 이루었다.

1989년의 티엔안먼(天安門) 사건은 '문화 대혁명' 이후의 역사에 하나의 획을 긋는 중차대한 사건이었다. 1989년 6월 4일, 시민과 학생들의 민주화 요구를 '부르주아 자유화'로 규정하고, 탱크 캐터필러로 무참하게 밀어버린 이 사건은 떵샤오핑(鄧小平) 노선의 개혁한계를 여실히 입증해주는 것이었다. 6·4 사건 이후로 중국은 정치적으로는 급속한 보수화의 길을, 경제적으로는 고도성장의 길을 걷게 되었고, 이후로 전개된 동구권 사회주의의 몰락, 소연방 해체 등의 엄청난 세계사적 변화와 맞물려 현실 사회주의의 상은 소멸되어 버린다.

90년대 한·중 관계의 획기적인 사건이라면 1992년의 한·중 수교를 들어야 할 것이다. 수교 이후 양국의 교역규모는 연평균 40퍼센트 이상의 높은 성장률을 기록해왔고, 특히 1997년 7월 1일 홍콩이 중국으로 귀환됨에 따라, 홍콩을 포함시킨다면 중국시장은 이미 한국에서 단일규모로는 미국을 제치고 최대의 수출시장으로 부각했다. 인적 교류면에서 보아도 1992년 9만 명에서 1996년 63만 명으로 약 일곱 배가 늘어났다. 특히 1997년 상반기 중국 방문 한국인 수가 35만 2,000명을 기록한 바 있고, 전체적으로는 70만 명에 달할 것이라 예측하는 통계가 나온 것을 보면, 양국 관계 성장의 엄청난 속도감을 느끼지 않을 수 없다. 동서고금을 통해 가장 빠른 시일 안에 가장 급속한 성장을 이루었다고 평가되는 한·중 관계에 있어 '속도' 이후의 과제는 무엇일까. 80년대의 '공백 메우기'가 미처 제대로 이루어지기도 전에 '실물로서의 중국'이 너무 빨리 다가온 것이다.

1990년대 중국학의 과제는 바로 실물 다루기. 박물관에 존재하는 정물(靜物)로서가 아니라, 실제로 우리 옆에서 숨쉬고 움직이는, 살아 있는 대상으로서의 중국을 파악하는 데 있지 않을까.

등신대(等身大)로서의 중국. 어떤 대상에 가까이 접근하면 할수록 알아야 할 것도 많아지는 법이다. 거시적 관점에서의 중국 이해도 필요하지만, 미시적 관점도 필요하다. 냉전종결 이후 급속한 자본주의 재편이 전세계적 규모로 이루어지는 현실 속에서 한·중 양국 관계의 위상정립도 중요하겠지만, 맥도널드를 중국어로 어떻게 표현하는지도 알아야 한다. 현재는 도시 재개발 관계로 휴업중에 있지만, 한때는 전세계 맥도널드 분점 중 최대 규모였다고 하는 베이징 왕푸징(王府井)의 햄버거 가게를 찾아간다고 하자. 실제로 베이징 시내에서 길가는 사람에게 맥도널드를 물으면, 아무리 영어발음이 좋다고 해도 알아듣지 못하는 경우가 대부분일 것이다. 맥도널드(MacDonald)가 마이땅라오(麥當勞)임을, 그리고 빅맥(Big Mac)이 쥐우빠(巨無覇)임을 알아야 한다. 지금은 망원경과 현미경이 모두 필요한 시대이다.

중국사회의 현재상을 이해하려면 대략 두 가지에 착안하여 대상을 보아야 한다고 생각된다. 그것은 경제성장과 중국사회 특유의 제도이다. 얼핏 보기에 개혁·개방 이후 자본주의의 길을 걷고 있고, 금전적 이해관계만이 만사의 기준인 것처럼 보일지도 모르지만 그것만이 전부는 아니다.

또 반면에 자본주의적 개혁은 수단에 불과한 것이고 중국은 궁극적으로 사회주의의 길을 갈 것이라는 견해도 있다. 물론 미래에 대한 예견도 중요하지만, 지나친 단순화는 무지와 편견을 불러올 수도 있다.

이 책의 차례만 일별해봐도 알 수 있듯이, 이 책은 경제성장 이후 중국의 현상적 변화들을 보여주고 있다. 예컨대 주식, 핸드폰, 오빠부대, 로큰롤, 미니 스커트, 벤츠를 타고 다니는 중국인 등에 관한 재미있는 이야기도 많지만, 사회주의 시장경제, 인수합병, 지적 재산권, 농촌기업, 타이쯔팡(太子黨), 선거제도, 입법부 독립, 공직폐해 등과 같이 중국사회 특유의 고유한 관습이나 제도에 관한 내용도 많다.

'키워드'는 사회변화의 핵심을 알 수 있는 것이기도 하지만 모종의 문제를 해결하는 열쇠의 역할을 할 수도 있는 것이다. 이 키워드로 '등신대 중국'의 입구를 열고 들어가, 도전하고 성공하는 분이 많아지기를 바란다. 끝으로 매끄럽지 못한 초고를 깔끔하게 다듬어 예쁜 책으로 만들어주신 자작나무 출판사의 편집부 여러분, 그리고 텍스트 선정에서 일본어 번역의 제문제에 이르기까지 성심성의껏 도와준 아내 최영미에게 진심으로 깊은 감사의 뜻을 전한다.

1998년 5월
김양수

중국이 눈을 뜬다

"중국이 눈을 뜨면 세계를 뒤흔들 것이다."

나폴레옹이 '잠자는 사자' 중국에 대하여 한 말입니다. 지금 중국은 아시아의 대국으로, 일본이나 한국 등 주변의 여러 나라는 말할 것도 없고 국제사회에서 커다란 영향력을 행사하는 나라가 되었습니다.

그러면 중국은 언제 '깨어난' 것일까요?

어떤 이는 쑨원(孫文)이 지도한 신해혁명 때 아시아 최초의 공화국인 중화민국이 수립되었다고 합니다. 이때 중국의 봉건제도가 약화되면서 근대적 국민국가가 형성되기 시작했던 것입니다.

또 어떤 이는 장기간에 걸친 혁명투쟁과 항일전쟁, 국공내전을 거치면서, 중국 공산당의 지도하에 중화인민공화국이 수립되었다고도 합니다. 신중국 수립에 의해 청조 말기부터 지속된

외세의 잠식이 일소되었고, 지금도 계속되고 있는 '나라 만들기'가 시작되었던 것입니다.

그 시기를 언제로 하건 모두 근거가 있는 것이지만, 필자는 마오쩌뚱(毛澤東) 시대를 거치고 중국이 개혁·개방의 길을 가게 된 1978년을 '깨어난' 해로 보고 싶습니다. 이 대담한 노선 전환이 아니었다면 '민부국강(民富國强)'을 목표로 매진하고 있는 오늘날의 중국은 없었을 것이기 때문입니다. 또 이 전환과 냉전종결이 없었다면, 1992년에 실현된 한국과의 국교수립은 훨씬 늦어졌을 것입니다.

개혁·개방의 행보를 내디딘 중국에서는 이전과는 다른 제도와 사물이 등장했고, 그와 함께 중국인의 일상생활과 사고방식에도 변화가 생겨났습니다. 『키워드 중국』은 그러한 모든 분야에 걸친 변화를 '키워드'로 건져올려 해설해놓은 것입니다.

필자는 마오쩌뚱 시대 말기 베이징(北京) 특파원으로 부임하여, 개혁·개방으로의 전환과 그 후의 상황을 지켜봐 왔습니다. 중국의 변화에는 일본이나 한국이 찾아 헤매던 것과 마찬가지의 '풍요로운 생활'에 대한 지향이 담겨 있습니다. 거기에는 장구한 역사와 독자적 문화를 자랑하는 중국 특유의 독자성이 좋은 의미이건 나쁜 의미이건 간에 농후하게 반영되어 있습니다. 예컨대 외국인과 접촉할 때도 사업상의 기회로 이용하려고 하는 공리적 측면과 외국인에게 속거나 모욕당하지 않겠다는 민족의식이 작용하는 면이 혼연일체가 되어 있습니다.

그런 중국을 보기 위해서는 정치·경제의 거시적 분석도 불가결하겠으나, 개별적인 내용에 대한 미시적 이해가 수반되지 않는다면, 결국 피상적으로 흐르고 말 것입니다. 중국은 12억

이 넘는 인구를 갖고 있고, 핵무기와 전략 미사일을 보유하고 있는 아시아 제일의 대국이며, 아시아 유일의 유엔 안보리 상임 이사국이기도 합니다. 경제적으로도 매년 국민총생산과 무역량이 증가하고 있습니다.

그러나 그 반면에 '일궁이백(一窮二白 : 경제적으로는 가난하고, 문화적으로는 백지상태)'이라고 하는 상황도 있습니다. 예컨대 1997년에도 먹을 것이 부족한 국민이 6,500만 명이나 있고, 한자를 알지 못하는 사람도 1억 4,500만 명에 이릅니다. 21세기가 되면 탄산가스(CO_2) 배출량이 세계 1위가 된다고 하는 등 생태환경의 방향도 우려됩니다. 한마디로 중국은 거대한 발전도상국이라고 할 수 있습니다.

이번 기회에 그러한 중국을 대상으로 한 이 책이 '좁은 냇물 하나를 사이에 둔' 이웃나라 한국에서 출판된다고 하는 것은, 필자로서는 그야말로 감개무량하다고 하겠습니다.

제가 특파원으로 처음 서울과 인연을 맺게 된 것은 1974년이었습니다. 그 전해인 1973년에 박정희 정권하에서 당시 야당의 원이던 김대중 선생님이 도쿄(東京)의 어느 호텔에서 납치되는 사건이 발생했습니다. 이른바 '김대중 사건'이지요. 『요미우리(讀賣) 신문』은 "한국의 공권력이 사건에 관여되어 있다."고 보도하였고, 그것을 이유로 서울 특파원은 국외로 추방당했으며 지국은 폐쇄처분을 받았습니다. 그로부터 1년 후 상황이 바뀌어 특파원 주재허가가 났고, 제가 부임하게 된 것입니다.

13개월 후에 중국 베이징으로 이동하라는 본사의 명령을 받았습니다. 김대중 선생님에게 베이징 부임을 말씀드렸더니, 선생님은 저와 제 후임자를 신촌 로터리의 어느 중국 음식점으로 초대하여 환송·환영회를 열어주었습니다. 그때 선생님이 "중국은 한국·일본과 관계가 깊은 중요한 나라이니 확실히 관찰하여 보고해주십시오."라고 격려해준 것에 대해 지금까지도 감사하는 마음을 간직하고 있습니다.

선생님이 지적하셨듯이 아시아 사회에는 일본, 한국, 중국이 거대한 문화적 기반으로 연결되어 있습니다. 20세기에 들어오면서 일본이 역사적·문화적 경위를 무시한 행동을 하였기 때문에 '불행한 시대'를 초래하게 되었습니다. 다시 그러한 우(愚)를 반복하지 않기 위해 우리 일본인은 아시아를 깊이 이해해야만 하며, 다른 나라에 대한 이해가 상호간에 이루어져야 한다고 생각합니다.

그러한 견지에서 이 책이 한국의 독자 여러분, 특히 실무면에서 중국과 관련이 있는 분이나, 혹은 젊은 분들의 중국이해에 조금이나마 유용하게 쓰인다면 필자로서는 기대 이상의 즐거움이 될 것입니다.

마지막으로 번역에 애써 주신 김양수(金良守) 박사에게 감사의 뜻을 표하며, 만약 허락된다면 뛰어난 시인이자 작가로 한·일 양측에서 활약하신 고 김소운(金素雲) 선생의 영전에 이 변변치 못한 책을 바치고 싶습니다.

1998년 1월 도쿄에서

탄도 요시노리

낯선 단어, 변화하는 중국

『키워드 중국』을 쓰리라 마음먹은 것은 1992년 어느 날, 당시 매일 보아 익숙해져 있던 중국신문에서 '샤하이(下海)'라는 낯선 단어를 보면서부터였습니다. 조사해봤더니 잡지에도 빈번히 나오고 있는 단어였습니다. 그래서 사전을 찾아보았더니 나와 있는 것도 있었지만, 꼭 알맞는 설명을 찾을 수가 없었습니다. '옛날 말을 인용한 것이구나'라는 직감이 들어 새로운 사용법의 유래 등을 찾고자 많은 곳에 물어보기도 했습니다. 그 답은 어느 정도 본문에도 들어 있습니다.

이 책은 일중우호협회 전국본부의 기관지 『일본과 중국(日本と中國)』에 1993년부터 연재한 『키워드 93』(1994년은 『키워드 94』)을 토대로 대폭 보충한 것입니다. 앞서 기술한 '샤하이'를 위시한 새로 생겨난 말과 쓰이지 않다가 다시 사용되는 말에 주목하고 있을 때, 베이징 특파원 대선배로 『일본과 중국』 편집장

으로 있는 칸 에이치(管榮一) 씨로부터 "뭔가 써보지 않겠나?"라는 제의를 받고 잡지에 연재를 시작했습니다. 연재를 마치자 동본부의 사카이 마코토(酒井誠) 사무국장으로부터 "책으로 만들면 어떻겠나?" 하는 권유를 받고 이와나미쇼뎅(岩波書店)에 소개를 받았습니다. 이때 슈에샤(集英社) 다이칸다 야쓰유키(大神田康久) 씨의 조언도 감사드립니다. 테마를 찾고 해설을 하는 과정에서 일본과 중국의 동료들에게 거의 매일 가르침을 받았습니다. 도쿄(東京)의 각종 신문과 『런민르빠오(人民日報)』 등 중국 신문·잡지의 내용에 대해 일일이 출전을 달지는 않았지만, 기초자료로서 많이 이용했습니다.

연재하는 도중 독자 여러분과 주일(駐日) 중국특파원들로부터 받은 조언과 격려도 잊을 수 없습니다. 특히 세쏘난 대학(攝南大學)의 다케요시 지로(武吉次郎) 교수, 삿포로 맥주 베이징 사무소의 안도 히카리(安東火刈) 씨, 무역장려회의 시마다 겐(島田顯) 씨, 고단샤((講談社) 사전국(辭典局) 가네다 나오지로(金田直次郎) 씨에게는 내용과 관련하여 귀중한 조언을 받았습니다.

중국은 언제나 이해하기 어려운 대상입니다만, 대학에서 중국어를 배운 이래 직장동료와 학회 등의 선배·동료들에게 공적, 사적으로 모두 도움을 받았습니다. 이 책에 얼마간의 가치라도 있다고 하면, 이런 여러분들의 오랜 가르침 덕택일 것입니다.

그리고 "재미있지 않습니까?"라는 말로 저를 멋지게 속여 항목선정에서 내용보충에 이르기까지 출판의 A부터 Z까지 보살펴준 이와나미쇼뎅 편집부의 오노 다미키(小野民樹) 씨께 감사드립니다. 또 까다로운 중국어 표기에 대해서도 소홀히 하지 않는 섬세함을 보여주신 교정담당자 등 관계자 여러분께 진심으로 감사드립니다.

다시 한 번 동시대 라이브러리에 선정되어 독자 여러분을 만나뵙게 되는 행운을 잡게 된 것을 감사드립니다.

1995년 6월
탄도 요시노리

■ 일러두기

1. 인명이나 지명 등 고유명사는 표준어를 기준으로 원음에 충실하게 표기하되, 괄호 안에 한자를 병기하였고, 2중(또는 3중) 모음의 경우 가급적 1자 1음이 되도록 하였다.
   예) 北京→베이징(北京), 鄧小平→떵샤오핑(鄧小平)

2. 다만 방언사용이 이미 일반화되어 있는 경우, 그것을 굳이 표준어 발음으로 바꾸지는 않았다.
   예) 香港→홍콩, 李嘉誠→리카싱

3. 인명이나 지명이 아니어도 키워드 성격이 강한 단어인 경우 원음으로 표기하고 한자를 병기하였다.
   예) 下海→샤하이(下海), 太子黨→타이쯔땅(太子黨)

4. 다만 고유한 중국적 술어라 해도 지나치게 장황하여 일반독자들이 읽고 기억하기에 번거롭다고 판단되는 경우에는, 가급적 중국어 표기를 자제하고 우리말로 번역하거나 한자를 그대로 적어두었다.

5. 이 책의 내용은 대부분 중국(People's Republic of China)에서 새롭게 생겨난 특유한 현상이므로, 한자표기도 간체자(簡體字)를 사용하는 것이 격에 맞다고 생각한다. 하지만 간체자가 익숙치 않은 독자분들을 고려하여 번체자(繁體字)를 사용하였다.

6. 각각의 키워드는 한국어로 번역하고 그 옆에 중국어 발음을 한글로 표기한 것과 한자를 써놓았다.
   예) 코카콜라·커커우컬러·可口可樂

제1장

요즘 중국에서는 무엇이 유행할까

금단의 음료에서 일반대중의 음료로

코카콜라 • 커커우컬러 • 可口可樂

미국문화를 상징하는 코카콜라를 누가, 그리고 언제 이렇게 절묘한 중국어로 번역했을까. 왜 '커커우컬러(可口可樂)'를 절묘한 번역이라 하는가. 원어의 음과 의미를 기가 막히게 결합시켰기 때문이다. '가구가락(可口可樂)'을 한문투로 읽어내리면 '입에서 미끄러지는 것이 가히 즐겁다'는 뜻이 되고, CM 스타일로 하면 '맛있고 즐겁다'가 된다. 발음도 한자독음으로만 읽으면 잘 알 수 없지만, 중국어로 읽으면 'COCA COLA'의 영어발음에도 상당히 가까워지고, 거기에 중국어 특유의 높낮이가 결합되면 독특한 매력이 생겨나는 것이다.

코카콜라의 라이벌인 펩시콜라는 '바이스컬러(百事可樂)'로 표기된다. 이 경우에는 사실 발음도 그저 그렇고, 의미도 '만사가 기쁠 것이다'가 되어, 커커우컬러와 비교했을 때 다소 부족한 느낌이 든다.

코카콜라는 금단의 음료에서 지금은 중국인들의 사랑을 받는 음료가 되었다.

코카콜라가 중국에 처음 들어온 것은 1928년이다. 1930년대 '국제마도(國際魔都)'라 불리던 상하이(上海)에 공장이 개설되면서 처음으로 쓰기 시작했지만, 누가 그 이름을 붙였는지는 알려져 있지 않다. 그 후 서방 열강의 세력하에 있던 티엔진(天津) 칭따오(靑島) 등 옌하이 도시에도 공장이 세워졌다.

다만 이들 공장은 1949년 사회주의 혁명에 의해 신중국이 성립되자 모두 폐쇄되었다. 그 이후 코카콜라는 미제국주의를 상징하는 '금단의 음료'가 되었다.

중국에서 공식적으로 다시 코카콜라를 만난 것은 1979년이었는데, 그 전년도인 78년에 개혁·개방 노선으로 전환한 중국과 미국 사이에 국교가 수립되고, 수입이 인정되고 나서였다.

콜라의 2대 메이커인 코카콜라와 펩시콜라 가운데 코카콜라 회사는 1981년 중국에 합병형태로 공장을 설립했고, 펩시콜라 회사는 1년 늦게 진출했다. 코카콜라 회사에 의하면, 1994년 당사의 청량음료 매상은 지난해보다 76퍼센트가 증가했으며, 판매수량은 24병짜리로 1억 3,600만 상자에 이른다고 한다(그 중 코카콜라는 37퍼센트).

현재는 중국산 콜라류도 출시되고 있는데, 그 중 산뚱(山東)

성의 라오산(嶗山) 콜라, 쓰촨(四川) 성의 티엔푸(天府) 콜라가 유명하다. 중국의 청량음료 시장은 코카콜라가 12퍼센트, 펩시 콜라가 7퍼센트(1992년)이고, 중국산 소프트 드링크가 시장의 80퍼센트 이상을 차지하고 있다.

코카콜라 회사와 펩시콜라 회사는 중국에서 각기 32개와 10개의 공장을 건설하고 있으며(1995년 봄), 앞으로 3억~5억 달러를 투자하여 공장을 세울 계획으로 있어, 세계 최대의 청량음료 시장으로 침투할 태세를 갖추고 있다.

콜라류는 다른 브랜드 제품과는 달리 가짜에 시달리는 걱정 없이 연간 30퍼센트의 높은 신장률이 계속된다는 것이다. 지엔리빠오(健力寶)와 같은 중국산 청량음료들도 프로축구의 스폰서가 될 정도로 건투하고 있다. 그렇다 해도 대중은 '미국을 매우 좋아하기' 때문에 코카와 펩시의 비율은 매우 높아질 것 같다. 그 때문에 비록 1995년 3월의 전국인민대표대회(약칭 전인대 : 국회에 해당됨)에서 채택되지는 않았지만, 꽝뚱(廣東) 성 등의 대표 32명이 "중국 청량음료를 보호하기 위해 코카콜라와 펩시콜라의 확대를 적절히 제한하자."는 결의안을 제출했을 정도이다.

노동자 가정의 3ㅁ년분 수입과 맞먹는 귀족학교의 입학금

귀족학교 • 꿰이쭈쉬에샤오 • 貴族學校

사회주의를 표방하는 중국에 귀족학교라는 것이 있을까. 물론이다. 최근에는 속속 등장하여 영어 · 컴퓨터 교육 등을 상품화하여 인기를 끌고 있다.

1980년대 말까지 중국에서 학교라고 하면 당연히 공립이었다. 민간에서 사립학교를 설립하려는 움직임은 개혁 · 개방 노선이 본격화되면서 시작되었다.

등소평이 제창한 시엔푸룬(先富論 : 사회 구성원 중 일부 능력 있는 사람들은 풍요로워져야 한다는 주장)의 그늘 아래에서 주위를 고려하지 않고 부를 축적하는 것이 인정되자 따쿠알(벼락부자)이 출현했다. 이로 인해 사립학교, 특히 호화시설이나 설비, 교육체제를 자랑하는 학교가 본격적으로 설립되었고, 이러한 사립학교 중에서 '귀족학교' 라는 별칭이 붙은 것까지 생겨나게 되었다.

학교교육을 총괄하는 국가교육위원회에 의하면, 1995년 3월 현재 급증하고 있는 사립학교는 전국적으로 중학교(初級中學) 600개, 고등학교(高級中學) 3,000~4,000개라 한다.

개혁의 최첨단을 달리는 꽝뚱(廣東) 성의 경우 이러한 귀족학교는 1995년 봄 현재 31개이고, 재학생은 7,000명이라고 한다(상하이, 『지에팡르빠오(解放日報)』). 입학금의 최고액은 30만 위엔이지만, 대부분 15만~25만 위엔이다. 30만 위엔이라는 금액은 도시노동자 가구 연평균 수입의 30년분에 해당하는 액수이다.

도대체 어떤 학교인가. 에어컨 · 피아노 · 컴퓨터 · 시설 좋은 화장실 등 교육과 생활 양쪽에서 최신 시설을 갖추고 있는 것은 물론, 우수한 교사를 높은 급료로 고용하여 외국어, 컴퓨터 교육 등 엘리트 교육을 지향한다. 전교생이 기숙사 생활을 하는 초등학교도 있고, 유치원에서 고등학교까지 하나로 묶어 패키지 상품으로 내놓는 곳도 생겨나고 있다.

쓰촨(四川) 성의 또우쟝이엔(都江堰) 시. 한대(漢代)에 정비된 관개시설로 유명한 이 도시에 설립된 꽝야(光亞) 초등학교도 전교생이 기숙사 생활을 하는데, 1992년 7월에 대대적으로 학생모집을 하여 화제가 되기도 했다. 놀라운 사실은 연간 학비와 기숙사비의 합계가 4만 8,000위엔이라는 것이었다. 1992년 당시의 환율은 1위엔이면 한화로 200원을 넘었으니까, 이 비율로 환산하면 1,000만 원이 넘는, 눈이 튀어나올 만한 액수였다. 대도시 노동자의 평균 월수입이 300위엔 정도였으니까 연수입의 10년분을 가볍게 넘는 금액이었다.

그러나 교장은 "첫해에는 100명을 모집했는데, 170명이 응모했다."고 말했다(『두수신원(讀書新聞)』). 꺼티후(個體戶)라 불리는 자영업자나 높은 임금을 받는 합병기업 임원 등의 자녀들이 주로 입학해 있다.

이와 같은 붐을 반영하여 일본의 상사(商社)가 안후이(安徽)성 우후(蕪湖) 시에 중국정부가 인정하는 사립 중학교와 고등학교를 개설하려 한다는 움직임도 전해졌다. 그 학교에서는 일본어를 제1외국어로 하고 컴퓨터도 활용할 것이라 한다.

그리고 수많은 귀족학교 중 하나인 꽝저우(廣州) 시의 중화 영호 학교(中華英豪學校)에서는 1994년 2월 4,5학년생 26명이 일본으로 수학여행을 갔다. 중화 영호 학교는 입학금으로 25만 위엔(당시 환율로 하면, 한화로 약 2,500만 원)을 지불하고, 그 이자로 기숙사비를 충당하는 귀족학교이니만큼 학생은 감색 교복과 교모 차림에 모두 카메라를 가지고 있었으며, 가방은 브랜드 제품이었다.

지금은 귀족학교와 유사한 개념의 여러 가지 새로운 시설이나 서비스도 등장했다. 그 중 하나가 초·중등학생을 대상으로 베이징(北京)에서 생겨난 골프학교(高爾夫運動學校)다. 일주일에 두 차례 하는 강습에서 실기와 영어를 배우고 일요일에는 필드에 나가 직접 플레이를 한다. 이 '어린 귀족'들의 수업료는 한 달 160위엔이다.

다른 하나는 어린이 에스코트 서비스이다. '자녀를 배웅하거나 마중해주는 것보다 비즈니스에 전념'해야 하는 합병기업의 임원이나 자영업자 등 부자들을 대상으로 시작되었다. 아침이면 집에서 학교까지 데려다준다. 뿐만 아니라 귀가길에는 교문까지 마중을 나가고 필요한 곳이 있으면 몇 군데 들렀다가 집에까지 데려다준다. 이 비용은 한 달 500위엔에서 800위엔. 1994

년 4월 놀랍게도 베이징의 난취(南區) 우체국이 이 새로운 영업에 적극적으로 나섰다.

　귀족학교는 라오바이싱(老百姓 : 일반대중)은 도저히 만져볼 수도 없는 고액의 입학금을 징수하는 것부터 사회문제가 되고 있어 교육당국도 떨떠름한 표정으로 규제를 준비하고 있다.

너도나도 직장 옮기기

자, 떠나자! 돈의 바다로! • 샤하이 • 下海

샤하이는 1993년 중국의 유행어 콘테스트에서 1등을 한 신조어이다. 이와 유사한 의미를 갖는 티아오차오(跳槽)도 유행했지만, 아무래도 샤하이 쪽이 내력 있고, 아울러 새로운 세계로 나아가는 듯한 이미지가 있었기 때문일 것이다.

바다를 보기가 힘든 중국인들에게 바다가 들어가는 표현, 예컨대 '해수욕' 등은 친숙하지 않은 말이다. 그럼에도 불구하고 샤하이라는 용어가 눈에 띄지 않은 채 지나가는 날이 없을 정도로 중국의 신문·잡지에는 이 말이 범람했다.

본래의 뜻은 문자 그대로 '바다에 들어간다' '고기 잡으러 간다'는 의미이지만, 현재 많이 쓰이는 용례로 보자면 '개발붐이 일고 있는 하이난따오에 가서 취업을 한다(下海南島)', 또는 '사회주의 시장경제의 바다로 들어간다(下社會主義市場經濟的海)' 등으로 사용되고 있다.

개혁·개방이 진행되고 있는 중국사회에서 행정과 기업의 분리, 외자(外資) 관련 기업의 고용기회가 증가함에 따라 여태껏 없었던 대량의 전직(轉職)현상이 나타나고 있다. 샤하이는 보통 국가 지방기관의 간부나 직원, 교사 등이 비교적 대우가 좋은, 그러나 경쟁이 심한 민간기업으로 옮기는 경우를 일컫는 말이다.

본래의 의미는 '연극하기를 좋아하는 아마추어가 프로가 되는 것'이며, 그 외에 '초보자가 숙련가가 되는 것을 조소하여 말할 때' 사용하기도 한다. 그러나 지금에 와서는 '기회를 보는 데 민첩하다.'라는 긍정적 이미지로 사용되는 경우도 많은 것 같다. 예를 들면 국영 신화사(新華社)에서 발행하는 시사주간지 『랴오왕(瞭望)』에 실린 기사를 잠시 보면, "샤하이하자 그의 수입은 예전 동료의 열 배를 넘었다."는 내용도 눈에 띈다. 이 샤하이 붐은 교사한테까지 확대되었다. 초·중학교에서는 급여를 늦게 지급하거나 때로는 지급을 거르는 등 나쁜 대우가 문제 되었을 정도였으므로, 그것은 자연스러운 움직임이었을지도 모른다. 『베이징르빠오(北京日報)』에 의하면 베이징에서는 1990년부터 4년 동안에 약 6,000명이 교직을 단념하고 샤하이했다고 한다.

한편 꽝저우(廣州) 시의 『양청완빠오(羊城晚報)』는 "많은 사람들이 시대의 흐름에 따라 샤하이하고 있을 때, 일부는 촨이상안(穿衣上岸 : 옷을 입고 뭍으로 올라온다)하고 있다."는 내용을 게재하여, 다른 한편에서는 유턴현상이 생겨나고 있음을 밝히기도 했다. 일본에서는 메이지(明治) 유신 이후 '무가(武家)의 상법(商法)'이라는 표현이 유행한 적이 있는데, 중국에서도 샤하이 붐의 여진(餘震)처럼 '상안(上岸)'이 유행어가 될 날이 올는지.

일확천금을 꿈꾸는 주식시장의 군중들

주식열기 • 꾸피아오러 • 股票熱

중국에서 주식이 붐을 이룬 나머지 과열현상을 보였던 때가 있는데, 이 상황을 세계에 알린 사건은 선전(深圳) 시에서 일어난 '주식구입 소동' 이었다.

경제특구로 지정된 이래 중국 경제발전의 상징이 된 선전 시에서 1992년 8월 새로 상장된 주식 5억 주(株)가 공모에 의해 판매되었다. 시 당국은 추첨권 5,000만 매를 발매했는데, 한 매당 가격은 노동자 평균 월수입의 3분의 1에 해당하는 100위엔이었으며, 당첨권 한 매로 1,000주를 구입할 수 있었다.

'주식을 사면 돈벌이가 된다.' 고 하는 꾸피아오러(股票熱 : 주식 붐)가 선전은 물론 옌하이(沿海) 각지에 퍼져 있을 때였으므로, 이 공모판매는 비상한 관심을 끌었다. 100위엔이나 하는 추첨권을 손에 넣기 위해 선전이 속해 있는 꽝뚱(廣東) 성 이외의 각지에서도 군중이 밀려들어, 발매일인 8월 9일에는 이른 아침부터

100만 명이 선전 시내 추첨권 판매장에 인산인해를 이루었다.

그날 저녁 이른 시간에 '추첨권 매진'이 발표되고, 판매가 마감되어 버렸다. 1인 10매라는 구입제한이 있었는데도 너무나 이른 '완전매진'이었다. 줄을 섰는데도 사지 못한 사람들 틈에서 대량의 추첨권을 손에 쥐고 한 매에 300위엔이라는 암시세로 잽싸게 팔아치우는 사람들이 생겨났다. 추첨권을 입수하지 못한 군중들은 선전 시 당국에 항의했으며, 그날 밤 수만 명의 군중과 경찰이 심하게 충돌했다.

이 군중행동에는 비록 정치적 슬로건이 표면에 드러나지는 않았지만, 당국의 부정부패에 대한 항의가 담겨 있었다. 티엔안먼(天安門) 사건 이래 초유의 대규모 군중행동에 놀란 정부는 현지에 조사단을 파견하여 추첨권을 유출하는 데 모종의 부정행위가 있었음을 알아냈다.

'선전 주식소동'은 주식거래 부활 이후의 초기적 상황을 상

주식구입 소동으로 세계의 이목을 끌었던 선전시의 증권시장.

징하는 사건이었다. 그 배경으로 주식거래나 국채매매에 재빨리 착수하여 문자 그대로 일확천금을 손에 넣은 사람들의 성공담이 널리 퍼져 있었던 점 등을 들 수 있다. 그 때문에 '주식을 사면 돈벌이가 된다.'고 믿고 큰돈을 쏟아붓는 사람들이 등장했고, 주가하락으로 원금도 회수하지 못한 채 자살한 투자자의 예는 상하이 등지에도 많다. 이러한 현상은 시장경제로 이행하는 과정에서 겪어야 하는 것들이리라.

중국 기업 메커니즘의 전환은 점차 나아지고 있으며, 주식제를 취하는 기업은 1994년까지 3만 3,000개에 달한다. 이 숫자는 전년대비 1.52배다. 또 상하이 증권거래소, 선전 증권거래소에 상장된 기업은 1994년에 291개를 헤아려, 전년대비 106개가 증가하였다.

앞으로 본격화할 국유기업 개혁방안으로 주식회사로의 전환이 고려되고 있다. 과거 일본의 덴덴공사(電電公社)가 NTT로 이행하는 과정에서 보여준 것처럼 국가와 민간이 서로 주식을 소유하는 구조가 되는 것이다. 중국 국유기업의 경우 노동자의 권리를 지킴과 동시에 적극성을 발휘하기 위해, 그 기업의 직공(직원 및 노동자)에게 주식을 소유하게 하는 제도의 채용도 1997년 9월의 중국 공산당 제15회 대회에서 정식으로 승인되었다.

이러한 상황을 반영하여 매스미디어도 전에 없이 주식동향을 보도하게 되었다. 당 기관지 『런민르빠오(人民日報)』에는 없지만, 『징지르빠오(經濟日報)』에는 상하이, 선전 두 증권거래소의 주식동향이 당연한 듯 게재되어 있다. 이런 것을 보고 '과연(果然)'이라 해야 하는지.

포르노 잡지 판매에 사형이라?

포르노, 도박, 마약 • 황, 뚜, 뚜 • 黃, 賭, 毒

황(黃)은 대체로 황색-옐로-포르노의 의미선으로 연결되고, 뚜(賭)는 도박, 그리고 뚜(毒)는 뚜핀(毒品 : 마약)을 말한다.

황은 구체적으로 황써 루샹따이(黃色錄像帶 : 포르노 비디오), 황써 칸우(黃色刊物 : 포르노 잡지) 등을 가리킨다. 일본에서는 포르노가 본격화되기 전, 예컨대 '도색유희(桃色遊戱)' 등과 같이 말하려는 대상의 앞에 도색(桃色 : 핑크)이라는 수식어가 사용되었는데, 중국에서는 그것이 왜 황색일까.

중국인들은 전통적으로 홍(紅)을 경사스러운 색으로 여겨왔다. 문화 대혁명 시절 마오쩌뚱(毛澤東)을 추종하던 학생은 '홍웨이삥(紅衛兵)'이 되었고, 『마오 주석 어록(毛主席語錄)』은 '홍빠오수(紅寶書)'라 불렸다. 당시 드라마 공연은 여덟 편의 혁명 모범극밖에 허용되지 않았는데, 그 중 하나가 〈붉은 여성 중대(紅色娘子軍)〉였다. 또 마르크스주의에 기초한 노동운동, 혁명운동이 시작되고 나서 '홍'에는 이데올로기적으로 순수하다는 이미지가 더해졌다. 역으로 '황'에는 '사이비'라는 어감이 있어 황써 꿍후이(黃色工會)라고 하면 자본가측에 매수된 어용조합을 나타낸다. '나쁜 물건'이라는 의미는 대충 이 정도쯤에서 나왔던 것 같은데, 왜 황색이 포르노와 결합되었는지는 확실하지 않다.

신중국 성립 후 황써 꿍후이를 포함한 '황색○○'는 엄금되어 사회에서 모습을 감추었다. 그러던 것이 1978년 대외개방 노선이 천명되자 외국의 자본기술과 함께 갑작스레 흘러 들어왔다. 특히 VTR의 보급으로 황써 루샹따이가 확산되자, 일반관광객이 가지고 들어온 비디오 테이프들도 엄격한 단속대상이 되었다. 1995년 2월에는 단속반원이 황써 칸우를 비밀리에 출판, 판매하다가 체포되어 사형에 처해지기도 했다.

이쯤 되니 '예술이냐, 외설이냐'의 문제가 생겨나는 것도 당연하다. 1994년 1월에는 신중국 건국(1949년) 이후에 출생한 작가 쟈핑와(賈平凹)의 소설 『페이뚜(廢都)』가 금서가 되었다.

이 소설은 당대(唐代)의 수도 장안(長安)으로 알려진 고도(古都) 시안(西安)을 무대로 지식인의 생활모습을 그린 작품인데, 성묘사의 핵심 부분은 첫머리부터 수백 자 분량씩 '□□□□□'의 형태로 복자(伏字)처리를 하고 있어, 그것이 오히려 독자의 상상력을 북돋운 듯하다.

쟈(賈)는 일찍이 영화화되었던 소설 『예산(野山)』의 원작자이기도 한데, 『예산』에서도 부부교환(swapping)이 화제가 되었다.

작가가 '상식'에 도전하기 위하여 『페이뚜』의 테마를 의도적으로 섹스로 정하는 한편, 검열의 눈에 빨리 띄도록 복자를 많이 썼다는 견해도 있다.

『페이뚜』는 1993년 6월에 출판되자마자 베스트셀러가 되었다. 그러자 해적판도 여기저기서 재빠르게 만들어져, 시장에 깔린 부수가 해적판을 포함하여 100만 부를 훨씬 넘었다고 한다. 금서가 되자 이 책을 발행한 베이징 출판사는 이익을 전액 몰수당하고, 그 두 배에 달하는 벌금을 징수당하는 혹독한 처분을 받았다.

1993년에는 누드사진집이 출판되자 '런티메이수(人體美術 : 누드미술)'라 하여 화제가 되었다. 일찍이 1988년에 베이징에서 누드회화전이 열려 대만원의 성황을 이룬 적도 있었다. 이듬해 티엔안먼(天安門) 사건이 있자, 그 후 정치적 긴축이 심화되고 사회분위기도 다소 경직되어, 누드라 할 만한 것이 없어졌다. 1990년대가 되고 개혁·개방 정책이 추진되자, 개방의 풍조가 다시 살아나 서점에 누드사진집이 진열되었다.

그러나 황·뚜·뚜의 '삼악(三惡)'을 포함하는 '육해(六害 : 다른 것으로는 매춘·유아·부녀자·유괴 등이 있음)가 심각해지자, 또다시 규제가 심해져 런티메이수는 자취를 감추었다. 간행물에 대한 규제도 심하여, 통과 여부를 가리는 커트라인은 젖꼭지와 엉덩이의 노출 정도이다.

캘린더나 트럼프 등에 여성의 수영복, 속옷이 자주 등장하는데, 수영복도 싼디엔스(三點式 : 비키니를 말한다. 음역으로는 比基尼라 표기하기도 함)의 경우 보디빌딩하는 여성의 모습을 제외하고는 캘린더에 지나치게 사용하지 말라는 지침이 나와 있다.

뚜(賭)는 도박을 말한다. 마작의 '본가(本家)'이니만큼 마지앙(麻將 : 마작)과 푸커(撲克 : 포커)를 하는 사람이 많고, 상대적으로 상설장소와 설비가 필요한 룰렛 등은 적은 것 같다. 덧붙여 말하면 마작(麻雀)은 일본식 한자어이다. 처음 일본을 방문한 중국인 중 그것이 '본가'에서 말하는 마지앙이라는 걸 알지 못하고, '일본에는 어째서 저렇게 참새를 파는 가게가 많은가.' 하는 의문을 갖는 경우가 있다.

그리고 마지막의 뚜(毒). 과연 정곡을 찌르는 표현이다. 일반적으로 독물(毒物 : 청산가리)이나 극물(劇物)이라 할 때도 포함되지만, 여기서의 '뚜'는 뚜핀(毒品)을 말하는 것으로, 기호품으로 쓰이는 아편, 모르핀, 헤로인 등이 해당된다.

청(淸) 말, 영국이 갖은 수단을 동원하여 중국에 아편(阿片, 또는 鴉片이라 표기)을 퍼뜨렸다. 대가로 지불되어야 할 은(銀)의 유출과 국민건강의 악화를 막기 위해 조정에서는 아편을 금지했고, 유명한 아편전쟁(1840년)이 일어났다.

아편은 양귀비로, 헤로인은 아편으로 만든다. 중국 윈난(雲南) 성은 미얀마, 라오스, 베트남과 국경을 접하고 있으며, 양귀비, 아편, 헤로인의 생산지로 알려진 골든 트라이앵글(金三角)의 일각을 이룬다. 1980년대 이후 아편, 헤로인이 이곳에서 내륙으로 밀수되는 경우가 갑자기 늘었기 때문에 중국당국은 진뚜(禁毒 : 마약박멸)를 슬로건으로 하고, 마약의 제조·판매·사용에 극형주의로 대처하고 있다.

1980년대 후반에는 단속을 강화하지 않으면 안 될 것이 또 하나 늘었다. 아이쯔삥(艾滋病 : 에이즈)의 유행이다. 이는 헤로인의 생산·유통 루트에서 소독하지 않은 주사기로 돌아가며 투여한 데서 기인하며, 이러한 지역에 에이즈가 상당히 퍼져 있다.

'진뚜'의 사정을 아는지 모르는지 쓰촨 성에 있는 충칭(重慶)에는 쓰촨요리의 명물 충칭후어구어(重慶火鍋 : 냄비에 끓이면서

먹는 요리)에 양귀비 열매와 씨앗을 '숨은 맛'으로 사용하는 레스토랑이 1995년 3월에 적발되었다.

쓰촨요리는 매운맛으로 잘 알려져 있는데, 그 매운맛에는 두 종류가 있다. '라(辣)'는 맵고 얼얼하다는 뜻이지만, '마(麻)'는 입술이 저려 마비되는 듯한 맛을 말한다. 이 맛을 살린 쓰촨요리의 백미가 바로 마라떠우푸(麻辣豆腐, 또는 麻婆豆腐라고도 한다)이다. 한국요리 같은 데서 맛볼 수 있는 '매운맛(辣)'을 내는 데는 고추가 주역이지만, '얼얼하게 저린맛(麻)'을 내는 데는 산초가 사용된다. 거기에 다시 양귀비를 사용했기 때문에 그 '충칭후어구어'가 감각기관이 마비될 만큼 맵고 뜨거운 것은 당연하리라.

수영 파트너가 되어드립니다

핑크 서비스 • 싼페이 • 三陪

　　중국의 시장경제화는 시엔푸룬(先富論 : 사회구성원 중 일부 능력 있는 사람들은 풍요로워져야 한다는 주장)을 주장한 떵샤오핑(鄧小平)도 미처 생각지 못한 새로운 형태의 돈벌이를 만들어냈다. 바로 1993년 중국의 옌하이(沿海) 시에 출현한 '페이용(陪泳) 아가씨'인데, 문자 그대로 '수영 파트너'이다. 함께 수영만 해주고도 받는 돈이 당시 시세로 시간당 50위엔이었다.

　　'모신다'는 의미의 '페이(陪)'는 앞서 기술한 페이용 아가씨를 위시하여, 내용과 형태가 더욱 다양화되고 있다.

　　페이용 아가씨는 1993년 여름 베트남에 가까운 꽝시좡족(廣西壯族) 자치구 베이하이(北海) 시의 바닷가에 나타난 후, 순식간에 퍼졌다. "해수욕하는 남성의 벗이 되겠습니다."라는 선전 문구로 시작된 신종 서비스였지만, 거기에서 그치지 않는 것이 이 업종의 통례이다. 남성이 기대하는 '기타' 서비스인 마사지에서 키스에 이르기까지 서비스 요금은 100위엔이나 200위엔인데, 그 이상은 요금을 더 지불해야 한다.

　1994년 여름 상하이(上海)의 신문에는 '페이용 아가씨와 수영하던 당서기 사망'이라는 표제의 기사가 실리기도 했다. 사망자는 꽝뚱(廣東) 성 어느 향촌의 당서기. 쓰촨(四川) 성에서 꽝뚱 성으로 돈벌이하러 온 호스티스를 만나 싼페이(三陪 : 陪坐 陪酒 陪舞)에 다시 페이용 접대를 거듭 받던 중 심장발작을 일으켜 죽었다고 한다.

　싼페이는 현대중국 접대의 기본으로, 페이쭈어(陪坐 : 옆에 앉아 시중들다), 페이지우(陪酒 : 술상대를 한다), 페이우(陪舞 : 댄스 파트너가 된다)의 세 가지를 가리킨다. 최근에는 가라오케에서의 페이창(陪唱 : 듀엣)이 더해졌다.

　이러한 서비스를 하는 젊은 여성이 싼페이 샤오지에(三陪小姐)이고, 그들의 월수입은 현재 1만 위엔 가량이나 된다고 한다. 노동자의 월평균 수입이 500위엔 내외니까 시민들의 반감을 사리라는 것은 미루어 알 수 있다.

　1993년 여름 꽝시쫭족 자치구에 나타나 화제가 된 페이용 아가씨 중 수영뿐 아니라 '도를 넘은 행위'를 한 120명의 여성이 당국에 적발되었다. 손님이 페이용 아가씨에게 얼마를 지불했는지는 알 수 없지만, '도를 넘은 행위' 쪽이 오히려 본업이며 요금도 상당했을 것이다.

　단속 지휘부인 꽁안뿌(公安部 : 경찰청)가 1994년 6월에 내놓은 단속강화 통지를 보면 각 레벨의 공안기관은 어떠한 형태로든 오락장을 직접 경영하거나 경영에 참가해서는 안 된다는 내용을 못박아 두고 있다. 여기서 말하는 오락장이란 우팅(舞廳 :

댄스홀), 가라오케(卡拉OK), 예쫑후이(夜總會 : 나이트 클럽) 등 쌴페이 아가씨들이 출입할 것 같은 곳을 말한다. 이 규정은 공안기관과 업자 간에 모종의 결탁이 있음을 시사하는 것이기도 하다.

그쪽 세계에 페이융 아가씨 같은 '아가씨'들이 등장하는 것은 필연적 과정이다. 상하이(上海)에는 영화를 함께 보는 페이칸(陪看) 아가씨까지 출현하고 있다니, '쌴페이'의 3은 앞으로 5, 6, 7……로 고쳐 씌어져야 할 것이다.

총리 동상 뒤에는 가라오케 네온간판이……

가라오케 • 가라오케 • 卡拉OK

동남아시아뿐만 아니라 중국에서도 이미 너무나 유명해진 일본 산 오락기기 가라오케는 중국어로 '卡拉OK'라고 표기되고 있다.

로마자가 섞인 문자배열에서도 추정할 수 있듯이, 현대중국 의 유행어들과는 달리, 홍콩, 대만 등 남방에서 먼저 생겨나 유 행하고 중국대륙으로 북상해 간, '남풍북점(南風北漸 : 남쪽으로 부터 불어온 바람이 북쪽에 미친다)'의 예 중 하나이다.

이처럼 어이없는 외래어 도입에 비하면 한국의 민족주의는 매우 강하다. 언어의 이상적 형태에 대하여 민족문자 한글을 전 용할 것인가, 아니면 외래문자인 한자를 혼용할 것인가의 문제 를 둘러싸고 지금도 논쟁을 계속하고 있다. '가라오케'라는 혈 통이 애매한 일본어를 그대로 사용하지는 않고, '노래방'이라는 이름을 붙였다. 중국국적의 조선인(중국에서는 그들을 조선족이라 부른다)이 많은 지린(吉林) 성 옌벤(延邊) 조선족 자치주의 옌지

베이징의 가라오케 풍경.

(延吉)에서는, 공공기관, 기업 등의 간판은 한글과 한자 병기가
원칙이지만, 거리의 가라오케 바는 한글로만 '노래방'이라고 되
어 있다.

중국 공산당의 기관지 『런민르빠오(人民日報)』는 "일본의 관
보(官報) 같다."는 혹평이 있을 정도로 딱딱하다고 알려졌으나,
본래 8면이던 지면이 늘어나면서 가끔 부드러운 화제도 등장하
게 되었다. '가라오케 행진곡'이라는 제목의 칼럼도 그 중 한
가지이다.

이 칼럼은 1993년 5월 8일자 지면에 실렸던 것으로, 가라오
케의 어원에 대해 "일본어의 가라오케는 일본어(가라=空) 절반
과 영어(OK=오케스트라) 절반의 합성어이다."라고 소개했다.
그 글의 필자는 1992년까지 도쿄(東京) 특파원을 지내, 가라오
케 사정을 잘 알고 있는 위칭(于靑) 기자였다.

호텔에 있는 가라오케는 요금이 비싸서 일반대중이 즐길 수
없기 때문에, 에코기능은 다소 떨어지더라도 대중요금으로 서

비스하는 가게가 무수히 생겨나고 있다.

고도(古都) 충칭(重慶)에는 중일전쟁 당시의 중국 공산당 사무소 자리가 있고, 뒤에는 저우언라이(周恩來) 총리의 동상이 있다. 바로 그 뒤에는 지금 꺼우팅(歌舞廳 : 댄스홀) 가라오케의 네온간판이 있다. 이 풍경을 저우언라이는 어떻게 바라보고 있을까.

그건 그렇고 앞의 그 『런민르빠오』 기사에서 재미있는 것은 "이처럼 한자와 로마자가 섞인 단어는 중국의 신문 · 잡지에서 아직 두번째 예가 보이지 않는다."고 하는 점이다. 확실히 개혁 · 개방 노선이 제기된 1978년 말까지 중국의 신문 · 잡지에서 이같은 로마자 합성어는 눈에 띄지 않았다. 컴퓨터도 처음에는 띠엔쯔지쏸지(電子計算機)라고 번역되었으나, 후에 홍콩, 대만제 띠엔나오(電腦)가 '북상(北上)' 하여 현재는 완전히 정착했다.

외래어 음을 그대로 표기하는 일본과 달리 외래어는 의역(意譯)하거나 음역(音譯)하는 것이 중국어의 숙명(?)이지만, 로마자가 섞인 가라오케(卡拉OK)의 등장으로 마침내 그것이 무너졌다고 할 수 있을까.

위칭 기자가 말하듯 가라오케가 유일무이한 로마자 합성어냐 하면 그렇지는 않다. 뒤에서 다시 소개하겠지만 삐삐에 대해서는 BP지(機)라는 로마자 한자표기가 정착되어 있다. 위칭의 기사가 나온 지 일주일 후 『런민르빠오』 지면에도 "BP지 이용자가 점점 늘고 있다."는 내용이 실리기도 했다.

암흑가의 형님, 핸드폰

핸드폰 • 따꺼따 • 大哥大

어느 시대 어느 나라든 신기한 물건은 여러 가지로 화제가
되는 듯하다. 전화보급 정도가 '아직'이었던 중국에 '갑자기'
등장한 핸드폰은 어떤 의미로든 주목할 만한 것이었다. 앞에서
소개한 '새로운 바람은 남쪽에서 북상한다.'는 말처럼 핸드폰에
도 홍콩식 명칭이 그대로 붙여졌다. 바로 '따꺼따(大哥大)'이다.
중국에서는 공식적으로는 '이똥띠엔화(移動電話)'라고 하지만,
일반적으로는 '따꺼따'라는 용어가 통용되고 있다. 사전에 보면
따꺼(大哥)는 '맏형'으로 나와 있다. '꺼(哥)'는 일반적으로 '형'
의 의미이므로, '따꺼'는 '형님' 정도가 된다.

신중국 성립 후 사회주의 건설의 모범을 소련에서 취한 중국
은 소련을 라오따꺼(老大哥)라 불렀으나, 중·소 대립과 소연방
해체를 거친 지금에는 이미 역사적 호칭이 되고 말았다.

핸드폰이 따꺼따라 불리는 것은 홍콩의 영향이다. 홍콩의 갱

영화에 등장하는 '헤이서후이(黑社會 : 암흑가)'의 형님(大哥)들이나 그 두목(大哥大)은 일각을 다투는 연락 때문에 일찍부터 핸드폰을 사용하고 있었다. 그래서 암흑가의 건달들이 사용하는 핸드폰에 '형님 중의 형님'이라는 의미의 따꺼따라는 명칭이 붙었다고 한다.

핸드폰에 드는 비용도 상당하다. 상하이(上海)의 경우 우선 보증금이 1만 8,000위엔의 거액이며, 매월 기본통화료가 150위엔이다. 이 액수를 우습게 생각하는 사람도 있을지 모르겠으나, 이 기본통화료는 도시노동자 평균 월수입의 3분의 1에 가까운 대단한 액수이다.

그래서 등록번호가 없는 핸드폰을 산 후 등록을 마친 핸드폰의 번호나 비밀번호를 훔쳐서 국제전화나 시외전화를 마구 걸어대는 새로운 수법의 범죄가 꽝저우(廣州) 등 남부도시에서 늘어나고 있다. 1993년에 피해를 입은 선전(深圳) 시 부시장의 핸드폰은 사용하지도 않은 통화료가 13만위엔에 달했다고 한다. 그럼에도 불구하고 핸드폰은 지금 중국에서 놀랄만한 속도로 확산되고 있다. 본래 첨단기술의 효과·효용은 기술수준이 낮은 개발도상국에서 더욱 두드러져 보이는 것이고, 동시에 그 소유주의 신분적 상징이 되는 것이기 때문이다.

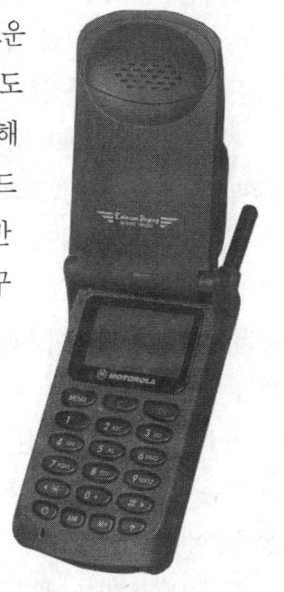

중국에서는 핸드폰을 '형님 중의 형님'이라는 의미의 따꺼따라고 부른다.

중국 우전부(郵電部)에 의하면, 중국에 이동전화가 등장한 지 10년째 되는 1997년에는 1,200만 대로, 미국·일본(2,800만 대)에 버금가는 규모가 되었다고 한다. 1988년 말에는 불과 3,000만 대에 지나지 않던 것이 최근 10년 동안 연간 100퍼센트를 웃도는 비율로 증가하여, 사실상 당초의 4,000배로 격증하게 되었다. 또 우전부 당국자에 의하면, 연편균 신장률을 45퍼센트로 하는 경우에도 이용자는 매년 500~600만 명이 증가하여, 서기 2000년이 되면 도합 3,000만 대에 달할 가능성도 있다고 한다.

1980년대 중반까지만 해도 전화보급률이 극도로 낮아서, 집에 전화를 놓으려면 상당한 지위가 있어야 했다. 보통시민은 '꽁용띠엔화(公用電話)' '추안후띠엔화(傳呼電話)'라 하여 동네에 한 대 있는 공중전화의 호출에 의존하고 있었다.

중국 최초의 이동전화 교환국은 홍콩에 인접해 있어 홍콩화가 진전된 꽝뚱(廣東) 성에서 생겨났다. 최초의 대수는 불과 248만 대에 지나지 않았으나, 당시에는 2000년이 되면 3,000대가 될 것이라 예측되었다. 그 후에는 '더블게임'으로 증가하여, 현재에는 230만 대로 전국의 5분의 1을 점유하고 있다. 그 추세는 지금도 계속되어, 2000년에는 현재의 두 배인 500만 대에 달할 것으로 보인다.

그러나 이렇게 귀중한 핸드폰도 베이징(北京)에서는 '수요가 많다'는 이유로 회선수를 상회하여 매출되고 있다. 이 때문에 통화량이 많은 아침저녁에는 발신도 수신도 안 되는 '완전히 두 손 든 상태'가 자주 생기고 있다.

홍콩스타에 열광하는 중국 청소년들

오빠부대 • 주에이싱쭈 • 追星族

별은 영어로 STAR. 중국에서도 우리나라처럼 '인기인'이라는 의미로 외래어인 '스타'를 사용하여 밍싱(明星)이라 한다. 영화는 제2차 세계대전 이전의 신흥예술이었고, 대중적 오락물이었으므로 중국에서 밍싱은 영화스타를 지칭하는 말이었다.

현재 중국 영화계에는 제5세대 감독들이 활동하고 있다. 〈황색의 대지〉〈안녕 내 사랑 패왕별희〉의 첸카이거(陳凱歌)와 〈붉은 수수밭〉〈국두〉의 장이모우(張藝謀) 등이 대표적 인물인데, 이들 감독의 작품은 국제영화제에서 여러 차례 수상하는 등 세계적으로도 높은 평가를 받았다.

또 여배우 리우샤오칭(劉曉慶)과 공리(鞏利)는 인기와 실력을 갖춘 국제적 스타가 되었다. 영화뿐만 아니라 TV쇼를 비롯해 공연예술이 번성하고 있는 지금은 스타를 지칭하는 데에도 밍싱만으로는 구분이 되지 않아 띠엔잉밍싱(電影明星, 생략하여 影

1994년 중국의 허난 성에서 공연하기로 했다가
중지된 적이 있는 홍콩의 인기가수 꾸오푸청(郭富城).

星이라 함)이나 꺼싱(歌星) 등 분야별로 나누어 사용하고 있다.

그 잉싱(影星)과 꺼싱을 쫓아다니는 열광적 팬집단을 지칭하는 말이 바로 주에이싱쭈(追星族)이다. 이 '오빠부대'는 개혁·개방 이후 예술·오락 방면에서 홍콩이나 대만 스타들의 대륙 공연이 활발해지고부터 생겨났다.

그들의 뜨거운 열기는 1991년 난징(南京)에서 개최된 '10대 청춘우상' 콘테스트에서 10명 중 9명까지 홍콩이나 대만의 스타가 차지하고 마오쩌뚱(毛澤東) 시대의 모범병사 레이펑(雷鋒)

이 간신히 10위에 든 데에서도 알 수 있다.

공부를 내팽개치고 용돈을 털어 입장권을 사는 대학생이나 중고생이 늘어나자 사회문제가 되었다. 국무위원 리티에잉(李鐵映)은 "대륙공연을 금지할 생각은 없지만 지나친 스타추종의 열기를 어떻게 억제할지 검토하고 있다."고 말했다.

중국 신문들은 1992년 가을부터 이 문제를 본격적으로 다루고 있는데, 상하이(上海)의 『원후이빠오(文匯報)』에 의하면 상하이의 한 여중생이 시장 앞으로 보낸 편지에서 '광적인 스타추종 현상이 사회주의 정신문명 건설에 미치는 마이너스적 영향'을 지적했다고 한다. 또 『런민르빠오(人民日報)』는 "매스미디어에도 키워주는 족속들이 있다."고 하여 스스로 경고하는 기사를 게재했다.

1994년에 허난(河南) 성에서 홍콩의 인기가수 꾸오푸청(郭富城)의 공연이 예정되었다가 중지된 적이 있었다. 주최측은 공연이 중지되었는데도 예매표 반환에 응하지 않았다. 그러자 정저우(鄭州) 시의 중고생 10명이 광고회사 등을 상대로 손해배상을 청구하며 고소했다. 중국에서 스타의 공연 때문에 재판이 이루어진 경우는 처음이었다고 한다.

그해 9월 정저우 시의 구(區) 재판소(간이재판소)는 10명의 대리인에게 총 183명분의 입장료 합계 7만 4,400위엔에 법정이자를 합한 금액을 지불하라는 판결을 내렸다. 인원수로 나누면 한 명분이 노동자의 평균 월수입에 가까운 400여 위엔이나 되는 큰 돈이었기 때문에 재판소도 그냥 넘어갈 수 없었던 것 같다.

중국의 정보통제에 켜진 적신호

퍼스널 컴퓨터 • 띠엔나오 • 電腦

「금단의 음료에서 일반대중의 음료로」에서 전형적으로 볼 수 있듯이, 대외교류의 첫 장을 연 중국에 외국의 사물이나 사조가 물밀듯 밀려 들어오고 그것을 표현하는 외래어 표기가 나날이 늘어나고 있다.

애초에 중국에서는 컴퓨터가 '띠엔쯔지쫜지(電子計算機)'라고 번역되었는데, 지금도 공문서 작성용으로 사용될 때나 연구소나 대학 등에서 사용하는 대형 컴퓨터를 지칭할 때는 이 역어가 사용되고 있다.

그런데 같은 중국어권에서도 대만과 홍콩에서는 퍼스널 컴퓨터라는 어감을 주는 띠엔나오(電腦)라는 용어가 먼저 정착했다. 한자의 특성을 살린 아주 멋진 조어(造語)이다. 컴퓨터의 소형화가 진행되고 퍼스널 컴퓨터가 보급되면서, 그 용어는 중국대륙에 순조롭게 침투했다. 이는 패셔너블한 '남풍(南風)'이 대만,

중국에서도 나날이 인기를 더해가는 퍼스널 컴퓨터.

홍콩으로부터 북방으로 퍼지기 시작한 좋은 예이다.

현대화의 유력한 수단으로 컴퓨터를 활용하고자 하는 중국에
서는 소프트웨어의 개발도 성하여, 베이징 대학(北京大學) 근방
에 있는 중꾸안춘(中關村)에는 하드웨어와 소프트웨어를 취급하
는 기업과 점포가 집중되어, '중국의 실리콘 밸리' '베이징의
아키하바라(秋葉原)'라는 별명도 생겨나고 있다.

이러한 추세를 반영하여 컴퓨터를 사용하는 것은 비즈니스맨
의 필수조건이 되었으며, 1995년 1월의 조사에서는 베이징 시
민이 근간에 구입할 예정인 물건으로 퍼스널 컴퓨터가 첫째로
꼽혔다(홍콩 『징지르빠오(經濟日報)』). 고액의 입학금과 수업료를
징수하고 영재교육을 하는 귀족학교에서는 외국어와 함께 컴퓨
터 교육을 자랑거리로 내세우고 있다.

띠엔나오에서의 한자취급에 대해 말하자면 일본의 JIS 한자

같이 정보처리용 한자코드가 제정되어 있다. 본래 명칭은 '國家標準信息交換用編碼字府表'라고 하여 매우 길다. 그 중 꾸오지아삐아오준(國家標準 Guojia Biaozhun), 또는 꾸오지아삐엔마(國家編碼 Guojia Bianma)의 머리글자를 딴 'GB'가 약칭으로 되어 있다.

미국에서부터 시작된 인터넷은 국경이나 네트워크의 차이를 초월하여 세계를 이어주고 있다. 정보의 유통·교환에 신경을 곤두세우는 중국도 시대에 뒤떨어지지 않기 위해 1995년 4월부터 국민의 인터넷 접속을 공인했다. 미국이나 일본에 거주하는 중국인 학자, 유학생들은 일찍부터 미·일 사이에서 인터넷을 통한 정보교환을 해왔으며, 『화샤원자이(華夏文摘)』와 같은 퍼스컴 잡지도 발행하고 있었다. 그들과 중국 간의 정보교환이 부드럽게 진행되어 간다면 중국의 정보통제에도 점차 바람구멍이 날 것 같다.

유학갈 때는 좋아 좋아, 올 때는 글쎄

TOEFL • 투오푸 • 托福

　　TOEFL은 중국의 고교재학 이상 학생의 차이니즈 유스 드림 (Chinese Youth Dream)이다. 투오푸(托福)라는 단어는 일반적으로 '덕분에'라는 의미로 사용되어 왔다. 그러나 중국의 청년학생들 사이에서는 오로지 투오푸카오스(托福考試 : TOEFL 시험)의 약어로서만 의미를 갖는다.

　　이 단어는 미국의 외국인 유학제도를 담당하는 TOEFL(Testing of English as a Foreign Language : 도미 외국인 유학생 영어 학력 테스트)을 음역한 것이다. 투오푸는 영어음을 취했을 뿐만 아니라, 본래의 '덕분에'라는 의미도 살리고, 미국유학에 대한 동경도 담아내어 기존의 어휘에 새로운 의미를 부여한 좋은 예라 할 수 있다.

　　1997년 11월 『런민르빠오(人民日報)』는 '한국에서의 중국어 토플'이라는 제목의 서울 특파원 보도를 실었다. 내용은 중국 국가교육위원회가 제정한 '漢語水平考試(HANYU SHUIPING KAOSHI, 약칭 HSK)의 제9회 시험이 서울에서 행해진다는 것이었다.

HSK는 TOEFL과 같이 유학을 가고자 하는 사람만을 대상으로 한 것이 아니라, 그 등급(도합 11등급)이 세계적으로 통용되는 중국어 능력 시험으로서, 현재 17개국에서 실시되고 있다.

다만 HSK 시행 이래 중국의 대학에 유학하려는 외국인은 중급 이상을 받아야만 한다. 그것을 『런민르빠오』는 '중국어 토플'이라 하여 TOEFL에 적용시켰던 것이다.

이와 유사한 유행어로 'TDK 현상'이라는 것이 있다. 이는 T(TOEFL), D(DANCE), K(KISS)를 합성한 것으로, 중국학생들 사이에서 널리 통용되는 말이다.

개혁·개방 정책 추진 이후 중국에서는 여러 부류의 소망이 담긴 출국붐(出國熱) 현상이 일어났다. 아르바이트로 한밑천 잡겠다는 사람부터 유학을 통해 지식과 자격을 얻겠다고 하는 정규유학생, 심지어는 직무에 편승하는 얌체관광족에 이르기까지 그 내용은 천차만별이다. 그 중에서 정규루트를 통해 미국, 캐나다로 유학을 가려는 학생들이 제일 먼저 통과해야 하는 관문이 바로 이 투오푸 시험이다.

중국에서는 학부졸업생만이 아니라 대학원생들 사이에서도 출국열이 높아지고 있다. 1994년도 베이징 대학의 예를 보면 물리학과 대학원생 35명 중 상위 5명이 외국에 유학했다. 생리(生理) 생물물리학과의 대학원생들은 8명 전원이 중국을 떠났다.

다만 문제는 '갈 때는 좋아좋아, 올 때는 글쎄…….'로, 해외로 유학간 학생의 귀국률이 나쁜 것이 당국의 고민거리이다.

개혁·개방 정책이 시작된 1979년부터 지금까지 외국에 유학한 중국인 학생은 국비, 자비를 합하여 27만 명 가까이 된다. 그러나 그 중 귀국한 사람이 3분의 1 수준인 9만 명밖에 되지 않는다고 하니 문제가 심각하다. 마침내 참을 수 없게 된 중국정부는 1997년부터 '학업을 수료한 후에는 귀국한다.'는 서약서를 국비유학생에게 받고, 출국 전에 귀국보증금을 납부하게 하는 방법도 취하고 있다 한다.

투오푸의 파생어로 투오파이(托派)가 있다. 이 말은 예전에 다소 특수한 의미로 사용되었기 때문에 '왜 투오파이가 유행어가 되었을까.'라는 의문이 생겨 조사해보았다. 요즘 유행하는 이 투오파이라는 말의 사전적 의미는 "대학에서 필사적 노력으로 토플 시험을 치러 외국유학을 준비하는 학생"이다. 그리고 "학생들 사이에는 '마파이(麻派 : 마작파)' '우파이(舞派 : 댄스파)' 외에 또 '투오파이(托派 : 토플파)'가 있다."라는 예문이 제시되어 있었다.

내가 의아하게 생각한 것은 투오파이가 본래 혁명에 관련된 정치사상 용어였기 때문이다. 다른 사전을 보면 투오파이란 러시아혁명(1917년)의 지도자 트로츠키(중국어로는 托洛茨基라 표기)의 정파에 속하는 '트로츠키주의자'의 약어로 설명되어 있다.

중국에서는 1920년대 말부터 트로츠키주의자라는 용어가 '매우 나쁜 사람'이라는 어감으로 받아들여지고 있었으며, 마오쩌둥(毛澤東) 시대에는 있어서는 안 될 존재였다. 일본에서도 1960년 안보투쟁 때까지는 좌익세계에서 이와 유사한 상황이 있었다. 본래 언어란 시대를 따라가는 법이어서 '트로츠키스트'라는 의미에서의 투오파이는 현재 중국에서도 일본에서도 모두 사어(死語)가 되어버렸다.

뜨거운 개고기?

핫도그 • 러꺼우 • 熱狗

중국은 양두구육(羊頭狗肉 : 양머리를 내걸고 개고기를 판다)이라는 속담을 비롯하여 최근의 애완견 붐(養狗熱), 그리고 여기서 소개하는 음식에 이르기까지 꺼우(狗)는 늘 친숙한 존재이다.

구어(口語)에서는 쩌우꺼우(走狗 : 악인의 앞잡이), 꺼우뿌리(狗不理 : 티엔진에 있는 유명한 레스토랑의 명칭) 등으로 두루 사용된다.

표제어가 러꺼우(熱狗)이고, 꺼우는 '개'니까 '뜨거운 개'라는 뜻이구나라고 생각할 수 있을지도 모른다. 한국이나 인도차이나와 마찬가지로 중국에도 개고기를 먹는 습관이 있기는 하지만, 그렇다고 해서 러꺼우가 '뜨거운 개고기'라는 의미는 아니다.

중국어의 외래어 수용법으로, 내용과는 관계없이 한자로 직역하는 방법이 있다. 바로 러꺼우인데, '뜨거운 개'는 '핫도그'

구운 빵을 파는 위그루족 사람들.

를 직역한 것이다. 비근한 예로는 '핫라인'을 '러시엔띠엔화(熱
線電話)'로 번역한 경우를 들 수 있다.

외국에서 들어온 음식물에 대해 이러한 형태의 번역어를 사
용한 것으로, 샌드위치를 '싼밍즈(三明治)'라 번역한 예도 있다.
또 음과 의미를 동시에 취해 끼워 맞춘 것으로는 '한빠오빠오
(漢堡包 : 햄버거)'와 '파란커푸샹창(法蘭克福香腸 : 프랑크푸르트
소시지)' 등이 있다.

한빠오빠오의 '빠오(包)'는 본래 소가 든 찐빵류로, 빠오쯔
(包子)가 정식명칭이다. 만터우(饅頭)는 속에 소가 없는 찐빵을
가리킨다. 그래서 한빠오빠오는 햄버거의 내용물을 소로 간주
한 호칭이다. 또 샹창(香腸)은 옛날부터 중국에 있던 순대를 '미
사여구'로 표현한 것이다.

그 밖에 베이징(北京)에서 자주 눈에 띄는 것으로 '쟈저우니
우러우미엔(加州牛肉麵)'이 있다. 쟈저우(加州)는 미국의 캘리포

니아 주, 니우러우미엔(牛肉麵)은 문자 그대로 쇠고기를 넣고 끓인 수프 국수다. 캘리포니아에 원래 그런 국수가 있었는지는 다소 의문이지만, 이 경우에는 아메리칸 스타일이라는 것을 드러내려 한 것 같다.

중국 사람들은 우리가 말하는 '중화요리'를 세계 제일이라고 자랑하지만, 젊은 세대들은 일상생활에서 외국 것을 거침없이 받아들이고 있다.

스포츠 군단 코치의 건강드링크 판매사건

마쥔런 군단 • 마쟈쥔 • 馬家軍

중국의 스포츠는 지금까지 탁구, 여자발레, 수영, 사격, 스피드 스케이트 등이 세계 최고 수준에 들어 있었다. 거기에 최근들어 여자육상 장거리 종목이 추가되었다. 그 주역이 마쟈쥔(馬家軍, 馬軍團이라고도 함)이다. 이 명칭은 랴오닝(遼寧) 성 체육운동기술학원(體育運動技術學院)의 마쥔런(馬俊仁) 코치와 여자선수들의 활약을 칭찬하는 의미에서 붙여졌다.

왕쥔샤(王軍霞), 취윈샤(曲雲霞), 장린리(張林麗)를 비롯한 그들의 활약은 1993년 8월 독일 슈트트가르트에서 열린 세계 선수권 대회에서 중·장거리 세 종목을 제패한 무렵부터 국제적으로 주목을 받았으며, 같은 해 9월에 열린 중국 전국 운동회에서는 1만 미터에서 처음으로 30분 벽을 돌파했다. 또 1,500과 3,000미터에서 다시 세계기록을 세웠다. 1994년 히로시마(廣島) 아시안 게임에서의 활약은 주지하는 대로이다.

마쥔런 코치의 트레이닝 방식은 매우 독특하여 선수의 팔동
작에는 타조의 날갯짓과 비슷한 동작을 집어넣고, 하반신의 움
직임은 민첩한 사슴을 모델로 삼았다. 또 선수들의 피로회복을
위해 자라나 한국인삼으로 만든 독특한 수프를 마시게 했다.

그 독특한 제조법은 마(馬) 군단의 경이로운 성적을 눈여겨
본 중국이나 외국기업의 주목을 끌게 되었고, 마 코치는 직접
회사(회사명 : 馬氏保健品總公司)를 설립했다. 그의 노하우는 비싼
값에 팔리기 시작했고, 그 회사의 제품은 마 군단 브랜드의 건
강드링크로 판매되고 있다.

중국 칭하이(靑海) 성 등지에 자생하는 식물로, 겨울에는 흙
빛 벌레처럼 보이고 여름에는 녹색 풀처럼 보이는 똥충샤차오
(冬蟲夏草 : 곤충이나 거미 등에 자생하는 균류)라는 것이 있다. 예
로부터 강장제로 알려져 한방재료의 약용식품에 빠져서는 안
되는 것이며, 베이징에는 똥충샤차오를 사용한 메뉴를 파는 레
스토랑도 있다.

1994년 4월에는 똥충샤차오가 들어간 드링크제(제품명 : 理科
蟲草王)가 마 군단 브랜드로 아시아 일부 국가에서 발매되었다.
또 히로시마 아시안 게임에 맞추어 같은 해 10월에는 마 군단
의 1호 고급 영양액 마왕도 발매되었다.

또한 '마쥔투안투이쟝(馬軍團推獎)'이라는 닭고기도 식육판매
체인점에서 팔리기 시작했다. 마 코치에게 전수받은 배합방법
에 따라 한국인삼, 마늘 등의 분말을 닭고기에 묻힌 것으로, 근
력증강, 투쟁심 고양에 효과가 있다고 한다.

그 후 마쥔런 코치는 마 군단의 사업이 성공하여 수입이 격증
했으나, 오히려 그로 인해 난관에 봉착하였다. 마쥔런은 마 군

단이 국제대회에서 얻은 상품과 상금 및 관련 비즈니스로 벌어들인 엄청난 수입을 독점했다고 하여 군단 안팎으로부터 비난을 받았고, 선수들의 집단탈주로 인해 군단이 '내부 붕괴'해버린 것이다.

군단을 떠난 사람은 팀의 주력인 왕쥔샤, 장린리 등으로, 1994년 말 따리엔(大連)에 있는 군단의 훈련기지를 떠나 선양(瀋陽)의 새로운 팀에 참가했다. 또 1993년 슈트트가르트 세계 선수권 대회에서 여자 1,500미터 경기에 우승한 리우뚱(劉冬) 선수는 '이성교제 금지' 등 군단의 '규칙'을 어겼다고 하여 같은 해 팀에서 추방당했는데, 급기야는 연습비용으로 어려움을 겪던 그녀가 세계 선수권 대회에서 획득한 금메달을 팔려고 내놓는 소동으로까지 발전했다.

1994년 히로시마 대회에서 중국은 아시아 최강임을 입증했지만, 나중에 도핑사건이 발각되었다. 이들 일련의 사건은 국제 스포츠계에 황금만능의 풍조가 만연함을 시사하고 있다.

중국은 세계 1위의 삐삐대국

삐삐 • BP지 • BP機

중국 경제발전의 상징을 세 가지 들면, 죽 늘어선 고층빌딩과 체증이 심한 도로, 그리고 기업경영자나 비즈니스맨의 허리에 부착된 호출기를 들 수 있을 것이다.

호출기의 보급상황에 대해 전혀 과장 없이 말한다면 폭발적이라 해야 좋을 것이다. 사용대수 면에서 보자면, 2차 티엔안먼(天安門) 사건 직전인 1988년 말에는 불과 9만 7,000대였으나, 4년 후인 1992년 말에는 222만 대로 급증했고, 1994년 말에는 1,500만 대로 불어나 세계 2위가 되었다.

1,000만 대를 넘은 것은 1994년 9월이다. 이 숫자는 전년도 같은 달에 비해 배가 늘어난 것으로, 당시 일본의 883만 대를 상회했다. 1992년 말 일본이 668만 9,000만 대였으니까, 중국의 호출기 증가율이 얼마나 높은가를 알 수 있다.

1996년 4월 미국 정보기기의 메카인 모토로라사는 1996년

한 해 만도 이용자가 1,200만 명 증가하여, 총합계 4,000만 명으로 세계 1위의 삐삐대국이 되었다고 추계(推計)를 밝힌 적이 있다. 또 중국 우전부(郵電部)는 1997년 삐삐 이용자의 연평균 증가율을 24퍼센트라 할 때, 서기 2000년에는 이용자가 적어도 9,000만~1억 명까지 달할 것으로 보고 있다.

호출기가 처음 도입되었을 때에는 갖가지 이름으로 불렸다. '우시엔띠엔추안후지(無線電傳呼機)' 또는 '우시엔띠엔쉰후지(無線電尋呼機)' 등은 기능을 나타낸 명칭이지만, 소형에다가 기능을 갖춘 호출기의 명칭으로는 어쩐지 답답한 면이 있다. 그리고 얼마 안 있어 호출기 특유의 호출음으로 인해 삐삐지(BB機)라 불렸다. 울음소리를 빗대어 갓난아기를 삐삐쯔(BB子)라고 부르는 것과 같다.

그러던 것이 비피지(BP機)로 바뀌었다. 여기에는 명확한 근거가 있다. 호출기를 의미하는 영어단어는 Beeper이다. 이 경우에도 본래는 '삐—'라는 음을 표현하는 Beep에서 시작하여, '삐— 하고 울리는 것'이라는 의미를 나타내게 되었으므로, 단어의 구성방식으로서는 매우 자연스럽다. 그 Beeper를 모방하여 BB지를 한 글자 고쳐 BP지로 했다. 1993년 봄쯤부터였다.

또 앞에서도 기술했듯이 호출기보다 하나 윗등급인 핸드폰이 따꺼따(大哥大)로 불리고 있는 것에서 '띠펀(弟分 : 동생뻘)'의 의미로 얼꺼따(二哥大)라 부르기도 한다.

전화가설이 수요를 따라가지 못하고 공중전화도 극히 적은 중국이니만큼 호출기를 전화대용으로 사용하는 사람이 많다. 그런 만큼 메시지 기능이 부착된 기종(중국어로는 '漢字顯示式'라 함)이 귀중한 보물로 되어 있으며, 50자까지 한자 메시지를 전

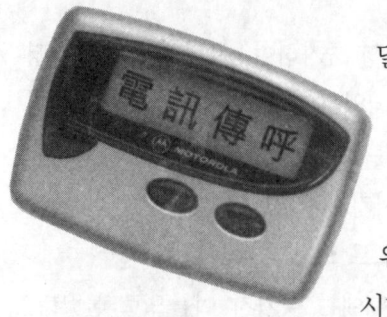

달하는 기종도 출현하고 있다.

보급 초기의 가격을 보자면, 숫자로 전화번호만 표시할 수 있는 것은 2,000위엔, 수십 자까지 한자를 표시할 수 있는 대형 디스플레이를 갖춘 메시지 기능 부착형이라면 3,500위엔 전후였다. 어느 쪽이라

도 중국에서는 상당한 액수이다.

덧붙여 말하자면 중국에 비해 '손바닥만한' 땅덩어리밖에 없는 홍콩에서는 면적이 협소한 대신 통신사정이 유리하다는 장점을 이용하여 요금이 싼 개인통신 서비스(시티폰)가 유행하고 있다. 이는 핸드폰과 호출기의 중간 기능을 가진 것으로, 핸드폰식 호출기라 할 만한 기기를 사용하는 것이다. 일반 핸드폰과 거의 같은 크기이며, 번화가의 여러 곳에 설치된 통신 스테이션 근처에서라면 핸드폰처럼 통화할 수 있고, 기본요금이 핸드폰의 약 60퍼센트 수준인 400홍콩달러라는 것이 매력이다.

중국에서는 호출기의 서비스를 개별회사가 담당하는데 최근에는 대도시에서도 고객획득 경쟁이 심해졌다. 이 때문에 호출기를 수신기 대용으로 하는 정보제공이 왕성하게 진행되어, 주식시세, 환율, 일기예보 등을 계약자에게 송신하는 서비스도 생겨났다.

경쟁이 치열한 까닭에 사건도 생긴다. 1994년 여름의 일이다. 꽝뚱(廣東) 성 후이저우(惠州) 시의 호출기 회사에 가입되어 있는 모든 호출기에 일제히 '○○에게 전화하세요' '△△가 부

르고 있습니다' 등의 메시지가 흘렀다. 전화가 쇄도한 그 ○
○·△△ 등은 대혼란에 빠졌다. 조사결과 그 호출기 회사의 경
쟁사가 무선을 악용하여 가짜 메시지를 흘림으로써 영업을 방
해하려 했음이 밝혀졌다.

이처럼 뜨거운 경쟁이 전개되고 있는 호출기 시장이지만 호
출기 자체는 약 90퍼센트가 모토로라사를 위시한 외국 메이커
제품이다. 일본의 정보통신기 메이커도 수수방관만 할 수는 없
다며 적극적으로 나섰다. 마쓰시다(松下) 통신공업은 기존 합병
회사의 생산대수를 세 배로 늘려 연간 30만 대로 확충할 계획이
라고 하며, CASIO와 NEC는 합병회사를 설립하기로 결정했다.

날아다니는 식빵, 미엔띠

식빵모양의 택시 • 미엔띠 • 麵的

　자동차가 급속히 늘어나고 있는 중국의 수도 베이징(北京)에
는 1992년 초부터 요금이 싼 3~5인승 소형 택시가 대량으로 등
장했다. 보통 미엔띠(麵的)라 불리는 이 택시는 일본 다이하쯔사
와의 기술제휴로 개발된 왜건형 소형차와 텐진따파(天津大發)라
는 살레이드형 경승용차(TJ7100), 그리고 창춘(長春) 제일 자동차
그룹(第一汽車集團)에서 만든 왜건형 소형차 지린(Jilin) 등 소형
경자동차를 사용한 것이다. 정식명칭은 '웨이싱미엔빠오스디스
(微型麵包式的士)'로, 직역하면 '소형 왜건식 택시'가 된다.
　그 이후로 베이징의 택시사정은 일변했다. 이용자 입장에서
보았을 때에는 요금이 싸다는 것과 택시잡기가 쉬워졌다는 것
이 예전에는 없었던 편리함이었고, 쓰지(司機 : 운전사) 입장에서
는 기본적으로 청부제이기 때문에 근무시간, 식사시간, 낮잠시
간을 모두 자기 마음대로 정할 수 있게 되었다.

청부제로 하면, 운전사는 처음 회사에 5,000위엔 정도의 보증금을 내고 뒤에는 매월 3,000위엔의 사납금(중국어에서는 '띵어定額'라 표현)을 지불한다. 남는 액수에서 기름값과 차량유지비를 해결하고 나면 자기 몫이 된다. 그래서 실수입은 하루 100위엔으로 한 달이면 3,000위엔에 가까운 수입이 된다. 물론 이 정도의 매상을 위해서는 하루 12시간에 달하는 장시간 노동을 각오해야 하지만, 노동자의 평균급여가 여러 가지 수당을 포함하여 500위엔인 시대에 택시운전사의 인기는 높다.

처음 베이징에 등장한 미엔띠는 차체가 모두 노란색으로 칠해져 있었다. 첸카이거(陳凱歌) 감독의 영화 〈황투디(黃土地 : 황색의 대지)〉에서 힌트를 얻은 것인지, 아니면 뉴욕 시내를 질주하는 옐로 캡(Yellow cab)을 모방한 것인지…… 아무튼 이 택시에는 황충(黃蟲 : 노란 벌레, 또는 '蝗蟲 : 메뚜기'라고도 함)이라는 별명이 붙었다. 그러나 그것은 아무래도 획일적이어서 미관상 바람직하지 않다는 견해가 있었고, 1997년부터는 빨간색이나 파란색 등 다양한 색상이 늘어나고 있다.

요금을 보자면, 10킬로미터까지의 기본요금은 왜건형의 경우 10위엔, 살레이드형이 10.4위엔이다. 기본요금 이상의 거리는 전자가 1킬로미터마다 1위엔, 후자는 1.6위엔이다. 이와 비교하면 배기량 2,000시시 이상의 크라운이나 세들릭, 산타나 등을 사용하는 각기 다양한 도장(塗裝)의 택시는 기본요금이 12위엔, 1킬로미터마다 2위엔이니까, 시민들은 주저없이 값이 싼 쪽을 선호한다.

베이징의 택시는 현재 약 6만 대로, 그 중 3만 3,000대가 미엔띠이다. 하루 택시이용자는 총 140만 명까지 늘어나 두 개

색깔이 모두 노란색인 베이징 시내의 택시 미엔띠.

노선밖에 없는 지하철 이용자 130만 명을 앞질렀다.

다만 외국인 손님이 많은 삼성급(三星級) 이상의 호텔에서는 중형의 고급 택시만 손님을 기다릴 수 있다. 그래서 미엔띠를 이용하려는 외국인 손님은 짐을 가지고 도로까지 나와 택시를 잡아야 한다. 앞서 소개한 것처럼 요금차이 때문에 일반시민이 미엔띠를 애용하게 되니까, 고급 택시들은 외국인 손님의 '장거리 한방'을 노리고서 언제나 손님을 기다리고 있는 것이다. 손님의 입장에서 보았을 때 중형차를 타면 기분이 좋지만, 그런 사정이 있기 때문에 손님이 '장거리 한방'에 걸맞지 않은 가까운 목적지를 대면 운전수는 낭패이다.

미엔띠의 요금규정을 몇 가지 소개하겠다. 첫째, 주행거리 15킬로미터를 넘으면 15킬로미터 이상의 추가요금에 대해 50퍼센트를 빈차요금(空車費)으로 지불한다. 둘째, 교통체증으로 인한 12킬로미터 이하의 저속주행에 대해서는 5분마다 1킬로미터분의 요금을 가산한다. 셋째, 손님이 다른 일을 보는 이유로 기다리는 시간에 대해서는 5분마다 1킬로미터분의 요금이 가산된다. 넷째, 오후 11시부터 오전 5시까지의 심야요금은 20퍼센트 할증된다. 다섯째, 합승손님은 각자 목적지까지 요금의 60퍼센트를 지불한다.

이 미엔띠라는 이름에는 유래가 있다. 정청(政廳) 통치하의 홍콩에서는 Taxi를 음역하여 취한띠스(的士)라는 용어가 일찍부터 사용되어 왔다. 그 밖에 영어발음을 그대로 한자화한 것으로 빠스(巴士 : 버스)를 들 수 있다. 현재 대륙에서는 '띠(的)' 한 글자가 택시의 의미로 사용되어, '택시로 간다.'라는 말을 '따띠(打的)'라고 한다. 또 '미엔(麵)'은 미엔빠오(麵包 : 빵)의 약어이다. 1970년대 말 외국인 관광객 수입을 위해 일본에서 마이크로 버스가 대량 도입되었다. 그 모양이 식빵을 닮았기 때문에 미엔빠오처(麵包車)라는 애칭이 사용되기 시작했던 것이다.

개혁·개방 노선의 시작과 함께 외국인 관광객과 비즈니스맨의 수가 비약적으로 늘어나, 1980년대에 와서는 일본 뉴오타니 호텔 계열의 창푸꿍(長富宮, 北京)이나 오쿠라 호텔 계열의 후아위엔판디엔(花園飯店, 上海) 등 합병호텔이 등장했다. 이때를 전후하여 일본에서 수입한 2,000시시급 승용차에 미터기를 장착한 본격택시가 베이징에 등장했다.

현재 이들 택시는 미엔띠에 비해 요금이 비싸고, 손을 들어도 곧바로 서지 않는다. 하지만 편리한 미엔띠라 해도, 소형인데다가 '날아다니는' 운전수가 많아서 전복사고가 나는 일도 가끔 있다. 그런 까닭에 '승차감과 안전성 면에서 보면 아무래도……'라고 하여 본격택시를 편애하는 외국인 비즈니스맨이 많다.

돈만 주면 써주는 광고성 기사

유료뉴스 • 여우상신원 • 有償新聞

　사회주의 제도하에서 기본적으로 공산당, 또는 정부당국의 관보였던 중국의 신문은 '사회주의 시장경제'라는 이름의 경쟁 사회에서는 대전환을 강요당하고 있다. 어쨌든 그때까지는 '오성홍기(五星紅旗 : 중국국기를 말하는 것으로 중국의 국가정책을 비유한 것이다)'를 편집, 판매하는 것이었으므로, 취재면에서나 판매면에서나 처음으로 경쟁을 하게 되는 것이고, 그래서 시행착오를 거듭하고 있다. 여기에서 다루게 될 여우상신원(有償新聞 : 유료뉴스)은 시장경제 내에서 앞서나간 기업이 '광고료보다 싸게 해결된다.'면서 신문을 구워삶은 케이스로, 중국의 저널리즘이 향후 경계해야 할 부정적 현상이다.

　마찬가지로 신문(新聞)이라는 한자를 사용하지만, 다른 나라에서는 영어의 Newspaper 개념인 데 반해, 중국에서는 샤오시(消息) 등과 마찬가지로 News를 가리킨다. 중국 공산당 기관지

『런민르빠오(人民日報)』나 스포츠지 『티위빠오(體育報)』 등의 지명을 통해서도 알 수 있듯이, '신문'을 '빠오(報)'라 한다.

여우상신원이란 알기 쉽게 번역하면 '유료뉴스' 다시 말하면 '어용기사' 혹은 '잘 써주는' 기사라 할 수 있을까. 기업이 신제품을 발표하는 기자회견장이라든가 기업의 발족, 혹은 쇼핑센터 신규 개점 행사 등의 자리에서 '추창페이(出場費 : 출장사례비)'나 '하오추페이(好處費 : 촌지)' 또는 '훙빠오(紅包 : 금일봉)'를 받은 기자가 쓴 광고성 기사를 가리킨다. 이 신조어는 중국에서 기업활동, 신제품 발매 등을 하는 데 있어 PR이 활발해진 사정을 반영하고 있다.

중국에서 엄청난 센세이션을 일으킨 창청지띠엔(長城機電) 사 기사건이 있다. 중국인은 새로운 물건을 몹시 좋아한다. 그래서 당국과 기업의 당사자라도 되면 세계적 수준에 뒤지지 않으려 하고, 최고 수준이라고 생각되면 그것을 도입하지 않고는 못 배기기 때문에 까오지(高技 : 고급 기술, 선진기술)라면 듣기만 해도 눈빛이 바뀌는 경향이 있다. 이처럼 '하이테크'라는 이름이 붙으면 무엇이라도 받아들이는 분위기였던 것이다.

선타이푸(沈太福)라는 사람이 창청 전기과학기술산업(長城機電科學技術産業公司)이라는 현대적 기업을 설립했다. 1993년 연리 20퍼센트 이상의 높은 금리를 선전문구로 하여 대대적으로 자금모으기를 전개했다. 어쨌든 '하이테크' 기업, 더구나 일반인들에게 소액자금을 모집한다는 아이디어는 기발한 것이었다. 뒤에 문제가 되기는 했지만, 이를 위해 국제적으로도 유명한 사회학자 훼이샤오퉁(費孝通)이 『런민르빠오』에 이 회사를 칭찬하는 글을 쓰는 등 PR작전도 당시로서는 새로운 것이었다.

또 『커지르빠오(科技日報)』의 사장을 지낸 리샤오스(李效時) 국가과학기술위원회 부주임(차관급)과 『커지르빠오』 기자, 중앙 인민 방송국(베이징 방송) 기자를 직접 포섭하여 매스컴 공세의 첨병으로 삼았다. 그러자 자금은 차곡차곡 모였다. 전후 일본에서도 이와 유사한 사건(保全經濟會 사건)이 있었는데, 뒤에서 모인 자금을 앞의 출자자에게 고금리로 돌리는 수법이다.

한때 10억 위엔이라는 거액의 자금이 모였다. 그러나 원래 실체가 없는 기업이 높은 금리의 이자를 계속 지불할 리가 없고, 선타이푸 등이 자금의 일부를 착복한 것으로 판명되어 체포되었다.

주범 선타이푸는 사형에 처해졌고, 리샤오스는 수뢰와 오직(汚職)죄를 합해서 징역 20년과 공민권 정지 4년의 판결을 받았다. 또 기자 두 명은 각각 징역 7년과 6년을 선고받았다. 『런민르빠오』에 의하면 이외에도 부국장급 한 명과 기자 네 명 등 모두 열한 명이 재판에 회부되었다고 한다.

이런 풍조가 눈에 거슬렸기 때문에 매스컴의 '지도부'라 할 수 있는 중국 공산당 중앙 선전부는 1993년 8월 4일 '여우상신원' 근절 좌담회를 열었다. 『런민르빠오』도 그 부분을 인정하고 '본사 기자에게 직업도덕에 위배되는 행위가 있었다면 핫라인으로 통보해달라'는 내용을 크게 게재했다.

동 신문에 의하면 띵꾸안껀(丁關根) 선전부장은 여우상신원에 대해 "돈을 내면 보도해주고, 좋지 않은 것도 좋다고 하는 것"이라 하고, "유료뉴스의 출현은 배금주의가 보도활동에 나타난 것이며, 최근 중국사회에 존재하는 부정풍조와 부패현상이 보도진을 통해 반영된 것"이라고 지적했다고 한다. 기자협회 부주

베이징 거리의 신문·잡지 가판대.

석은 "유료뉴스가 만연하고 부정한 풍조가 보도진을 심각하게 좀먹고 있는 현재"라는 표현으로 사태가 상당히 심각하다는 것을 시사한 바 있다.

4년 후인 1997년 1월 '유료뉴스'를 금하는 '여우상신원 금지에 관한 몇 가지 규정'이 공표되었다. 이는 중국 공산당 중앙 선전부, 국무원 방송 TV부, 국무원 신문 출판 부서, 중화 전국 신문 공작자 협회의 네 개 기관 연명에 의한 것이었기 때문에, 취재대상에게 유가증권이나 크레디트 카드 등을 받아서는 안 되며, 아울러 자동차나 가전제품을 '사용해본다'고 해서도 안 된다고 규정하고 있다.

로큰롤에 광란하는 중국 젊은이들

로큰롤 • 야오꾼 • 搖滾

搖滾? 어떻게 읽는 것인가? 도대체 무슨 뜻일까? 이렇게 어려운 한자는 머리에 쏙쏙 들어오는 록(Rock)의 생생한 느낌과는 아무래도 어울리지 않는다. 그러나 중국은 한자의 나라이므로 다른 방법이 없을 것이다. 이 야오꾼을 포함해서 대중음악이 전반적으로 '해금'된 것은 1978년 개혁 · 개방 노선이 결정되고 나서다.

떵리쥔(鄧麗君)의 〈허르쥔짜이라이(何日君再來 : 님은 언제 오시나)〉는 언더 그라운드 루트로 대륙에 전해져 젊은이들 사이에 유행했다. 일찍이 중일전쟁 당시에 유행했던 노래였던 만큼 중국에서는 다소 물의를 빚기도 했지만, 떵리쥔의 다른 곡들도 히트했다. 그녀는 티엔안먼(天安門) 사건 때 홍콩에서 민주화운동에 참가한 적이 많아서 그토록 염원했던 대륙공연은 성사시킬 수 없었지만, 중국과 홍콩의 젊은이들 사이에서는 티엔안먼 사건 후 '뿌야오라오떵, 야오샤오떵(不要老鄧, 要小鄧 : 떵샤오핑은 필요없고, 떵리쥔이 필요하다)'이라는 말이 나돌았다. 떵뤼쥔은 1995년 5월 태국의 관광지 치앙마이에서 급사했다.

아이징(艾敬)은 베이징 최고의 여성 팝가수이다. 그녀는 〈나의 1997년〉이라는 노래에서 "1997년이 되면 홍콩에 가고 싶어요. 홍콩에 가면 빠바이빤(八百伴) 백화점에서 쇼핑하고 싶어요."라고 하여 조국통일의 이데올로기와는 그다지 상관없는 소박한 꿈을 노래하고 있다.

록이라면 당국에서 반사회적 색채가 강하다고 보고 있는 만큼 더욱 공격이 심하다. 1987년 6월, 베이징에서 일본 록밴드의 콘서트가 열렸다.

공연 첫날, 한 번도 들어본 적이 없는 엄청난 사운드의 록음악에 홍분한 관객이 스테이지 앞에까지 우르르 몰려가 춤을 추었다. 둘째날부터 당국이 당일판매를 중지하는 등 강한 규제를 했기 때문에 마지막 셋째날에는 표를 구하려는 젊은이가 공연장 입구에 새까맣게 모여들었는데도 3,000명 수용의 객석은 3분의 2밖에 차지 않았다. 스테이지 앞의 좌우통로와 객석 곳곳에 제복·제모차림의 경관이 대기하는 등 경계태세가 취해졌다. 콘서트의 전반부까지는 공연장이 비교적 조용했다. 그러나 후반부에 들어 본격적인 록음악이 울리기 시작하자 관객들은 여기저기서 일어나 손뼉을 치기도 하고 몸을 흔들며 춤을 추기도 했다. 스테이지에 가까운 객석은 경관이 억지로 앉혔지만, 뒤쪽의 관객들은 아랑곳하지 않고 열광하는 모습이었다.

지금도 야오꾼이 완전히 인정받은 것은 아니다. TV에서는 방영되지 않고, 록 콘서트는 아직 '불법'으로 취급된다. 아무래도 위정자들에게는 '부르주아 자유화'의 냄새가 나는 '선동적'인 음악으로 인식되고 있는 듯하다. 그래도 록은 건재하고 있다. 국내외에서 중국록의 창시자이자 기수로 알려져 있는 최이지엔 (崔健)은 1961년에 조선족으로 태어나 스물세 살 때부터 싱어송 라이터로 활동을 시작했다. 중국 젊은이들 사이에 록이 퍼지게 된 것은 그의 곡 〈이우쑤오여우(一無所有 : 내겐 아무것도 없네)〉가 1986년에 폭발적인 인기를 끌면서부터이다.

최이지엔은 마오쩌뚱(毛澤東) 시대에 성장한 세대인만큼 록을 하더라도 강경파에 속하고, 티엔안먼 사건 때는 티엔안먼 광장에 몰려들어 농성하는 학생들을 노래로 지원했다. 그런 만큼 중국사회에 만연해 있는 '금전만능' 풍조에는 지극히 비판적이다.

최이지엔은 단지 중국록의 선구적 존재일 뿐이다. 지금은 음악성만을 추구하며 정치와는 무관한 내용의 록뮤직도 출현하고 있다. 여성들로만 이루어진 '코브라 여성 록밴드(眼鏡蛇女子搖滾隊)'도 활동중이다.

변화하는 중국의 가정을 들여다보니

변화하는 중국의 가정을 들여다보니

제2장

리펑 총리는 정말 공처가일까

기관지염과 공처가 • 치꾸안이엔 • 氣管炎 • 妻管嚴

마오쩌뚱(毛澤東) 시대의 마지막 해인 1976년 베이징(北京) 특파원으로 부임했을 때의 일이다. 어느 날 저녁 초대받은 연회에서 왼쪽에 앉은 중국인 Z씨가 중국제 담배를 권해 왔다. 중국의 연회에서는 주인측이 술과 요리와 함께 담배를 손님에게 권하고, 손님측에서는 그 호의를 받아들이는 것이 예의이다. 그래서 하나를 받아 빨아들이자 곧 숨이 막혀 기침을 했다. 중국제 담배는 골초인 나에게도 독했다. 그렇지 않아도 공기가 건조한 베이징에서는 기침이나 가래가 많이 생긴다.

그러자 오른쪽에 앉은 중국인 W씨가 "치꾸안이엔(氣管炎 : 기관지염)입니까?"라고 물었다. 나는 '치꾸안이엔'을 '기관지염'이라는 의미로 받아들여, "아뇨, 목은 이상이 없습니다만 이 담배가 조금 독해서."라고 변명했다. 그러자 W씨는 회심의 미소를 띠며 말했다.

"치꾸안이엔에는 '공처가'란 뜻도 있습니다."

기관지염을 의미하는 치꾸안이엔이 어떻게 '공처가'란 의미도 갖고 있는가. 그것은 기관지염의 발음 치꾸안이엔을 같은 음의 다른 표현으로 바꿔보면 곧 알 수 있다. 치꾸안이엔(妻管嚴 : 직역하면 아내가 엄하게 관리한다. 즉 '공처가'의 뜻)이 되기 때문이다.

그해 1월에 저우언라이(周恩來) 총리가 서거하고, 마오쩌뚱 주석의 부인인 지앙칭(江靑) 여사를 위시한 '사인방(四人幇)'이 권세를 휘두르는 가운데 4월에 제1차 티엔안먼(天安門) 사건이 발생했다. 저우언라이를 추도하는 이 대중운동은 중국 공산당 중앙으로부터 반혁명 사건으로 심하게 비판당했고, 당시 떵샤오핑(鄧小平) 부총리가 배후인물로 지적되어 실각당했을 정도이다.

신중국 수립 전 루쉰(魯迅)의 소설에 등장하는 어느 선술집에는 "국사를 논하지 말지어다(莫談國事)."라는 글씨가 걸려 있었다. 필자가 초대받았던 연회에서도 불필요한 말은 하지 않는 것이 좋은 분위기여서 분명히 '막담국사(莫談國事)'였다.

우리의 대화를 들은 중국인 C 여사가 끼여들었다.

"우리는 모두 맞벌이입니다만 여자에게는 가사, 육아의 부담이 따르고 있습니다. 그래서 다소 '엄하게 관리하지' 못하고 있습니다."

대부분의 남성들은 '중국여성이 세다.'고 생각한다. 리펑(李鵬) 총리의 부인 주린(朱琳) 여사도 그 중 한 명인 듯하다. 1995년 2월 리펑 총리 부부가 서사모아 수상과 회견했을 때 리펑 총리는 손님과 악수를 한 후 그대로 서 있었다. 그러자 주린 부인이 리펑 총리의 어깨를 탁 쳤고, 그제서야 리펑 총리는 정신을 차리고 손님일행을 회견장소로 안내했다. 그 모습이 그대로 TV 뉴스에 나와 주린 부인의 '엄하게 관리하는' 모습이 전국에 방영되었다.

세계 어느 곳에나 있는 '멍청이 남편과 똑똑한 아내'의 예일지도 모르겠으나, '여성에게 마구 밀릴 수만은 없다' 하여, 기관지염을 치료하는 한방약 치리싼(七厘散)이 등장했다. 이는 실제로 있는 한방의 처방을 따른 것이지만, 같은 음의 다른 표현으로 하면 '내 말을 듣지 않으면 헤어진다(妻離散)'라는 뜻으로 남편이 이혼을 무기로 삼아, 폭군 같은 자신의 지위를 유지하려는 것이 된다. 그러나 이혼을 무기로 공갈치는 것이 어디 어제 오늘의 이야기였던가. 치리싼의 효과는 자꾸만 약해져가는 듯하다.

중국의 장애자수는 프랑스 인구에 맞먹는다

신체장애자 • 찬지런 • 殘疾人

1994년 8월 베이징(北京)의 서우뚜(首都) 공항에서 택시를 타고 공항 고속도로를 달리는데, '위엔난찬지런(遠南殘疾人) 운동회'라는 플래카드가 눈에 들어왔다. '찬지런(殘疾人)은 신체장애자라는 뜻인데, 위엔난(遠南)은 무슨 뜻일까'라는 궁금증이 생겼다. 얼마 후에 신문기사에서 정식 명칭을 보고서야 간신히 수수께끼가 풀렸다. 기사 중에 '극동 및 남태평양 지역 신체장애자 스포츠 대회(遠東及南太平洋地區殘疾人運動會)'라는 내용이 있었다.

원동(遠東 : 극동)은 영국의 시야에서 보았을 때의 'Far East'를 직역한 것이며 중동(中東), 근동(近東)도 마찬가지의 어법이다. 그렇다면 원동의 위엔(遠)과 남태평양의 난(南)을 조합하여 위엔난으로 줄였을 법한데, 중국친구도 "위엔난이라는 표현은 일반인이 이해하기 힘들어요."라는 말을 했다.

그러면 이번 글의 주제인 찬지런으로 돌아가보자. 전에는 찬페이런(殘廢人)이라는 용어가 많이 쓰였는데, 처음 이 표현을 보았을 때는 '찬페이런이라 하면 신체장애가 있어 자유로이 활동할 수 없는 사람을 지칭한다'라는 정확한 어의가 연상되기는 하나, 너무 노골적이다' 라는 생각이었다.

그래서 다시 사전에서 찬지런을 찾아보았더니, 과연 " '찬페이런'의 廢에는 '쓸모없다' 는 뜻이 있어 차별하는 의미가 되므로, 최근 들어 '찬지런' 이라는 용어가 쓰인다."라는 내용의 주가 달려 있었다. 이는 비교적 새로운 용어개혁인 듯하다. 예컨대 1978년에 나온 『한영사전(漢英辭典)』에는 '찬페이' 항에 '상이군인(殘廢軍人)' '장애자증(殘廢證)' 등의 용례는 있어도, '찬지(殘疾)' 항에는 용례가 아무것도 없었다.

이러한 인식변화의 배경으로는 덩샤오핑(鄧小平)의 장남이자 신체장애자인 덩푸팡(鄧樸方)이 이사장으로 있는 '중국 신체장애자 복지기금회(中國身障者福祉基金會)'가 설립되어, 기관지『싼위에펑(三月風)』발행을 비롯하여 앞서 기술한 신체장애자 스포츠 대회 개최 등 여러 가지 활동을 벌이고 있는 것도 들 수 있다.

덩푸팡은 베이징 대학 재학중 문화 대혁명이 일어나, 당시 '권력의 2인자' 로 지목당한 부친이 규탄당하던 때, 돌연 학교건물에서 밀려 떨어져 보행불능의 장애자가 되었다. 그 후 캐나다에서 수술도 받으면서, 선진국의 의료 장애자 대책을 접하고는 신체장애자 복지기금회를 설립하였던 것이다.

인구가 많은 중국에서는 신체장애자의 범위를 엄격하게 제한하고 있지만, 그래도 장애자수는 5,164만 명에 달한다(1987

년 국무원 조사). 영국, 이탈리아, 프랑스의 인구가 5,600만～5,700만 명인 것을 보면, 중국의 장애자수가 얼마나 많은지 알 수 있다.

시장경제화가 진행되는 가운데 기업에 대해서는 우승열패(優勝劣敗)가 강조되고, 본래부터 중국사회에 존재하던 적자생존의 풍조가 그것을 반영하여 더욱 강해졌다. 그런 가운데 라오 루오 삥 찬(노인, 허약자, 병자, 장애자)에 대한 대책은 아직도 뒤떨어져 있다. 선천적 장애아가 태어나지 않도록 근친혼을 피하는 것을 포함하여, 찬지런 대책은 무수히 많다.

중국의 소황제들

4-2-1 증후군 • 쓰얼야오쫑허정 • 四二一總合症

'4-2-1 증후군'이라 해석될 수 있는 '쓰얼야오쫑허정(四二一總合症)'이라는 말은 마치 새로운 병명처럼 보일지도 모르지만, 실제로 그렇지는 않다. 인구대국 중국이 아니고서는 있을 수 없는 일종의 '사회병'을 가리키는 말이다.

'한 자녀(獨生子女)' 정책으로 상징되는 것처럼, 중국에서 매우 엄격한 인구억제책이 시행되고 있다는 것은 누구나 잘 알고 있을 것이다. '4-2-1'은 한 자녀가 있는 가정의 구성을 나타낸 것으로, 친가와 외가의 조부모를 합쳐서 네 명, 그리고 양친이 두 명, 아이 한 명이라는 구성을 나타내는 것이다.

이러한 '한 자녀'는 바야흐로 5,000만 명 가까이에 이른다. '쓰얼야오쫑허정'이라는 신조어는 1986년 '한 자녀' 아이들의 실태를 그린 르포 「중국의 소황제」에 등장한 후 세상에 널리 퍼졌다. '한 자녀'에 의해 파생되는 문제는 다음과 같다. 우선 아이가 어릴 때는 조부모나 양친이 금지옥엽으로 과보호하여, 자립심이 약하고 자기 본위의 인간으로 자라게 되는 점이고, 또 하나는 아이가 커서 조부모와 양친을 부양하는 데서 발생한다. 조부모는 일단 논외로 하더라도, 형제자매가 없기 때문에 혼자서 양친을 봉양하지 않으면 안 된다.

베이징(北京)에서 유치원을 취재할 때, 보모에게 들은 이야기이다. 교실에서 공작시간이 끝난 후 쓰레기를 치우고 청소하라고 말하자, 자기가 앉은 책상만 치우는 아이가 많았다 한다.

1949년 건국 이후 1960년대에 이르기까지 중국에서는 '내가 남을 위해주면, 남도 나를 위해준다(我爲人人, 人人爲我)'라는 슬로건이 여러 곳에서 자주 제창되었고, 널리 실행되었다. 하지만 이제 그런 슬로건도 사어(死語)가 되어버린 듯하다.

앞에서 제기한 첫번째 문제에 대하여 『런민르빠오(人民日報)』도 "아이의 소질이 나빠서가 아니라 가정교육에 문제가 있다고 말하는 것은 지나친 과보호로 인하여 생활면에서 어린이가 해야 할 몫까지 부모가 전부 다 해줘 버리기 때문이다."라고 지적하며 우려를 금치 못하고 있다.

초대받지 못한 도시의 노동자들

도시 근교의 슬럼 · 저지양춘 · 浙江村

사회주의 시장경제 시대가 되자, 시장경제가 그 자체의 법칙에 의해 발전을 거듭하고, 그에 따른 새로운 사회현상이 중국 도처에서 발생하고 있다. 농촌에서 도시로의 '불법' 인구이동도 그 중 하나이다. 도시거주 조건이 청전후커우(城鎭戶口 : 도시호적)를 가진 사람으로 한정되어, 농촌에서 도시로의 유입이 심하게 제한되어 있던 사회주의 시대와는 달라졌다. 현재 호적등록지를 1년 이상 떠나 있는 유동인구는 공식통계로도 8,000만 명에 달하고 있다.

중국의 수도 베이징(北京)의 인구를 보면, 1994년 가을 상주인구가 1,051만 명, 다른 도시나 농촌에서 유입되어 온 사람이 155만 명이나 되었다. 이 중 출장, 관광 등으로 베이징에 머물거나 베이징을 통과하여 지나쳐가는 사람이 약 50만 명이고, 나머지 105만 명은 짠주런커우(暫住人口 : 임시 체재인구)라고 한

이곳도 중국인가? 위구루 자치구에 있는 카슈카르 거리.

다. 하지만 이는 표면상의 숫자인 듯하고, 실제 짠주런커우는 300만 명대에 달한다고 한다.

문제가 되고 있는 것은 바로 이 '초대받지 못한 베이징 시민' 짠주런커우이다. 중국경제가 많이 발전했다고 해도 옌하이 지대와 내륙지대 등 지역에 따른 차이는 매우 크다. 취업의 기회가 많은 베이징에는 전국 각지에서 사람들이 모여들고, 그들이 짠주런커우를 이루고 있다.

그 중에는 망리우(盲流)의 농민이나, 농촌에서 베이징으로 나와 중산층 가정에 입주하여 집안일을 해주는 젊은 여성가정부 등이 포함된다. 가정부 중에는 굉장히 가난하다고 알려진 안후이(安徽) 성에서 오는 사람이 많다.

이런 사람들 중에서 출신지별로 모여 슬럼을 형성하고 정착해 사는 그룹이 생겼다. 그 중에서도 유명한 것은 가난하다고 전국에 소문난 저지앙(浙江) 성의 농촌에서 온 사람들이다. 한때 베이징 시 서남쪽 펑타이(豊臺) 구에는 약 5만 명이 모여 살았다. 거기에는 자연스럽게 슬럼이 형성되었고, 베이징 시민들은 그곳을 저지앙춘(浙江村)이라 불렀다.

저지앙춘의 거주자들 중에는 의복과 장신구를 제작하거나 가공하는 노동자가 많았는데, 이와 유사한 집단으로는 양러우추안(羊肉串 : 양고기 꼬치구이)을 파는 위그루인 등 소수민족이 모여사는 신지앙춘(新疆村)도 있다.

이러한 인구유입 때문에 여러 가지 문제가 발생했다. 두드러진 사회현상으로는 치안악화를 들 수 있다. 『런민르빠오(人民日報)』에 의하면, 1994년 1사분기에 형사범으로 체포된 사람 중 이러한 유입인구가 45.1퍼센트를 차지했다고 한다. 부녀·아동유괴로 잡힌 용의자 35명 중 34명이 외지인이었고, 1994년 상반기에 매춘으로 검거된 350명 중 외지인이 180명을 차지했다고 한다.

그래서 베이징 시는 유입인구 실태를 조사하고, 1994년 11월부터 '베이징 시 도시 전입비용 징수에 관한 조례'를 시행했다. 이 조례의 목적은 지방에서 베이징으로 유입해 오는 노동자에 대하여, 그 전입비용을 본인, 혹은 고용자로부터 징수하는 데 있다. 그 액수는 베이징에 오는 사람의 출신지(도시인가, 농촌인가)와 베이징에서의 거주지(시내인가, 근교인가) 편성에 따라 다른데, 최고액은 자그마치 1인당 10만 위엔에 말한다. 10만 위엔이라는 금액은 도시근로자 연평균 수입의 약 15년치여서, 실질적인 베이징 유입 금지 조례라 할 수 있을 것이다.

결혼 안 하기 증후군

나이 많은 미혼 남녀 • 따난따뉘 • 大男大女

한자를 아는 사람이 따난따뉘(大男大女)라는 숙어를 처음 본다면, 아마 덩치 큰 남녀를 생각하기 쉬울 것 같다. 그런데 중국에서 출판된 신조어 사전을 보면 "정상적인 혼기를 넘기고도 미혼인 남녀를 말한다."고 설명되어 있다. '정상적인'이라는 표현이 다소 마음에 걸리지만, 이를 대충 적령기가 되는 연령쯤으로 바꿔놓으면 그럭저럭 타당해질 것이다.

구체적으로 어느 정도의 연령을 말하는 것인지 조사해 보았더니, "28세에서 35세까지를 말한다."고 씌어 있었다. 또 이 연령층은 '따링(大齡)'이라고도 한다.

따난따뉘 현상은 이제 막 시작된 것이 아니다. 신조어 사전에는 1984년 『런민르빠오(人民日報)』를 인용하여, "기자와 그녀는 나이 많은 미혼 남녀의 '결혼문제'가 생긴 원인과 그 해결방법을 서로 의논했다."는 예문이 수록되어 있다.

이 따난따뉘가 신조어가 된 것은 30세에서 44세까지의 독신자가 795만 명(1995년 현재)인데, 그 중 남성이 728만 명(91.6퍼센트), 여성이 67만 명(8.4퍼센트)이라는 발표가 있은 후 부터이다.

결혼식에 오는 손님들을 환영하는 신랑 신부.

농촌의 독신남성은 559만 명으로, 총수의 76.78퍼센트를 점하고 있다. 이에 반해 독신 여성은 미혼 여성 전체의 67.16퍼센트가 도시생활자이다.

조금 오래되기는 했지만, 1990년의 통계를 보면, '따난'은 동년배 남성의 약 6퍼센트인데 반해 '따뉘'는 동년배 여성의 0.4퍼센트밖에 되지 않는다. 하지만 도시의 대졸여성으로 국한해서 보면 미혼율은 4.98퍼센트나 되는 높은 수치로 뛰어올라 있다.

아이를 갖지 않고 생활을 즐기겠다는 젊은 커플, 우하이꾸이쭈(無孩貴族 : DINKS)에 대해서는 나중에 소개하겠지만, '일과 생활을 즐기고 결혼은 때가 되면……'이라고 말하는 커리어 우먼도 꾸준히 증가하고 있는 듯하다.

덧붙여 말하면 '결혼 안 하기' 증후군은 앞으로도 계속될 것 같다.

퇴근 후 부업으로 차를 닦는 사람들

제2직업 • 띠얼즈예 • 第二職業

얼핏 보기에 쉽게 이해되는 숙어처럼 느껴질지도 모르지만, 아르바이트로만 이해한다면 띠얼즈예(第二職業)의 정확한 의미나 뉘앙스를 충분히 파악할 수 없다. 실제로 제2직업을 갖고 있는 사람 중에는 수입의 측면에서 제2직업이 아니라 제1직업이기 때문이다.

개혁·개방 이후 개인이 경영하거나 노동자를 고용할 수 있는 사영기업이 인정된 후부터 제2직업이 비약적으로 발전했다. 1980년대 초, 농촌에 출현한 완위엔후(萬元戶 : 연수입 1만 위엔 이상의 농가)를 제외하더라도, 1980년대 중반이 되면 도시 곳곳에서 따쿠알(大款兒)이라는 벼락부자가 등장한다. 사기업 인정이라는 새로운 정책의 은혜를 입은 계층이다.

이에 대해 중앙과 지방의 행정기관이나 국유기업에서 근무하는 직원 노동자는 급여가 인상된다고 해도 명색뿐이어서 불만을 토로하는 사람이 많았다. 소비재가 점점 풍부해져 소비의욕을 자극하는 한편 물가가 해마다 상승하여 정규급여만으로는 만족스러운 생활을 할 수 없게 되자 사람들이 제2직업을 찾았고, 그러다보니 새로운 갑부들이 등장하게 된 것이다.

　베이징(北京)에서는 이런 상황을 빗대어 다음과 같은 말이 유행했다.

　"위엔쯔딴(원자폭탄) 기술자는 차예딴(찻물에 삶은 달걀) 장수보다 못하다네(搞原子彈的不如賣茶蛋的)."(여기서는 彈과 蛋의 음이 동일하게 '딴'인 것을 이용하여 대립시킴으로써 운율의 효과를 노리고 있다)

　이런 사람들 중 본업을 단념한 사람들은 결단을 내려 샤하이(上海)했다. 그렇게까지 단행하지 못한 사람이라도 본업 외에 부수입을 바라고 제2직업을 갖게 된 것은 지극히 자연스러운 일이다.

　본업과 제2직업은 모두 제각각이다. 외국어를 할 수 있는 사람이 회사에서 외국어 서류를 번역하거나 통역을 맡는 종류의 일을 하는 것은 매우 자연스러운 선택이다. 부업의 예를 들면 자동차가 급격히 증가한 베이징의 거리에서 가끔씩 눈에 띄는 노상세차장 같은 것을 들 수 있다. 양동이와 솔, 걸레, 가루비누, 왁스만 있으면 되는 일이다. 한 번에 10위엔. 본업이 무엇이든 퇴근 후 다섯 대만 닦으면 50위엔을 벌 수 있다. 한 달에 20일만 이 수준으로 노력하면 1,000위엔의 수입이 되는 것이다. 노동자의 평균 월수입이 현재 500위엔 정도라 하니, 본업의 두 배 벌이가 된다.

　물론 주택배당이나 퇴직 후 연금이라는 복지후생 부분은 본업에 의지하고 난 후의 이야기이다. 그 점에서는 이쟈량즈(一家

兩制)의 형식을 개인이 취한다는 의미에서 '이런량즈(一人兩制)'
라 할 수 있을 것이다.

아이를 더 낳기 위해 범죄를 저지르는 사람들

한 자녀 • 뚜성쯔뉘 • 獨生子女

전세계 인구의 20퍼센트, 다시 말해 다섯 명에 한 명은 중국인이다. 게다가 중국의 경지면적이 세계의 7퍼센트이니까 인구 압력은 보통이 아니다. '인구 초대국' 중국은 국민의 자질을 높이고 인구를 억제하는 가족계획(計劃生育) 정책을 강력히 추진해나가고 있다. 이 정책의 근간을 이루는 것이 바로 한 자녀(獨生子女) 정책이다.

가족계획 정책은 1970년대에 본격적으로 시작되었다. 처음 단계에서는 사오·시·완(少·稀·晩)이라는 세 글자로 표현되는 슬로건을 통해 강조되었다. 아이를 적게 낳고, 낳을 때는 출산간격을 두며, 결혼과 출산은 늦춘다는 의미이다. 그 후 1979년부터 한 자녀 정책이 진행되었다.

만약 이러한 인구정책이 실시되지 않았다면 지금보다 중국인구는 3억 명이 더 늘어났을 것이라고 전문가들은 추산하고 있다. 그러나 현행 정책은 '한 쌍의 부부에 자녀 하나' 라는 내용으로 매우 엄격하다. 이것이 철저히 실행된다면 앞으로 '한 자녀'로 태어난 사람들에게는 삼촌이나 숙모, 혹은 사촌이 없어져 중국사회를 크게 변화시킬 것이다.

한 자녀의 실제상황은 도시와 농촌이 매우 다르다. 주택면적은 좁지만, 자녀에게 수준 높은 교육과 외국어, 컴퓨터, 음악, 기술을 가르치고 싶어하는 도시에서는 둘째아이의 출산에 대한 엄격한 벌금제도(첫째아이의 탁아소 비용 보조금을 반환하는 것 등)가 있으나, 어쨌든 한 자녀 정책을 거역하는 움직임은 적다.

한 자녀 정책의 내용은 지방에 따라 다르다. 일반적으로는 아이를 하나 낳고서 피임수술을 받은 부부는 독생자녀증을 받는다. 그러면 도시에서는 탁아소, 유치원 입소에서 우선권이 인정된다. 농촌의 경우는 경지분배에서 우대조치 등을 받는다.

그러나 노동력이 필요하고 부모의 노후를 자식에게 의지할 수밖에 없는 농촌에서는 다자다복(多子多福)의 관념이 여전히 강하다. 어떻게 해서든 둘째와 셋째를 낳으려는 부모가 많으며, 거기에 얽힌 범죄도 등장하고 있다.

1994년 허난(河南) 성 린(林) 현에서 뇌물을 받고 가짜 피임수술 증명서를 남발하던 의사가 체포되어 처형되었다. 이 의사는 현 제2인민의원의 부원장이었다. 1991년 말까지 5년 동안 거짓 증명서 448통을 발행하고 12만 위엔을 받았다. 가구당으로 계산하면 그 당시 평균 월수입의 절반에 가까운 400위엔을 지불했던 것이다. 이 의사는 1994년 10월 사형판결을 받고 바로 집행되었다.

또 장차 태어날 여아에 대한 '솎아내기' 현상도 상당히 퍼져 있다. 조금 오래된 인용이 되겠는데, 1982년 당시 자오쯔양(趙紫陽) 총리는 '여아를 없앤다거나 여아를 낳은 엄마를 학대한다든가 하는 범죄행위'에 대해 경고했다.

안후이(安徽) 성 어느 현에서는 1981년에 태어난 신생아 중에서 남아가 58.2퍼센트로 41.8퍼센트인 여아보다 16.4퍼센트나 높아, 성비가 138.9가 되었다(『징지르빠오(經濟日報)』). 남아의 비율이 높은 것은 세계 각국에 공통되는 현상이지만, 대개는 '100＋한 자리수'의 범위에 머물고 있다. 138.9는 역시 높은 수치라 해야 할 것이다.

1994년에는 한 자녀 정책을 '거역'하고, 6남 3녀를 둔 부부가 후뻬이(湖北) 성의 원시림에서 16년간이나 '야인(野人)'과 다름없이 지내온 것이 발견되었다. 시앙떵스(向登士, 54세)와 양쟈시앙(楊家香, 42세) 부부인데, 쓰촨(四川) 성에서 직업군인으로 있던 시앙(向)은 1972년 네 식구가 타관에서 생계를 꾸려

한 자녀 낳기를 권장하는 쓰촨 성의 간판. 계획출산은 기본적인 국가정책이다.

갔으나 생활이 몹시 어려웠다고 한다. 더욱이 피임수술을 권고 받았기 때문에, 1978년부터는 입산하여 밭을 일구며 식량을 자급하는 외에 약초를 팔아 생활용품을 사는 등 원시인 같은 생활을 해왔다.

아이들은 맏이가 스물한 살, 막내가 다섯 살로 건강했으나, 원시림 생활을 했던 만큼 교육과 취직이 문제였다. 부부가 지어 준 이름은 시앙티엔샤(向天下), 시앙쯔여우(向自由), 시앙쓰하이 (向四海), 시앙더진(向得金) 등으로, '구애받지 않는 풍요로운 생활을!'이라는 이 가족의 독특한 소원을 표현하고 있다.

이혼한 사람을 뜻하는 고량주

고량주 • 얼꾸오터우 • 二鍋頭

차나 한약처럼 달여서 마시는 것은 대체로 제일 처음에 우려
낸 것을 높이 쳐준다. 여기에서 '재탕'이니 '삼탕'이니 하는 말
이 생겨나, 다른 분야에서도 '새로운 맛이 없다'는 의미로 사용
되고 있다.

그러나 맥주는 보통 2차 가공분을 기본으로 삼고, 거기에 1
차 가공분을 혼합하여 제각각의 특성을 만든다고 한다. 그러나
일본의 기린 맥주회사에서는 그러한 정상적인 방식을 따르지
않고 1차 가공분만으로 제품을 만들었고, 이 맥주는 곧바로 히
트상품이 되었다.

얼꾸오터우(二鍋頭 : 고량주)는 베이징(北京) 지역에서 만들어
지는 술로, 고량을 원료로 한 빠이지우(白酒)이다. 우선 고량을
발효시키고 그것을 증류하여 만드는데, 이름대로 두 번 증류하
는 것이다. 두번째 증류 때 처음과 마지막 유출액을 빼내고 나

머지 중간 부분만 취한 순도 높은 술로, 도수는 60도 가량 된다.

대표적인 빠이지우로는 독특한 향기(술을 못하는 사람은 '악취'라 하겠지만)가 있는 마오타이지우(茅台酒), 오곡을 재료로 한 쓰촨(四川) 성의 우량이에(五糧液)가 있다. 리큐르(정제알코올에 설탕, 향료를 섞은 혼합주) 종류인 주예칭지우(竹葉靑酒)나 꾸이화천지우(桂花陳酒)의 베이스가 되기도 하는 산시(山西) 성의 펀지우(汾酒) 등도 전국적으로 유명하다.

그러나 얼꾸오터우의 소박한 맛의 매력도 떨치기 어렵다. 예전에 어느 라오베이징(老北京 : 베이징 토박이)에게서 최고의 베이징 요리는 '얼꾸오터우'를 마시면서 '수안양러우(涮羊肉 : 양고기 샤브샤브)를 먹는 것'이라고 말하는 것을 들은 적이 있다.

그 얼꾸오터우는 '두번째 증류'라는 뜻에서 의미가 다소 변하여 지금은 '이혼한 사람'을 지칭하는 속어로 사용되고 있다. 왕수오(王朔)의 소설 『내 청춘 후회 없다』를 보면 주인공이 애인에게 "나는 얼꾸오터우이고, 거기에 애까지 딸려 있으니 누가 날 좋다 하겠어?'라고 묻는 대목이 나온다.

그때까지 맞벌이가 일반적이었던 중국에서는 이혼의 양상도 독특하다. 요즘은 '제3차 이혼붐'이라 하는데, 얼꾸오터우의 의미전용(轉用)도 그러한 세태를 반영한 것이라 보아야 할까.

중국의 젊은이들에게 대단한 인기가 있는 왕수오(王朔) 덕분에 베이징의 지방주이던 얼꾸오터우는 이제 전국적인 브랜드가 되었다.

하늘의 절반을 여성이 떠받친다?

하늘의 절반 • 빤삐엔티엔 • 半邊天

"전쟁이 끝난 후 강해진 것은 여자와 양말."이라는 말이 있다. 양말이야 어찌되었든 중국의 경우 여성이 강해졌다는 말은 맞는 것 같다.

본래부터 중국여성이 강했다는 말도 있지만, 그것은 장구한 중국역사에 등장한 측천무후(則天武后)라든가 서태후(西太后)의 강한 이미지 때문이기도 할 것이다. 남의 집 딸을 데려다 길러 자기 아들과 결혼시키는 민며느리(중국에서는 '童養媳'이라 함)라든가 남성의 희한한 성적 호기심을 강요한 전족(纏足) 등을 보더라도 여성의 지위는 낮았다.

신중국 성립 후 남녀평등이 강조되어 빤삐엔티엔(半邊天 : 하늘의 절반. '여성이 하늘의 절반을 떠받친다'는 구호에서 유래)이라는 슬로건이 강조되었다. 그리고 맞벌이 부부가 지극히 일반화되어 여성의 사회진출은 당연한 일이 되었다.

맞벌이 부부 아내의 고민은 가사부담이다. 요리를 잘하는 남편이 식사준비를 하는 경우도 적지 않지만, 남편의 권위를 내세우려는 남성도 여전히 많다.

여성이 일하는 첫번째 이유는 수입을 얻는 것(1988년 베이징, 꽝저우, 홍콩의 여성취업 조사)이기 때문에 경제적 이유가 아니면 가정으로 돌아가야 한다는 의견도 나오기 시작한다. 최근 들어 개인경영자, 사영기업주 등 넉넉해진 사람들이 나타나고, 그들의 아내가 전업주부가 되면서 서서히 주부계층이 형성되었다.

이러한 현상은 대도시, 특히 상하이(上海)에서 두드러지는데, 그곳 지방지는 여성의 라이프 사이클과 관련하여 출산 후 잠시 가정으로 돌아가 자녀양육을 끝내고 다시 복직한다는, '일→가정→일'의 '인생 3부곡'을 제창했다.

다만 중국의 상황을 전체적으로 보면 빤삐엔티엔의 슬로건이

'하늘의 절반'의 본거지인 여성 활동 센터.

랑 일치하지는 않는다. 외국계 회사에서 근무하는 커리어 우먼의 경우는 어떨지 몰라도, 농촌으로 가면 교육도 충분히 받지 못하고 옌하이(沿海) 도시로 돈벌이를 나가야 하는 여성도 많기 때문이다.

타관에서의 돈벌이는 또 그렇다고 해도, 내륙의 가난한 지역에서는 지금까지도 여성 인신매매가 행해지고 있다. 1994년에는 102명이나 되는 여성을 유괴하여 팔아먹은 자들이 붙잡혔다. 일당 48명 중 13명은 사형에 처해졌는데, 이만큼 대규모의 여성 유괴사건은 신중국 수립 이후 처음 있는 일이라 한다.

여성의 지위향상을 목적으로 하는 국제연합의 제4회 세계 여성 회의가 1995년 9월 아시아에서는 처음으로 베이징에서 열렸는데, 대회에 앞서 중국정부는 '중국 여성 개황'을 발표했다. 거기에는 다음과 같은 숫자가 열거되어 있었다.

△전국인민대표(국회의원에 해당) 626명(전체 의원 2,978명),△국무위원 각료 차관 16명 △성장(省長)·부성장 18명 △재판관 21,012명 △변호사 4,512명 △직원 노동자 5,600만 명.

1995년 4월 전국인민대표대회의 치아오스(喬石) 상무위원장(국회의장)이 일본에 왔다. 이때 상무 부위원장(민주촉진회 주석)으로 있는 아흔 살의 레이지에치옹(雷潔瓊) 여사가 동행했는데, 그녀의 정정한 모습에는 도이 다카코 일본 중의원장도 깜짝 놀랐다고 한다.

레이(雷) 여사 이외에 높은 공식지위에 있는 여성으로 천모화(陳慕華) 전인대 상무 부위원장을 들 수 있다. 천(陳) 여사는 전국부녀연합회 주석으로, 1977년부터 10년 동안 중국 공산당 중앙정치국원 후보를 지냈다. 또 1978~1982년 사이에 여성으로

서는 드물게 부총리를 지냈으며, 1988년부터는 다소 '전시효과
가 있는' 현재의 직위에 있다. 이 때문에 1995년에 중국정부는
'2000년까지 여성 부총리를 탄생시킨다'고 공약했던 것이다.

여성 부총리도 좋겠지만 공무원의 경우 남성의 정년이 예순
살인데도 여성은 쉰다섯 살이라는 차이가 있다. 때문에 1995년
3월에 열린 전국인민대표대회에서 "쉰다섯 살이 되었다고 해서
여성 고급 지식 분자를 퇴직시키는 것은 인력낭비가 아닌가."라
는 비난의 소리가 높았다.

사회문제가 된 도시부모의 교육열

자식 뒷바라지 • 왕쯔청룽 • 望子成龍

개인주의가 확립되어 있다는 구미사회의 상황이 어떤지는 과문한 탓에 잘 알지 못하겠지만, 유교의 영향으로 가족간의 유대가 강한 동양사회라면 중국, 대만, 한국 어디라도 왕쯔청룽(望子成龍)이라는 성어가 통용될 것 같다.

용은 상상의 동물로, 중국에서는 예로부터 황제의 상징으로 여겼는데, 이 속담에서는 고귀한 인물을 가리킨다. 다분히 고풍스러운 표현이지만, 알기 쉽게 해석하면 '아들이 훌륭한 인물이 되기를 바란다'는 정도의 의미가 될 것이다.

중국에서는 쯔뉘(子女)라는 단어가 아들과 딸을 지칭한다. 따라서 왕쯔청룽은 아들의 성공을 바라는 부모의 마음을 표현한 것이며, 용(龍)을 사용한 이 성어의 뒤에 '딸이 봉황(鳳)이 되도록'이라는 구절을 연결해서 말하는 경우도 있다.

옛날부터 있어왔던 이 속담은 한 자녀(獨生子女) 정책이 추진되고 있는 현대중국에서는 새로운 의미를 파생시키고 있다. 「중국의 소황제들」에서도 설명한 바 있지만, 대도시에서는 한 자녀 정책이 상당히 충실하게 지켜지고 있다. 부모의 입장에서 볼 때도 주거공간이나 교육비 등을 고려한다면 아이를 많이 낳는다는 것은 생각하기 어렵기 때문이다.

대신 한 자녀에 대한 부모의 기대가 커졌다. 어릴 때부터 영어와 피아노를 가르치는 것은 이제 드문 일이 아니다. 부자라면 일반인들이 만질 수도 없는 거액의 입학금과 수업료를 지불하고도 꿰이쭈쉬에샤오(貴族學校)라는 사립학교에 보내 영재교육을 시키고 있다. 어떤 어린이들은 노동자 평균 월수입의 30퍼센트에 가까운 150위엔의 월사금을 내고 골프레슨을 받기도 한다.

귀족학교까지는 보낼 수 없지만 아이가 상급학교에 순조롭게 진학할 수 있도록 '올림픽 학교'라 불리는 영재교육을 위한 보습학원에 보내거나 가정에서 숙제를 봐주는 등 교육에 정성을 쏟는 부모도 늘어나고 있다.

올림픽 학교란 세계 각국의 아동 및 청소년들이 수학(數學)실력을 겨루는 국제 수학 올림픽에 출전할 선수를 육성하기 위해 특별 학급으로 편성된 것이다. 그것이 정규학비와는 별도로 높은 과외비를 지불해야만 하는 특수반으로 변해버린 것이다.

이러한 부모의 마음은 아이의 이름을 지을 때도 반영되고 있다. 남자아이에게 '따웨이(大衛 : 데이빗)', 여자아이에게 '하이룬(海倫 : 헬렌)'과 같은 서양식 이름을 지어주는 경우가 많아졌는데, '이름을 통해 해외웅비(海外雄飛)의 꿈을 표현해내고 싶은 심리'라고 한다.

농촌에서는 아이의 이름을 짓거나 교육시키는 데 있어 도시만큼 억척스럽지는 않지만, 경제적으로 여유가 있는 가정이라면 역시 아이를 대학까지 진학시키고 싶다는 부모가 많다. 현재의 호적제도하에서 합법적 절차를 밟아 농촌호적에서 도시호적으로 바꾸는 데는 대학에 진학하는 것이 제일 확실하기 때문이다.

그러나 도시에서의 이러한 '교육과열'이 사회문제가 되었기 때문에 국가 교육 위원회는 1995년 2월, 춘지에(春節 : 설) 휴가 직후부터 올림픽 학교를 폐쇄하라고 전국에 통보했다. 이에 앞서 리란칭(李嵐淸) 부총리는 귀족학교 본연의 자세를 비판하고 시정을 지시했다.

경제적으로 여유 있는 사람들이 상당수 생겨나는 만큼 자식이 잘되기를 바라는 부모의 마음, 수입과 명성을 올리고 싶은 학교, 교육의 기회균등을 고려해야 하는 당국간의 삼파전은 계속될 것이다.

아이를 갖지 않고 생활을 즐기는 젊은 부부들

'더블 인컴 노 키드'의 귀족 생활 • 우하이구이쭈 • 無孩貴族

"불효에는 세 가지가 있는데, 그 중에 자손이 없는 것이 가장 크다."라는 맹자(孟子)의 말이 있다. 세 가지 불효 중 후계자가 없어 가문이 끊어지는 것을 가장 크게 치는 것이다. 여기서 '후계자'란 집안의 대를 이을 남자아이를 가리키는 말이다.

맹자의 가르침은 유교문화권에서는 매우 중요하게 받아들여졌다. 일찍이 장남은 대를 이을 아이로 소중하게 여겨졌으며, 남자아이가 없는 집에서는 데릴사위를 들여 가문의 대가 끊어지지 않도록 했다.

유교의 종가(宗家)인 중국에서 '후계'는 당연한 것이어서, 앞서 소개했듯이 다자다복(多子多福 : 자식이 많을수록 행복하다)이라는 말까지 생겨났다.

바로 그런 중국에서 문자 그대로 하이쯔(孩子 : 아이) 없이 생활을 즐기겠다는 젊은 부부가 출현하고 있다. 1993년 초, 중국의 한 사회학자의 통계에 의하면 그 수가 5만 쌍에 이른다고 한다.

미국에서는 1980년대에 DINKS라는 신조어가 등장했다(베트남 전쟁 중 베트남인을 멸시하는 의미로 사용된 미군 속어 DINK와는 다름). 이는 Double Income No Kids(아이가 없는 맞벌이 부부)의 머리글자를 딴 말로, 비교적 높은 수입에 아이를 갖지 않으면서 두 사람만의 생활을 즐기겠다는 젊은 커플을 가리킨다. 의미와 뉘앙스 모두 우하이꾸이쭈(無孩貴族)에 가깝다.

여기에 '당분간은 아이를 갖지 않고 생활을 즐기겠다'는 DINKY(Double Income No Kids Yet)가 만혼 만육(晩育) 장려의 한 자녀 정책에 따라 증가하고 있다.

맹자의 가르침이 생활의 규범으로서 수천 년에 걸쳐 금과옥조의 무게를 지녀온 것을 생각한다면, 우하이꾸이쭈를 표방하고 나온 젊은 커플의 등장은 실로 혁명적인 것이었다.

중국 사회과학원의 조사에 의하면 중국판 DINKS의 대부분은 고학력의 대도시 거주자로, 아이를 갖지 않는 이유를 들어보면, "앞으로의 경제적인 부담이 걸린다."(60퍼센트) "아이의 장래가 불안하다."(55퍼센트) "현재의 생활수준을 낮추지 않으면 안 된다."(47퍼센트)였다고 한다(『차이나 데일리』).

개혁·개방의 진전, 생활수준의 향상과 함께 등장한 우하이꾸이쭈라는 신조어에 대하여 『쟈오위빠오(教育報)』는 "귀족에는 조롱의 의미가 담겨 있다."는 설명을 덧붙였다. 이 대목에서는 '후계자'도 만들지 않고 생활을 즐긴다는 '개인주의'를 비난하는 분위기도 느껴진다.

그러나 아이를 적게 낳는 경향은 풍요로운 사회의 공통적인 현상이 되어가는 듯하다. 또한 중국도 급속하게 고령화 사회를 향해 달리고 있다. 노인복지의 문제를 생각해볼 때, 우하이꾸이 쭈의 존재는 또다시 새로운 논의를 가져올 것이 틀림없다.

성개방 풍조와 높아지는 이혼율

이혼붐 • 리훈차오 • 離婚潮

개혁·개방의 영향은 부부관계에도 미치고 있다. 그 중 하나가 '이혼붐'이라는 현상으로 나타나고 있다. 이혼붐은 중국어로 리훈차오(離婚潮)라 하는데, 최근의 이러한 현상은 중국에서 제3차 붐이 되는 것이라 한다.

첫번째 붐은 신중국 수립 후 얼마 되지 않아 일어났다. 혼인법이 새로 제정되어 남녀평등 원칙에 의거해 결혼과 이혼이 규정되었다. 이에 따라 구중국, 특히 농촌에 많았던 봉건적 혼인, 예컨대 매매혼이나 민며느리제를 금지하는 조항이 명문화되었다. 민며느리란 남자아이가 태어나면 어린 소녀를 사와서 결혼시키는 풍습이다. 그리고 이혼의 자유도 구가되었다. 두번째 붐은 개혁·개방 노선이 명확히 수립되고 나서였다.

그리고는 제3차 붐인데, 중국 민정부(民政部)에 의하면 1993년만 해도 이혼건수가 90만 9,000건에 달했다. 결혼하는 커플이 연간 900만 쌍이라니까, 이혼율은 10퍼센트가 되는 것이다. 2년 전에 비해 약 세 배가 불어난 것이며, 재판소에 이혼소송을 신청한 커플은 150만 쌍이나 된다고 한다.

이혼의 대부분은 쌍방의 합의에 의한 것이지만, 결말이 나지 않아 재판소에 소송하는 경우가 늘고 있다. 그 숫자는 전체 민사소송 건수의 절반에 해당된다.

이혼하는 사정은 가지각색이지만 개혁·개방 이후의 풍족한 삶이 예상하지 못한 파국을 초래한 경우도 있다. 사업에 성공하여 갑자기 부자가 된 남편이 조강지처를 버리고 젊은 여자와 결혼한 예 등은 그 전형일 것이다.

불륜이 원인이 되는 경우도 많다. 각각 다른 도시에서 일하던 맞벌이 부부 중 어느 한쪽에 '띠싼저(第三者 : 애인)'가 생겨 이혼하는 경우이다. 이는 국내에서만의 문제는 아니다. 남편이나 아내가 해외유학을 가거나 라오우수추(勞務輸出 : 해외로 돈벌이가는 것)를 떠날 때에도 있는 일이다.

예전과 달라진 점을 들자면 이혼사유에 각종 성적(性的) 요소가 개입되는 경우가 늘고 있다는 것이다. 지금까지는 설령 성적인 문제가 있었다 해도, 그것을 공공연하게 밝히는 경우는 적었다. 하지만 요즘은 청년, 학생들 사이에 퍼지는 '성의 해방'과는 또 다른 '성의 개방' 풍조가 번져가고 있는 것이다.

'성의 개방'이라고 하면, 1993년 여름 베이징 시내에 첫 국영 섹스용품점인 아담과 이브 보건센터(亞當夏娃保健中心)가 개점했다는 것을 들 수 있다.

'아담과 이브 보건센터'는 베이징 의과대학과 인민의원 등이 설립한 것으로, 피임약, 콘돔류에서 성병 예방약 등 남성용과 여성용으로 구분되어 각기 60종 이상의 상품을 고루 갖추고 있다. 종업원 여덟 명은 모두 의사로, 약품과 기구 사용법은 물론 섹스에 관한 고민 등의 상담에도 응하고 있다.

전세계 4분의 1을 차지하는 중국의 고령자 인구

고령화 • 라오링후아 • 老齡化

베이징 거리의 길모퉁이에서 담배를 피우며 세상 사는 이야기에 흥겨워하고, 손자들의 노는 모습을 지켜보는 노인들. 어느 사회에나 있을 법한 편안하고 한가로운 풍경이지만, 그 배후에는 중국만이 안고 있는 특수한 인구문제와 가족문제가 있다. 한 자녀 정책이 초래한 4-2-1 증후군에 대해서는 앞에서 이미 설명했지만, 또 다른 문제는 그 증후군에 포함된 고령인구의 급속하고 대폭적인 증가이다.

베이징 정부의 싱크탱크인 베이징 노인학 센터가 1994년 중국의 고령화 문제에 대해 발표한 내용은 놀랄 만한 것이었다.

우선 중국의 인구 고령화가 세계 제일의 스피드로 진행되고 있으며, 워낙 인구가 많은 만큼 고령자 인구도 전세계의 4분의 1을 차지한다는 것이다.

여기서 말하는 고령자는 예순다섯 살 이상을 가리키는데, 현

예순다섯 살 이상의 고령자 인구가 급속도로 늘고 있다.

재상태대로 수명연장이 지속되면 2025년에는 고령자가 2억
5,000만 명에 달할 전망이다. 이 고령자 인구는 전세계 고령자
의 24퍼센트를 차지하고, 중국 전체 인구에서 차지하는 비율도
15퍼센트를 넘는다.

　중국노령협회의 장원판(張文範) 회장이 1998년 1월 기자회견에서
밝힌 중국의 고령화 문제에 대한 향후 전망은 놀랄 만한 것이었다.
　우선 중국의 인구고령화는 세계 제일의 스피드로 진행되고 있어,
서기 2000년에는 고령화 사회에 돌입하게 된다는 것이다. 고령화
사회라 하면 '60세 이상 노인의 수가 전체 인구의 10퍼센트를 넘는
사회'라고 국제적으로 정의되어 있다. 2000년에는 인구 12억의 중
국에 60세 이상의 인구가 10퍼센트를 넘어 1억 3,000명에 달하게
된다고 한다.

장원판(張文範) 회장에 의하면, 1998년 1월 현재 60세 이상의 인구는 총인구의 9.7퍼센트에 해당하며, 그 수가 연평균 3.2퍼센트씩 증가하고 있다는 것이다. 이러한 속도로 진행된다면, 다음 세기 2050년을 전후해서는 총인구의 25퍼센트를 뛰어넘어 3억 명에 달하게 되는 것이다. 그렇게 되면 결과적으로 아시아의 고령자 인구의 절반을 중국인이 차지하게 되는 것이다.

또 스웨덴의 경우 고령화 사회로 이행하는 데 85년이 걸리는 등, 선진국에서는 대체로 오랜 기간이 소요되었다. 만약 중국에서 18년 만에 고령화 사회로 진입하게 된다면, 이는 역사상 유례없는 사태가 될 것이다.

제3장
──────

중국으로 간 자본주의, 그 후

중국으로 간 자본주의, 그 후

제3장

정치는 사회주의, 경제는 자본주의

한 나라 두 제도 • 이구오량즈 • 一國兩制

'이구오량즈(一國兩制)'라 했을 때, 한 나라(一國)란 말할 나위 없이 중화인민공화국을 지칭하는 것이고, 두 제도(兩制)란 량종즈뚜(兩種制度)의 약어로, 사회주의와 자본주의를 가리키는 것이다. 따라서 중국에서 말하는 '한 나라 두 제도'에는 사회주의 중화인민공화국 안에 자본주의 제도의 지역(홍콩과 마카오, 그리고 머지않아 대만을 포함한다)을 병존시키는 의미가 있다.

또 이것을 좀더 넓게 해석하면 사회주의 시장경제 노선하에서, 토지의 국가소유와 같은 사회주의적 요소와, 외자기업이나 사영기업과 같은 자본주의적 요소가 혼재하고 있는 것으로 받아들일 수도 있다.

이처럼 대담한 구상은 떵샤오핑(鄧小平)에 의해 명확히 제시되었다. 떵샤오핑은 마가렛 대처 영국수상과의 회담(1982년 9월 24일)에서 홍콩반환의 도화선에 불을 당겼고, "홍콩의 번영과 유지를 희망하지만, 그것은 영국관할하에서 실현되는 것이 아니라 우리의 관할하에서 실행하는 것이다."라고 잘라 말했다. 그리고 홍콩의 자본주의를 계속 인정하며 현행 정치·경제 제도를 당분간 유지할 것이라고 언명했다.

이 아이디어는 중국 공산당 지도부 내에서 일찍부터 있어왔다. 저우언라이(周恩來) 총리는 1957년 4월 상하이(上海) 상공계의 지도자들과 만났을 때 이렇게 말했다.

"홍콩은 순수한 자본주의 시장으로, 사회주의화할 수도 없고, 사회주의화할 것도 없다. 홍콩은 순전히 자본주의 제도로서 존재하며, 발전할 수 있는 것이다."

그러나 이처럼 현실을 직시한 사고방식도 중국이 사회주의화를 재촉해가던 당시로서는 아무래도 정책으로 내세울 수 있는 것은 아니었다. '물과 기름'을 혼합시키는 이구오량즈의 도입에는 '경제발전이 뒤진 채로 홍콩을 인수하지는 않는다.'는 결단이 필요했던 것이다.

구체적 전략으로는 중국이 자본주의에 접근하여 경제발전 수준을 높이는 것으로, 덩샤오핑이 선전(深圳) 등지에 도입한 경제특구는 경제수준이 낮은 대륙과 홍콩 두 지역을 가교로 잇는 것이었다.

홍콩반환에 대해 최종 합의가 이루어지기 전인 1983년 6월 26일 덩샤오핑은 미국 시든 홀 대학에 있는 미국 국적의 중국 학자 양리위(楊力宇) 박사와 회견하고, 대만(臺灣)의 중국 귀속 문제에 대해 다음과 같은 내용을 제시했다.

1. 공무원과 군인을 대륙에서 보내지 않는다.

변화하는 충칭(重慶) 시가지를 내려다보고 있는 저우언라이(周恩來) 상.

2. 입법권의 독립을 인정한다.

3. 사법권의 독립을 인정한다.

4. 외사권(外事權)의 보존, 유지를 인정한다.

5. (대만의 중화민국측이 국기로 사용하고 있는) 칭티엔빠이르(靑
   天白日)기 외의 깃발 사용과 '중구어타이완(中國臺灣)'이라
   는 호칭을 인정한다.

한편 대만에서는 계엄령 해제에 이어 야당을 공인하는 등 정
치적 민주화 조치가 잇달아 나와, 중국측이 이구오량즈를 내걸
고 구오꽁탄판(國共談判 : 국민당과 공산당의 회담)을 호소했을 때
와는 정세가 크게 달라졌다.

우선 독재정당이던 구오민땅(國民黨)은 리떵후이(李登輝) 총통
을 중심으로 하는 본성인(本省人 : 대만 출신자)들이 뭉쳐서 민의

를 수렴하는 체제를 취하게 되었다. 또 야당인 민진땅(民進黨)은 대만독립을 분명히 내세우고 있다. 또 리떵후이 총통의 방미(訪美) 허가(1995년 5월) 과정에서도 알 수 있는 것처럼, 일본·미국·유럽 사회에서는 지금까지 대만을 대하던 태도에 대한 반성도 어느 정도 생겨나고 있다. 따라서 100년간의 숙원이던 조국통일을 위해 떵샤오핑이 결심하고 내세운 이구오량즈도 대만에 대해서는 아직 기대한 것처럼 효력을 발휘하지는 못하고 있다.

계획경제에서 시장경제 위주의 '중국적 특색이 있는' 사회주의로 바뀌어가고 있는 중국에서는 종래의 사회주의 체제와 자본주의 체제가 혼재하는 상황이 생기고, 이구오량즈를 흉내낸 이쟈량즈(一家兩制)도 등장했다. 이는 맞벌이 부부의 근무지가 한쪽은 사회주의 체제(예컨대 국유기업)이고, 다른 한쪽은 자본주의 체제(외자기업 등)로 나뉘는 것을 가리킨다. 이 이쟈량즈의 경우 국유기업에 근무하는 쪽의 급여는 낮은 대신 주택, 건강보험, 교육 등 복지후생 면에서 후한 보호를 받게 되고, 외자기업에 근무하는 쪽은 복지후생이야 어찌되었든 높은 급여를 받기 때문에 두 가지 시스템의 장점을 모두 취할 수 있는 메리트가 있다는 것이다.

그다지 진지한 이야기는 아닌데, 중국과의 비즈니스 때문에 대륙을 왕래하고 있는 대만이나 홍콩의 비즈니스맨 중에는 이쟈량즈를 더욱 흉내낸 '이쟈량치(一家兩妻)'를 실행하고 있는 사람도 꽤 있다던가. 이 내용에 대해서는 설명이 필요없을 것이다.

인플레가 낳은 잠재적 실업자들

잠재실업 • 인싱스예 • 隱性失業

1994년 초 중국 공산당 기관지 『런민르빠오(人民日報)』 지면에서 '스예즈꿍(失業職工 : 직장을 잃은 직원 노동자)'이라는 표제가 눈에 띄었다.

"후뻬이(湖北) 성 황스(黃石) 시 노동취업관리국은 실업보험의 사회보장 효능을 발휘하고, 표면적 · 잠재적 실업자를 구조하는 방법으로 (재취업 등에) 배치하고 있다."라는 기사내용이었다.

중국에서 발행된 사전에 '실업'이라는 어휘가 없는 것은 아니지만, 지금까지 그것을 신문이나 잡지에서 본 적은 거의 없었다. 실업은 자본주의 특유의 것으로 사회주의에는 없다는 '원칙'이 있었기 때문이다. 실제로 중국정부는 1958년 중국에서 실업현상이 없어졌다고 선언했다.

떵샤오핑(鄧小平)이 주도한 개혁 · 개방 노선이 시작되기 전에 '중국에는 왜 인플레가 없는가'라는 제목의 팸플릿이 외국인용으로 호텔 로비에 쌓여 있던 때가 있었다. 그 팸플릿의 내용도 인플레는 자본주의의 고유한 것이라고 하는 '원칙'에 근거해 씌어진 것이었다. 지금 이만큼의 경제성장을 자랑하는 중국은 또 동시에 그만큼의 인플레이션으로 골치를 썩고 있다.

개혁·개방이 추진되고, 코스트(cost)에 대한 의식이 고조된 1994년 10월에는 '인싱스예(隱性失業)'라는 신조어가 등장했다. 홍콩언론의 보도에 의하면 중국 국가계획위원회는 농촌의 잉여노동력에 대해 1992년 단계에서 1억 7,000만 명, 국유기업에도 1,700만 명이라는 수치를 제시했다.

작업의 양에 따라 사람수가 너무 많다는 지적은 이전부터 나와 있었으며, 이러한 현상은 '런푸위스(人浮於事 : 일에 비해 사람이 너무 많다)'라는 숙어로 표현되기도 한다. 덧붙여 말하면 이 숙어는 중국고전에 있는 '런푸위스(人浮於食 : 事와 食은 각기 '일'과 '식사'라는 의미이지만, 음은 '스'로 같다. 이때는 '직무능력이 보수를 상회한다'는 의미)'라는 성어를 패러디한 것이다.

따라서 한 사람이 할 수 있는 일을 두세 사람이 떠맡고 있는 현행 제도에서는 잉여인원이 실업자로 계산되지 않는다. 다시 말해 농촌에서도 공장에서도 실업대책 사업을 계속하게 되었다. 작업량과 작업인원을 엄밀히 체크하면 위의 수치가 된다.

원칙적으로는 없어야 하는 (그러나 실제로는 존재하는) 실업이라는 단어를 거의 대체하고 있는 것은 따이예(待業)이다. 이는 떵따이지우예(等待就業 : 취직을 기다림)의 약어로, '일자리가 없어졌다.'거나 '현재 취업하고 있지 않다.'는 상황을 '앞으로 취업을 한다.'는 뉘앙스로 살린 것이었다. 유행어를 연도별로 다룬 『당대 중국 유행어 사전(當代中國流行語辭典)』에 의하면, 이 단어가

주하이(珠海)의 인력시장에서 파산기업 직원들이 일자리를 구하고 있다.

유행하게 된 것은 린삐아오(林彪) 사건 후인 1974년부터이다. 문
화 대혁명 때 농촌과 산촌에 샤팡(下放)되어 갔던 청년이 도시로
되돌아와서, 진학도 할 수 없고 취업도 할 수 없는 따이예 현상
이 대량으로 발생했기 때문에 이 말이 널리 퍼지게 되었다.

농촌으로부터의 대량 전출로 인하여, 시장경제화에 따른 사
회현상을 있는 그대로 인정하는 경향이 점차 강해지고 있다. 국
유기업의 경영 메커니즘 전환은 1995년부터 시작되었으나, 적
자기업과 적자액의 증가로 인해, 1997년 9월의 중국 공산당 제
15회 대회에서 주식회사를 축으로 하는 국유기업 개혁이 본격
화되었다. 적자기업은 사실상 폐쇄될 위기에 처한 경우가 많고
실업자의 증가도 중국에서 일대 사회문제가 되고 있다.

실직당할 위기에 처한 노동자들

파산, 생산정지, 합병, 전업 • 꾸안, 팅, 삥, 주안 • 關, 停, 併, 拼, 轉

개혁·개방으로 경제발전이 추진되고 있는 중국에서도 이제 본격적으로 구조개혁이 진행되어야 할 부문이 국유기업이다. 국유기업은 1993년까지 구오잉치예(國營企業)라 불렸다. 그러던 것이 구오여우치예(國有企業)로 개칭되었는데, 그때까지 계획경제의 기둥역할을 맡았으며 헌법에도 나와 있던 국영기업이었던 만큼 '국영'에서 '국유'로, 불과 한 자밖에 다르지 않은 개칭에도 헌법개정이 필요했다.

그러면 달라진 글자 한자 때문에 무엇이 변했는가. 바로 소유와 경영의 분리이다. 그때까지 국영기업에서는 기업자산을 국가가 소유하고 경영도 국가가 경제관료를 파견하여 직접 관리하고 있었다. 기업경영으로 이윤이 나오면 국가에 상납하여 세입으로 하고, 결손이 생긴 경우는 국가재정에서 메우는 형태였다.

이 경영방식은 기업의 자주권이 없기 때문에 경영을 다른 사람에게 맡기게 되어 적자기업이 3분의 1 이상에 이르고 있었다. 그 후 개혁을 진행하는 과정에서 이윤상납제는 이윤 가운데서 세금을 지불하는 기업소득세로 바뀌었다.

그러나 국영기업의 적자체질은 개선되지 않고, 세입이 증가되지 않는 국가재정 형편으로는 국영기업의 보전금은 큰 부담이었다. 이 때문에 구오우위엔(國務院)은 1992년 '전인민 소유제 공업기업 경영메커니즘 전환조례'를 제정하고 국영기업 개혁에 착수했다. 그래서 강조된 것이 꾸안·팅·뻥·주안(關·停·拼·轉 : 파산, 생산정지, 합병, 전업)이다. 이를 한마디로 표현하면 근본적인 구조개혁이라 할 수 있을 것이다.

앞으로 국유기업 개혁의 큰 방향으로는 주식회사화가 고려되고 있으며, 그 경우 일본의 JR, JT 방식으로 국가가 대주주가 되고, 나머지 주는 종업원 소유주 제도에 따라 국유기업의 성격을 유지해가는 방법이 제기되고 있다.

중소기업의 경우는 외자를 도입하고 난 후 지에쟈(接嫁 : 접목)하는 방식도 시험되고 있다. 예컨대 적자기업을 대상으로 한 경우는 아니지만, 아사히 맥주는 화교기업과 병합기업을 설립하고, 푸지엔(福建) 성의 국영 취안저우(泉州) 맥주의 주식을 60퍼센트 소유했다. 아울러 경영에도 참가하고, 기술을 지도하여 중·일 합작 맥주를 생산하고 있다.

다만 국유기업은 이제까지 사회주의 중국의 기간(基幹)을 맡아온 부문으로 대규모 기업이 많다. 예를 들면 후뻬이(湖北) 성의 우한(武漢)에 있는 우한 철강 콤비나트의 경우, 직원 노동자의 수가 도합 10만 명이 된다. 그런 만큼 구조개혁이 미치는 범위는 매우 넓어진다.

그러므로 꾸안·팅·뼁·주안이라 해도 이 방침을 현실에 적용시켜 실행하는 것은 쉬운 일이 아니다. 우선 해산·파산·생산정지가 되면 일자리를 잃은 직원 노동자의 실업수당 지급과 재취업 문제가 대두된다. 그 다음으로 이제까지 각 개별 국유기업이 맡아온 부속학교 및 병원의 경영을 어떻게 할 것인가의 문제, 그리고 퇴직한 종업원에 대한 연금지급의 문제도 있다. 구조개혁이 자신들에게 직접 영향을 미칠 것이라고 생각하는 국유기업 노동자들 중에는 일찍이 폴란드에서 결성된 '연대'와 같은 자주노조를 결성할 움직임도 나타나고 있다. 기존의 꿍후이(工會:노동조합)는 중국 공산당의 결정에는 거역하지 않는 조직으로, 유사시에는 노동자 편에 서지 않는다는 것을 알고 있기 때문이다.

1994년 3월에는 자주 관리 노조 '노동자권리보장동맹'을 결

라오닝(遼寧)의 국유기업 생산현장.

성한 반체제 활동가 120명이 전국인민대표대회(약칭 전인대 : 국회)에 노동자의 권리옹호를 요구하는 청원서를 제출했다고 전해졌다. 또 이 '노동자권리보장동맹'에 대해서는 지앙쩌민(江澤民) 당 총서기가 '1949년 이래 최대의 반혁명 조직'이라 며 단속을 지시했다는 말도 있다.

이러한 자주노조 결성 움직임은 헤이룽장(黑龍江), 랴오닝(遼寧), 쓰촨(四川) 성 등 전국 14개의 성 자치구에서 확인되었고, 랴오닝 등 7개 성에서는 복수노조도 결성되었다. 인플레가 계속되는 가운데 기업에 따라서는 노동자 임금이 늦게 지불되거나 지불되지 않는 곳도 다수 나타나고 있으며, 본부의 지령 없이 노조 지부의 조합원이 분산적으로 행하는 파업이나 농성도 각지에서 일어나고 있다.

국가는 거시적 관점에서 경제를 관리

매크로 컨트롤 • 홍꾸안티아오콩 • 宏觀調控

마음에 와닿았던 TV광고가 떠오른다. 절반이 들어 있는 위스키병을 비춰 보이며 '아직 절반이나 남았다.'라고 보는가, 아니면 '벌써 반밖에 없다'고 보는가라는 카피문구를 첨가한 것이다. 이런 유의 견해차이는 사람의 성격과 관련 있다고 생각한다. 홍꾸안(宏觀)을 '넓게 본다'는 의미에서 '거시적'이라고 해석하면, 그 반대어는 '미시적'이 되고 그에 해당하는 중국어는 '웨이꾸안(微觀)'이다. 다소 무리라는 점을 인정하고 이를 앞서 기술한 광고에 적용시키면 '아직 반이다'라고 크게 보는가, 아니면 '벌써 반밖에'라고 작게 보는가의 차이가 될 것이다.

홍꾸안티아오콩(宏觀調控 : 매크로 컨트롤)이라 하는데, 티아오콩(調控)의 의미를 세 종류의 사전에서 찾아보아도 발견되지 않다가 1993년 베이징(北京)의 상우인수꾸안(商務印書館)에서 출판된 『한어 신사어 사전(漢語新詞語詞典)』을 찾았더니 거기에 있었다. 과연! 티아오콩이라는 단어는 경제개혁의 진전에 따라 새로 등장한 표현이었다. 그래서 이 단어는 신조어로 취급되고 있다. 말뜻을 보면 '調節과 控制'라고 되어 있으니까, '조정과 제어'를 합해서 한마디로 만든 조어일 것이다. 다섯 개가 제시되어 있는 예문 중 가장 이른 것은 1982년이다.

사회주의 시장경제를 지향하는 중국의 개혁은 자원의 배분을 시장의 수급관계에 맡기고, 국가는 배후에서 경제 전반에 대해 홍꾸안티아오콩을 행하는 것을 핵심으로 하고 있다.

1993년 11월의 중국 공산당 중앙 위원회 14기 3회 총회에서 채택된 결정을 보면, 제4절에 일곱 항목의 정책이 함께 실려 있다. 그리고 서두에는 "정부의 경제관리 기능은 주로 매크로 컨트롤 정책을 제정, 실행하는 것"이라고 명문화되어 있다.

그 두 개의 기둥이 금융세제 개혁을 통한 재정금융 정책이다. 지금까지 중국인민은행(中國人民銀行)은 구오우위엔(國務院)의 한 기관이었는데, 이것을 독립된 기관으로 바꾸어 통화발행량이나 공정보합(公定步合)을 조정하는 것이다. 그리고 분세제(分稅制)를 도입하여 중앙세와 지방세로 나누고, 지방교부세와 같이 지방으로 환원, 이전하면서 조정한다.

이 결정에 명문화된 변동환율제는 1994년 원단(元旦)부터 시행되었다. 1993년 말까지 실행되던 '공정환율'과 '외화 조정 센터 환율'이라는 이원적 구조를 폐지하고, 실세환율에 가까운 후자(1달러＝8.7위엔)로 일원화했다. 이에 따라 1979년 이후부터 사용되어온 외화태환권(外貨兌換券)은 폐지되었다.

PR 담당은 젊고 아름다운 여성이 제격

PR • 꿍꿍꾸안시 • 公共關係

PR은 주로 광고나 선전의 의미로 사용되고 있는데, Public Relations의 머리글자이다. 본래의 의미는 정부기관이나 기업, 단체, 개인 등이 사회 전체, 일반대중이나 고객과 종업원이 서로 이해하고 잘 지낼 수 있도록 행하는 여러 가지 활동을 의미한다. 최근 중국의 매스미디어에 빈번하게 등장하고 있는 꿍꿍꾸안시(公共關係, 생략하여 公關)는 PR을 한자로 표현한 것이다.

신중국 성립 이후의 유행어를 추적한 『당대 중국 유행어 사전(當代中國流行語辭典)』에 의하면, 꿍꾸안(公關)이라는 표현은 1986년 12월 29일자 『런민르빠오(人民日報)』에 실린 '꽝저우의 PR 담낭 아가씨(廣州的 '公關小姐')'라는 글에 등장한다. 지금으로부터 11년 전 꽝저우에 꿍꿍꾸안샤오지에(公關小姐)가 등장했고, 『런민르빠오』에 기사가 실린 것도 경제개혁 발전 정도의 반영인 것이다. 동 사전은 "개혁 · 개방 시대가 되고 관리학(管理學)이 성행한 후, 이번에는 PR학(學)이 나타났다."고 설명하고 있다.

이 설명에서 재미있는 것은 "꿍꿍꾸안시쉬에(公共關係學)에서는 젊고 아름다운 여성을 PR분야에 채용하면 대외적으로 좋은 효과를 거둘 수 있다."는 대목이다.

여기서 말하는 꿍꿍꾸안시쉬에는 '연줄사회'를 풍자하여 사용되는 '꾸안시쉬에(關係學)'와는 다른 것으로, 일반적인 섭외관계, 대외홍보를 가리킨다. 이러한 용어의 등장은 시장경제화에서 PR의 중요성을 차츰 인식하게 된 사정을 직접적으로 반영한 것이다. 그 의식이 너무 지나쳐서 기자를 매수하는 경우가 속출하게 된 사정은 1장의 「돈만 주면 써주는 광고성 기사」에서도 언급한 대로이다.

중국적 특색의 자본주의 출현

사회주의 시장경제 • 서후이주이스창징지 • 社會主義市場經濟

　"개혁·개방은 더욱 대담하게 시험할 필요가 있는 것으로, 전족(纏足)한 여인과 같아서는 안된다. 이거다라고 확정했으면 대담하게 실험하고 돌진해야 한다."

　1989년 6월 인민해방군이 시민과 학생에게 발포한 티엔안먼 (天安門) 사건이 발생하자 그때까지의 개혁·개방 움직임은 정 체되었다. 이 상황을 돌파하고 개혁을 새로운 단계까지 끌어올 린 것은 역시 근대화의 '총설계사'가 된 떵샤오핑(鄧小平)의 위 와 같은 발언이다.

　떵샤오핑은 1992년 1~2월 우한(武漢), 선전(深圳), 주하이(珠 海) 등지를 시찰하고 돌아와 개혁·개방의 성과를 칭찬하는 내 용의 지시를 했다. 후에 남순강화(南巡講話)라 불리게 된 이 회 담에서 "계획경제가 바로 사회주의인 것은 아니다. 자본주의에 도 계획은 있다. 시장경제가 바로 자본주의인 것은 아니다. 사회주의에도 시장은 있다."라고 떵샤오핑은 단언했다. 사회주의 시장경제 체제의 확립이 새로운 목표로 제기된 것은 바로 이 남순강화부터이다.

　중국에서도 그때까지는 사회주의＝계획경제, 자본주의＝시장경제로 이야기되어 왔다. 따라서 개혁·개방 노선에 착수하고 나서도 중국의 경제노선에 대해 '계획을 주(主)로 하고, 시장조절을 종(從)으로 한다.' 혹은 '계획적 상품경제'라고 표현하는 데 그쳐, '시장경제'라는 표현에까지 이르지는 못했다. 그런데 남순강화가 그것을 깨뜨려버린 것이다.

　그만큼 이 새로운 목표는 중국 내에서 혼란을 불러일으켰다. 무엇보다도 국가의 간부가 사회주의 시장경제에 대해서 명확한 인식을 갖지 못하고 있었다. 그러한 상황에서 1993년 10월에는 지앙쩌민(江澤民) 총서기의 지시로 『사회주의 시장경제란 무엇

화려한 상하이(上海)의 난징(南京)로.

인가』라는 책까지 출판되었다. 중국 사회과학원 명예주임인 마홍(馬洪) 이하, 국무원 발전연구센터 주임 쑨상칭(孫尙淸)과 상무간사 우징리엔(吳敬璉) 등 쟁쟁한 경제학자들이 집필에 참여했다.

그렇다면 사회주의 시장경제란 무엇인가. 지앙쩌민 총서기가 중국 공산당 제14회 대회에서 행한 정치보고에 의하면 사회주의 시장경제는 첫째, 토지 등의 생산수단에 대하여 전인민 소유제(국유기업)와 집단소유제를 포함하는 공유제를 취하고 있다. 둘째, '노동에 따르는 분배'를 주(主)로 하고 그 밖의 분배를 종(從)으로 하는 것이 사회주의의 기본제도에 결부되어 있다.

또 경제의 메커니즘과 그 운영에 대해서는, 셋째, 시장 메커니즘을 통해서 자원을 배분한다. 넷째, 수급관계에 따라 가격을 변화시키고 기업의 우승열패(優勝劣敗)를 현실화한다. 다섯째, 국가는 재정·금융 정책에 의하여 경제에 홍꾸안티아오콩(宏觀調控:매크로 컨트롤)을 행한다고 정해놓고 있다.

그러나 중국의 실정을 보면 국유기업을 기본축으로 하는 공유제 기업의 비율은 저하되는 한편, 공업총생산에서 차지하는 국유기업의 비율은 1996년 단계에 와서는 30퍼센트선까지 떨어졌다. 또 '노동에 따른 분배'이면서도 고율의 예금금리와 주식배당의 출현, 토지사용권의 고액매매 등으로 되어 있다. 따라서 사회주의 시장경제를 실정에 맞추어 대담하게 잘만 바꾸면 '중국적 특색이 있는 자본주의'가 될 것이다.

'흰 고양이건 검은 고양이건 쥐를 잡는 것이 좋은 고양이'라는 실용주의자 떵샤오핑은 이 정책을 옹호하여 '자본주의인지 사회주의인지의 판단기준'을 새롭게 설정하여 다음과 같이 말하기도 했다.

"생산력의 발전에 유리한가, 총체적 국력증강에 유리한가, 인민의 생활수준 향상에 유리한가의 여부를 그 기준으로 해야 할 것이다."

직장도 바꾸고 배우자도 바꾸고

여물통을 뛰어넘는다 • 티아오차오 • 跳槽

티아오차오(跳槽)는 앞에서 소개한 샤하이(下海)와 매우 유사하지만, 그렇게 넓은 의미는 아니고, A사에서 같은 직종의 B사로 옮긴다는 정도의 의미이다.

'차오(槽)'는 원래 가축의 여물을 넣는 통이었다. 사람으로 말하자면 '일용할 양식'이라 할 수 있을까. 사전의 설명을 보면 '차오'에는 '안장(鞍)'의 의미가 있으며, 차오를 '뛰어넘는다'는 것은 '전업을 한다'는 의미로, "말이 빈 구유를 뛰어넘어 다른 구유로 가는 것"이라고 되어 있다.

한편 중국에서 출판된 『신사 신어 사전(新詞新語詞典)』에는 '가축이 사육장을 뛰어나가는 것'이라고 설명되어 있어, 같은 사육장 내에서 다른 구유로 옮기는 것인지, 아니면 아예 사육장을 뛰어나가 버리는 것을 말하는지, 의미가 분명하지 않다. 그것은 그렇다 치고 지금은 의미가 또 변하여 다른 의미로 사용되고 있다. 저우이민(周一民)의 『베이징 현대 유행어(北京現代流行語)』에서는 직장 내지 직업을 바꾼다라는 의미와 이혼하고 다른 사람과 재혼한다는 두 가지 의미를 들고 있다.

『신사 신어 사전』에도 위에 적은 의미에 이어 "이전의 직장이나 직업을 떠나 다른 직장으로 옮기거나 취업하는 것을 가리킨다."라고 적혀 있으며, 처음에는 구어로만 사용되다가 1980년대부터 활자화되기 시작했다고 한다.

지금 많이 쓰이는 것은 오로지 이 의미의 티아오차오이다. 샤하이와 마찬가지로 개혁의 진전에 따라 민간직장이 확대되고, 거기에 정부기관의 기구개편 등이 겹쳐졌기 때문에 더 좋은 조건을 요구하며 전직이 널리 퍼지는 상황을 반영하고 있다.

그러나 『징지르빠오(經濟日報)』의 "'티아오차오'에도 뭔가 규칙이 필요하지 않은가?'라는 제목의 기사에는 다음과 같이 지적되어 있다.

"(티아오차오의 긍정적인 효과를 든 후) 현재 나타나고 있는 문제는, 티아오차오의 부작용이 점점 명확해지고 있다는 것을 사람들이 깨닫기 시작했다는 것이다."

다만 안타까운 것은 여기서 말하는 '부작용'에 어떤 것이 포함되는지 『징지르빠오』는 언급하지 않고 있다는 점이다.

돈 벌려면 외국 기자단의 취재를 막아라

돈을 보라 • 샹치엔칸 • 向錢看

중국에서도 최근 TV 퀴즈 프로그램이 유행하고 있다. 중국의 프로그램에서는 물론 이런 문제가 출제될 리도 없겠지만, 만약 마오쩌뚱(毛澤東) 시대의 중국과 떵샤오핑(鄧小平) 시대의 중국이 다른 점은 무엇인가라는 문제가 나오면, 그 해답 중 하나는 "샹치엔칸(向錢看) 현상이 있는가 없는가."가 될 것이다.

또 이 말은 중국 라오빠이싱(老百姓 : 대중)의 만만치 않은 기질을 나타내는 좋은 예이기도 하다. 어쨌든 정부에서 지시한 신성한 슬로건을 같은 발음이면서도 본래 의미와는 완전히 다른 '말투'로 바꿔 버린 것이다. 이 말은 본래 "일치단결하여 정면을 향해 노력하자(團結一致 向前看)."라는 당당한 슬로건에서 취해진 것이다.

1978년 마오쩌뚱 시대가 끝나고 중국이 현재의 개혁·개방 정책 노선으로 전환했을 때, 떵샤오핑은 "사상을 해방하고 사실에 의거하여 진리를 구하며, 일치단결하여 정면을 향해 노력하자."고 연설했다. 이 대목에서 '정면을 향해 노력하자(向前看)'는 내용이 '돈벌이에 노력하자(向錢看)'는 것으로 바뀌어버렸다.

이러한 말바꾸기는 '정면을 향해 노력하자(向前看)'는 슬로건을 대대적으로 퍼뜨리고자 하는 정부에게는 매우 불쾌하게 들렸을 것이다.

샹치엔칸의 실례는 무수히 많다. 관광가이드가 외국인 단체 손님을 친절하게 토산물 상점으로 안내하고 매상에서 리베이트를 받는 것은 일상 다반사이고 최근에는 이런 사건도 생겼다.

1994년 봄, 저지앙(浙江) 성의 첸따오(千島) 호수에서 유람선이 강도에게 습격당해, 타고 있던 대만 관광객 24명과 선원 및 가이드 8명이 선실에서 불에 타 숨졌다. 얼마 안 있어 20대 초반의 용의자 세 명이 붙잡혀 1994년 6월 저지앙 성의 성도(省都) 항저우(杭州) 시의 중급 인민법원에서 재판을 받았다.

어쨌든 중국과 대만 사이에 인적 교류가 시작된 후 연간 수백만의 대만 사람들이 귀성관광차 대륙을 방문하게 된 후로 생긴 첫번째 참사였다. 대만과 홍콩의 기자들이 재판취재를 신청했는데, 법정은 기자의 방청을 허락하지 않은 채 세 피고에게 사형을 선고했다(피고의 공소 없이 같은 달 집행).

당국은 재판내용을 '독점취재'하고 스틸사진과 비디오 테이프를 홍콩과 대만의 기자에게 팔았다. 사진은 28매 한 세트에 420위엔, 비디오 테이프는 한 개에 100달러라는 비싼 값이었다.

이 사건은, 중국 당국이 애초에 '화재에 의한 사고'라고 하는 등 사후처리와 사건조사에 미심쩍은 데가 있었다. 이 때문에 중

북경 시내의 외국인 관광객들. 개방 이후 관광 역시 좋은 돈벌이 수단이 되고 있다.

국과 대만이 심한 비난을 주고받았는데, 중국측의 대응에 대해 '성의 없는 것'이라고 분개한 대만의 리떵후이(李登輝) 총통이 중국 당국을 '투페이(土匪 : 산적)'라고 욕하는 한편, 중국 단체 여행을 금지하는 등 심각한 정치문제가 되었다.

그런 만큼 이 재판에 대한 대만과 홍콩측의 관심은 각별했다. 이미 샹치엔칸 풍조에 익숙해져 있는 홍콩과 대만의 기자들도 중국 당국의 '독점취재'에 의한 사진과 테이프의 독점판매에 대해서는 입을 딱 벌렸다. 기자단은 사진과 테이프가 없어서는 일이 안되므로 하는 수 없이 중국 당국이 부르는 값에 사기는 했지만 순순히 물러서지는 않았다. 그러면 어떻게 했는가. 대표가 한 세트만 구입해서 대량으로 복사, 더빙하여 대항했다고 한다. 그래서 "위에 정책이 있으면, 아래에는 대책이 있다."고 하지 않는가.

촛불 대신 지폐로 불을 밝히는 벼락부자들

벼락부자 • 따쿠알 • 大款兒

완위엔후(萬元戶 : 연수입 1만 위엔인 농가)가 출현했을 때, 중국은 물론 그 말을 전해들은 외국에서도 화제가 된 적이 있었다. 떵샤오핑(鄧小平)의 개혁 · 개방 노선이 꽃피기 시작한 1980년대 초의 일이었다.

개혁 초 꽝저우(廣州)나 상하이(上海) 등 대도시 근교에서 연수입이 1만 위엔을 넘는 농가가 나오기 시작했다. 도시 근교의 입지를 살려 고급 야채 재배나 양식업 등에 몰두한 경우이다.

국제적으로 비교하면 소득수준도 낮았지만 물가도 쌌던 중국에서 그 당시 최고액의 지폐는 10위엔이었다. 그러니까 1위엔이면 대단한 돈이었다. 베이징(北京)에서 열 명의 손님을 초대하여 중국을 대표하는 마오타이지우(茅台酒)를 내는 호화 연회를 해도 300위엔이면 충분하던 시절이었다.

그 후의 경제성장에 대해서는 세계적으로 잘 알려져 있지만,

인플레도 상당했으며, 중국 인민폐의 가치는 대내외적으로 몹시 줄어들었다. 지금 최고액권은 100위엔이며, 만약 베이징에서 손님을 열 명 초대하여 같은 규모의 연회를 연다면, 적어도 1만 위엔은 필요할 것이다.

이제는 완위엔후라는 말로 더이상 '풍요로움'의 의미를 표현해낼 수 없게 된 것이다. 중국에는 이러한 상황변화를 풍자한 표현이 있다.

> 1만 위엔후는 가난한 사람이고(一萬元戶是貧困戶)
> 10만 위엔후는 부자라 할 수 없으며(十萬元戶不算富)
> 100만 위엔후는 이제 겨우 시작이다(百萬元戶才起步)

이는 '먼저 풍요로워진 사람들이 있어도 좋다'는 떵샤오핑(鄧小平)의 탁선(託宣)으로, 마오쩌뚱(毛澤東) 시대 '가난을 걱정하지 않고 불평등을 걱정한다'고 하던 중국에도 이제 떳떳하게 부자가 등장하는 것이다.

10여 년 전의 완위엔후를 대신하여 등장한 것이 이 따쿠알(大款兒)이다. 콴(款)은 본래 많은 액수의 돈을 의미하는데, 거기에 따(大)가 붙은 것으로 시장경제 속에서 재산을 모은 꺼티후(個體戶 : 개인영업자)나 쓰잉치예(私營企業) 경영자를 위시한 큰 부자를 가리킨다.

1994년 10월 국영 신화사 통신이 전한 '신 거부열전'에 의하면 다음의 열네 개 업종에 이른바 따쿠알이 많다. 그 중 최고는 거액 주식투자가이고, 거기에 개인기업주, 사영기업 경영자, 유명가수, 영화스타, 댄서, 합자기업의 중국측 경영자, 변호사,

일류 조리사, 특허를 기업에 매각한 과학자 등이 이어진다. 1997년 베이징 시 통계국이 시내 300만 세대를 대상으로 행한 연간 수입조사에 의하면, '10만 위엔후'는 탤런트, 자영업자를 중심으로 전체의 2퍼센트에 달하고, 3만 6,000위엔~10만 위엔 미만의 '풍요로운 계층'도 외국계 기업의 간부를 중심으로 15퍼센트가 된다고 한다.

1970년대 말까지 일반 시민들도 '돈은 있는데 살 물건이 없어서 쓸 방법이 없는' 상태가 오래 계속되어 '장롱예금'이 쌓여가고 있었다. 그러한 중국사회에 출현한 부자이니만큼, 일부 따쿠알의 다소 정도(正道)를 벗어난 여러 가지 '소비행태'가 전해지고 있다. 정전으로 깜깜해진 가라오케 바에서 100위엔짜리 지폐에 불을 붙여 촛불 대용으로 썼다든가 호스티스에게 10위엔짜리를 한웅큼 집어 팁으로 주었다는 등의 얘기가 떠돈다.

벼락부자의 이러한 행동은 시민의 눈살을 찌푸리게 하는 등 소득격차의 문제를 발생시키고 있다. 다만 앞으로의 문제는 풍요로워진 계층이 자신들의 지위안정과 향상을 요구하며 정치적 발언력을 강화하려는 데 있다.

홍콩의 『정밍(爭鳴)』지에 의하면, 지앙쑤(江蘇) 성의 어느 사영기업 경영자는 지방 인민대표대회 선거에 입후보할 의사가 있음을 표명하고 접대비 명목으로 큰돈을 뿌리기도 했다.

중국 공산당은 이러한 새로운 동향을 감지하고 있다. 동지(同誌)에 의하면 당 중앙은 지방 지도자에게 문건으로 통지하여, "사유경제가 급성장한 결과 방대한 새로운 사회계층, 나아가서는 계급이 형성될 것이 틀림없다."고 지적함과 동시에 '중국 정치시스템의 질적 변화'가 우려된다는 경고를 보내고 있다.

세계 최대의 해적판 시장

지적 소유권 • 즈스찬취엔 • 知識產權

가장 일찍부터 있었던 서적의 해적판 문제부터 보기로 하자. 떵샤오핑(鄧小平)의 셋째딸 마오마오(毛毛, 본명은 떵룽 鄧榕)가 쓴 전기 『나의 아버지 떵샤오핑』이 1993년 8월에 출판되어 베스트셀러가 되었다. 하지만 오리지널판이 간행된 지 두 달 만에 해적판이 나타나더니, 반년 사이에 여덟 종류나 나돌았다.

책의 저자 마오마오는 여러 곳을 상대로 소송을 제기했다. 당시의 최고 지도자 떵샤오핑이 개입되어 있는 문제였던만큼 심리도 매우 신속하게 진행되어 마오마오가 승소하거나 화해하기도 하면서 손해배상을 쟁취했다.

비슷한 이야기 같지만 전국적으로 학습 텍스트가 된 『떵샤오핑 문선(鄧小平文選)』의 경우에는 예사로이 해결되지 않았다.

1993년 후뻬이(湖北) 성의 성도(省都) 우한(武漢) 시에서 서른여섯 살 먹은 한 실업자가 인쇄소와 결탁하여 『떵샤오핑 문선』

제3권을 1만 5,000부나 발행했다. 우한에서 가장 큰 국유기업 철강 콤비나트의 노동조합에서 학습용으로 구입하려는 계획이 있음을 알고 기획한 해적판이었다. 콤비나트 산하의 서점에 납품하고 2만 위엔이라는 큰돈을 손에 쥔 것까지는 좋았(?)는데, 생각지 못한 곳에서 그만 무지가 탄로나고 말았다.

떵샤오핑의 주장 중에서 매우 중요한 부분이라 할 수 있는 "우리는 마르크스주의를 교조로 하지 않는다."는 본문의 내용을 어찌된 일인지 "교조로 한다."로 발행해버린 것이다. 그래서 해적판이라는 사실이 탄로났고, 저작권 침해죄로는 최고인 징역 7년 형에 처해졌다. 이 중죄판결은 해적판의 대상이 『떵샤오핑문선』이었던 점도 물론 중요했겠지만, 중국 당국이 지적 재산권 문제를 중시하고 있다는 사실을 안팎으로 널리 알리겠다는 의도도 작용했을 것이다.

중국의 명예를 위해 덧붙이면, 중국은 1992년 저작권을 보호하는 베른 조약과 만국 저작권 조약에 가입했다는 사실도 적어둔다. 위에서 말한 저작권 침해죄도 1993년 7월에 제정된 법률에 들어 있는 것이다.

중국뿐만 아니라 대만도 저작권 보호조치를 강구하여 '해적판 천국'의 오명을 벗으려 힘쓰고 있는데, 컴퓨터 소프트웨어, CD, LD 등을 볼 때는 아직도 멀었다. 이 때문에 중국과 미국 간에는 엄정한 외교교섭이 1995년 2월까지 계속되었다.

중국에서도 인기가 있는 게임기 소프트웨어의 경우는 문제가 심각하다. 심지어 중국에 진출하지도 않은 회사의 가정용 비디오 게임기와 게임기 소프트웨어의 불법 복사본이 대량으로 나돌고 있을 정도이다. 중국 당국은 1994년 5월에 이어 1995년 3

월에도 불법 복사본을 압수했다.

중국에도 컴퓨터화가 진행되어 소프트웨어 산업이 성행하고 있다. 그러나 지적 재산권이 충분히 보호되지 않은 상황에서는 건전한 발전을 기대할 수 없다 하여 1995년에는 쓰통지투안(四通集團), 베이따팡정(北大方正) 등 하드웨어와 소프트웨어 메이커 12개 사가 중국 소프트웨어 연맹을 결성했다.

지적 재산권 문제와는 조금 다르지만, 싼 가격을 자랑하던 퍼스컴이나 카메라가 이보다 더 싼 밀수제품에 시장을 잠식당하는 현상도 생겨나고 있다. 이웃 베트남에서도 영국의 담배회사가 1994년 11월에 합자기업을 설립하여 '555'를 생산하기 시작했지만, 싼 값의 밀수품이 흘러 들어오자 당할 수가 없어 1995년 봄부터 생산을 중지했다.

이들 사례는 전환기에 있는 중국과 베트남의 현실에 지적 재산권 문제가 가로놓여 있다는 사실을 말해주고 있다.

중국인은 돈보다 금을 더 좋아한다

홍콩달러 • 깡삐 • 港幣

홍콩에만 가면 꺼우마이미(購買謎 : 쇼핑광)가 되는 분들에게 특별히 알려드리고 싶은 이야기이다.

하나로 포괄하여 홍콩(香港)이라고 하지만, 조금 더 상세히 말하자면 홍콩 섬(Hongkong Island)과 구룡(九龍, Kowloon) 반도, 그리고 신계(新界, New Teritories)의 세 지역으로 나뉘어 있다. 그 중 홍콩 섬은 아편전쟁 때, 페닌슐라 호텔 등이 있는 구룡 반도의 끝부분은 애로우호 사건 때, 영국이 청조(淸朝)로부터 강제로 할양받은 땅이다. 그리고 신계만큼은 영국이 1898년에 99년이라는 기한부로 중국에서 조차했다.

신계의 조차기한은 1997년까지였는데, 홍콩인의 거의 대부분이 거주하는 신계를 분리하면 홍콩은 성립되지 않는다. 그래서 홍콩 섬과 구룡 반도까지를 포함시켜서 전역을 반환하게 된 것이다.

그 홍콩은 1997년 7월 1일, 결국 중국에 반환되었다. 그때까지 이행조치를 둘러싸고 교섭을 벌여온 중국과 영국은 홍콩 입법 평의회 등의 선거를 둘러싸고 대립이 있었다. 중국은 1993년 7월에 홍콩 특별 행정구 준비위원회 예비 공작위원회를 발족시키고 반환에 대한 준비

중국은행에서도
발행하는 홍콩달러.

에 착수했다. 그러한 정부대립이 계속되던 1994년 5월 2일 중국의 외국환 은행인 중국은행(中國銀行)이 홍콩달러를 발행한 것도 그 일환이다.

홍콩달러는 그때까지 영국계의 홍콩상하이 은행(香港上海銀行, 후이펑은행匯豊銀行이라고도 함)과 스탠다드 챠터드 뱅크 (Standard Chartered Bank, 중국어로는 자따 은행渣打銀行이라 함)가 발행해왔다. 거기에 중국은행이 세번째 발권은행으로 가담했다. 홍콩 정청(政廳)의 발표에 의하면 1994년 말까지 중국은행이 발행한 홍콩달러는 30억 8,000만 달러에 이른다고 한다. 이것은 유통 통화량의 4.1퍼센트에 해당한다(『런민르빠오人民日報)』).

중국은행이 발행한 홍콩달러는 액면가가 1,000, 500, 100, 50, 20달러의 다섯 종류이고, 색깔과 크기는 앞의 두 은행이 발행하고 있는 기존의 것과 거의 같다. 이 지폐는 기존의 것과는 반대로 발권은행명으로서의 한자표기 '中國銀行'이 위에, 그리

154

고 영어명인 'BANK OF CHINA'가 아래에 배치되어 있고, 독특한 디자인으로 널리 알려진 중국은행 홍콩지점 건물이 아로 새겨져 있다.

1993년 봄부터 홍콩을 여행하는 중국인에게 5,000위엔까지 인민폐 반출이 인정되어, 광둥(廣東) 성 부자들의 홍콩여행이 붐을 이루게 된다.

중국인은 '돈'을 매우 좋아한다. 통화로서의 돈도 매우 좋아하지만 통화가치가 변화하면 휴지조각이 되어버릴 우려가 있는 돈보다는 번쩍번쩍한 '금'을 더 좋아한다. 그래서 홍콩에는 금색을 더욱 아름답게 하기 위해 눈이 부실 정도의 조명을 설치한 금은방이 많은 것이다.

그러한 금제품을 취급하는 가게에 '런민삐(人民幣) 환영'이라는 종이가 붙었다. 또 꽝뚱 지방 말과는 다른 푸퉁화(普通話 : 표준어)가 도처에서 들리게 되었다. 변신이 빠른 홍콩 차이니즈 중에는 푸퉁화도 구사할 줄 아는 사람이 많다. 홍콩은 중국색이 짙어가고 있다.

한편 1999년에 반환될 포르투갈령 마카오에서도 중국은행 마카오 지점이 1995년 파타카 화폐를 발행하게 되었다. 1파타카는 대략 120원(1995년 봄 기준) 정도이며, 발행된 액면은 1,000, 500, 100, 50, 10파타카의 다섯 종류이다. 마카오에서 공인된 도박을 즐기려는 관광객들이 제일 먼저 이 신지폐를 만져보았을 것이다.

중국 젊은이들이 화이트칼라를 선호하는 이유

화이트칼라 • 빠이링꽁런 • 白領工人

중국의 헌법을 보면, 중국은 '노동자 계급이 지도하는, 노·농연맹을 기초로 한 사회주의 국가'라고 명시되어 있다. 노동자 계급은 꽁런지에지(工人階級)라 하는데, 좀더 일반적으로는 즈꿍(職工 직원 노동자)이라 불린다. 이것을 영어의 블루칼라와 화이트칼라로 번역한 것이 각기 란링꽁런(藍領工人)과 빠이링꽁런(白領工人)이다.

1980년대 이후 시장경제의 진전으로, 종래의 국유·집단 소유 기업 외에 자본주의적 사영·외자 기업이 많아지고 3차 산업이 차지하는 비중이 높아졌다. 이 때문에 빠이링꽁런에 대해 '자본주의 국가에서 주로 정신노동에 종사하는 피사용자. 예를 들면 기술자, 경영자, 교사, 의료담당자, 변호사 등'(『한어 신사어 사전(漢語新詞語詞典)』)이라 되어 있는 해설은 중국의 실정과 맞지 않는다.

실제로 사회의 동향이나 풍조에 민감한 상하이(上海)의 젊은

이들 사이에서는 화이트칼라 지향이 강해지고 있다. 1994년 말 중국 공산당의 청년조직인 꽁칭투안(共産主義靑年團)이 10대 후반에서 30대 중반의 젊은이를 대상으로 희망직종을 조사한 결과, 기술자, 과학자가 첫번째를 차지하고, 여기에 변호사, 공장장, 의사, 교사 순으로 이어졌다. 반대로 인기도가 제일 낮았던 것은 택시운전수, 개인기업 경영자와 공장노동자이며, 농민도 꺼려했다. 택시운전수에 대해서는 앞에서도 언급했듯이, 노동시간이 자유롭고 수입이 많은데 비해 오랜 시간에 걸쳐 힘든 일을 해야 한다는 것 등이 꺼려하는 이유일 것이다.

노동자 계급, 혹은 그들과 함께 노농연맹의 기반이 되어 있는 농민의 인기가 낮은 것도 육체노동이 고된 데 비해 수입이 좋지 않고, 사회적 지위도 예전의 계획경제 시대처럼 높지 않은 데서 기인하는 것이다.

젊은이들의 화이트칼라 지향은 대학생의 취업선호도에도 나타나 있다. 물론 노동자의 평균 월수입이 약 500위엔인 데 반해, 외자계 기업은 초임이라도 1,500~2,000위엔으로 월등히 높다는 매력도 있다. 그뿐 아니라 단순히 외자계 기업에 근무하는 쪽이 '좋아 보인다'고 화이트칼라다운 이유를 붙이는 경우도 늘어나고 있다.

그러나 한편으로는 과학연구의 제일선을 굳건히 지키는 과학자의 평균수명이 전국평균치에서 열다섯 살을 밑돌았다는 슬픈 현실도 있다. 중국 과학원과 베이징 대학이 1990년부터 5년 동안 조사한 자료에 의하면 과학자라는 직업에 대해 업무에서 오는 스트레스가 큰 데 비해 대우가 좋지 않고, 몸과 마음이 모두 지친다고 생각하는 것으로 나타났다.

12억 인구를 위한 마이카 정책

자동차 산업 정책 • 싼따싼샤오 • 三大三小

12억 인구에 대한 승용차 보급을 목표로 하면서 중국의 자동차 산업 정책은 1994년 7월 이후로 크게 바뀌었다. '앞으로는 일반인에게 승용차를 보급한다'는 기치를 내걸고, 1996년 이후부터 부품의 국산화율을 40퍼센트 이상으로 한다는 등의 조건으로 외국 메이커에 대한 문호확대와 3~4개 국내 메이커의 대형 기업 집단화를 제기했기 때문이다.

이 정책은 마이카를 장려하고 국산 자동차의 생산대수를 2000년에는 연간 40만 대, 2005년에는 125만 대, 2010년에는 230만 대로 확대하겠다는 야심으로 가득 차 있다. 94년 7월에는 중국 대표단이 일본을 방문하여, 도쿄(東京)에서 중·일 자동차 산업 발전 교류회가 열렸는데, 일본에서는 각 메이커의 총수를 비롯하여 많은 사람이 출석해 높은 관심도를 나타냈다.

싼따싼샤오(三大三小)는 그때까지의 자동차 산업 정책을 나타낸 것으로, 정확하게 표현하면 싼따·싼샤오·얼웨이(三大·三小·二微 : 대형 합자 3종, 중형 합자 3종, 소형 합자 기술 제휴 2종)가 되는데, 여덟 가지의 합자기업 보호책이라 할 수 있다. 그 대상은 다음과 같다. 첫째, 독일 폭스바겐(上海 : 산타나, 長春 : 아우디), 프랑스 시트로엥(廣州)의 대형 합자 3종, 둘째, 미국 크라이슬러(北京), 프랑스 푸조(廣東), 일본 다이하츠(天津)의 중형 합자 3종, 셋째, 일본 후지중공업, 스즈키(알토)의 소형 합자 기술 제휴 2종.

이러한 싼따·싼샤오·얼웨이 정책하에 생산되는 중국의 자동차는 쌍타나(桑塔納 : 산타나)·아오디(奧迪 : 아우디)·베이징 지푸(北京吉普 : 체로키)이다. 또 미엔띠(麵的 : 식빵모양의 택시)로 유명한 티엔진따파(天津大發)도 여기에 포함된다.

사회주의 체제의 전환을 도모하고 있는 중국에서 합자사업을

베이징 공항 로비에 전시되어 있는 베이징 지푸(체로키).

설립, 운영하는 데 있어서의 어려운 점이 여러 가지로 전해지고 있다. 이 과정에서 프랑스 푸조의 합자기업은 경영이 바람직하지 않았기 때문에, 소유하고 있던 주식을 일본의 혼다(本田)에 매각하고 철수했다. 그 중『워싱턴 포스트』의 베이징 지국장이 쓴 자동차 산업 분야에 관한 수기(手記)『베이징 지프』가 있는데, 이 책은 체로키를 제조하는 크라이슬러 계열의 아메리칸 모터스가 합자사업을 시작 한 초기에 겪은 여러 가지 문제점들을 재미있게 묘사했다.

생활수준이 높아져 감에 따라 '세 가지 신기한 물건(三種神器)'도 자꾸 새롭게 바뀌어가고 있는 것 같다. 이 책에서도 중국 사람들의 이른바 '세 가지 신기한 물건'이 시간에 따라 자꾸 변화하는 것을 나중에 다시 소개하기로 한다. 홍콩의『따꿍빠오(大公報)』에 의하면 이제는 자기 집, 에어컨, 크레디트 카드에다가 자동차까지 포함되었다고 한다.

쌀값으로 받은 공수표

공수표 • 바이티아오쯔 • 白條子

처음 해외특파원이 되어 전쟁중이던 남베트남의 수도 사이공에 부임했을 때, 선배로부터 '사이공을 베트남이라고 생각하지 마라'는 충고를 받았다. 분명히 개발도상국에서는 수도의 경제적·사회적 수준이 전국을 대표하지는 않는다.

아직도 중국은 12억 국민의 80퍼센트가 농촌에 거주하고 있다. 농업·농민 문제는 식량과 취업의 두 방면에서 가장 중요한 문제이다. 그러한 농촌에서 작물을 팔고 받은 교환증이 '공수표'가 되어버리는 일이 생겨 소동이 일어나곤 하는데, 그것이 바이티아오쯔(白條子)이다.

바이티아오쯔란 농민이 생산한 쌀, 면화 등 농산물을 당국이 사들일 때, 그 자리에서 현금으로 지불하는 대신에 농민에게 주는 현금교환증이다. 본래 티아오쯔(條子)는 쪽지, 메모라는 의미인데, 거기에 '바이(白)'가 더해져서 약식 수취증이나 영수증을 의미하게 되었다.

그러나 이 바이티아오쯔는 현금화하기가 어려워 결국 '공수표'가 되는 일이 많았기 때문에, 생활필수품을 구입하기도 힘들어져 쓸데없는 일만 했다고 농민들의 불만은 더욱 고조되었다.

1992년 이래 이 용어가 공문서와 신문지상에 빈번히 등장하기 시작한 것은 '농민을 기초로 한다'는 국책을 뒤흔들 만한 상황이 되고부터이다. 그래서 1993년 4월 당 기관지『런민르빠오(人民日報)』는 1면 톱 사설에서 "올해는 '공수표' 발행을 절대 허용하지 않겠다."고 강조했다.

그로부터 1년 반이 지난 1994년 11월에도『런민르빠오』는 1994년 11월에도 "후뻬이(湖北) 성에서는 최근 2년간 면화매입 때 전혀 '공수표'를 내놓지 않았다."라는 표제로 '현금지불률 100퍼센트'의 모범사례를 크게 전했다. 이는 거꾸로 이야기하면 바이티아오쯔가 보편화되어 있어 1994년에도 근절되지 않았음을 나타내고 있다.

'공수표' 발행은 농산물 매입자금을 포함하는 농업자금이 지방당국의 설비투자나 부동산 투자 등에 유용되어 자금이 고갈된 데에서 기인한다.『홍콩』지에 의하면 전국인민대표대회의 전 상무위원이며 '육장로(六長老)'의 한 명으로 농업문제에 정통한 완리(萬里)는 이 상황에 대해 전에 없던 심각한 위기감을 표명했다고 한다.

뻬이티아오쯔와 관련하여 우편환이나 현금화할 수 없는 것을 뤼티아오쯔(綠條子)라 한다. 도시로 돈벌이 나간 농민은 의식주를 모두 줄이고, 굉장히 근검한 생활을 하여 모은 돈을 우편환으로 고향에 부치고 있다. 우편환이 녹색인 점에 착안하여, 환

금할 수 없는 바이티아오쯔와 관련지어 뤼티아오쯔라는 이름이
붙여졌다. 송금액이 많은 1993년 춘지에(春節 : 설) 때는 그 액
수가 20억 위엔에 달했다고 『런민르빠오』는 전하고 있다.

사는 사람보다 파는 사람이 왕

미소를 지으며 서비스하라 · 웨이샤오푸우 · 微笑服務

1980년대 이전에 중국 국영 상점에 처음 들른 외국인이라면 손님을 손님으로 생각하지 않는 점원의 태도에 놀랐을 것이다. 손님을 보고도 "어서 오세요."라고 하지 않는 것은 물론, 물건을 사도 "고맙습니다."라는 말도 하지 않았다. 손님이 산 물건을 카운터에서 휙 내던지기 일쑤이고, 거스름돈도 마찬가지였다. 이러한 행위는 중국시민들에게도 평판이 나빴다. '손님은 왕이다'라는 지나친 서비스 의식에 길들여져 있어, 그런 게 아닐까 하여 한 독일인에게 물었더니 "중국에서는 무엇이든지 파는 사람이 왕이니까요."라며 어깨를 움츠려 보였다.

경쟁이 치열해지면 불친절한 서비스로는 상점이 운영되질 않는다는 사실을 깨달은 따리엔(大連)의 어느 백화점에서는 1994년 3월 '매장에서의 금구(禁句) 50'을 정하여 소책자로 정리하고, 판매점원 모두에게 돌렸다.

플래카드가 걸린 베이징의 백화점. 각 백화점들은 서비스 개선에 몰두하고 있다.

무엇이 '금구'인가?

(손님이 물건을 찾을 때) "당신 눈에는 보이지 않아요?" "살 거예요?" "사지 않을 거면 묻지 마세요."

(손님이 물건을 고르고 있을 때) "아직도 안 끝났어요?" "빨리 고르세요." "살 거예요, 안 살 거예요? 안 살 거면 비키고!"

(손님이 교환·반환을 청구했을 때) "산 지 오래된 거잖아요? 왜 교환하는데요?" "샀을 때는 어땠는데요?" "안돼요."

이러한 말투가 '금구'가 되었던 상황을 뒤집어보면, 그때까지는 극히 자연스럽게 이러한 말들을 손님에게 하고 있었다는 얘기가 되는 것이다.

따리엔의 백화점에서 이 금구집(禁句集)을 만들어 서비스 개선에 몰두하기 시작한 후 얼마 지나서 한 여점원이 이 달의 모범점원으로 뽑혔다. 그래서 긴장이 풀렸는지 "저 완구를 좀 보여주세요."라고 부탁한 손님에게 그만 "저기 걸려 있으니까 보시죠."라고 해버렸다. '서비스 개선이라더니 말뿐'이라고 분개한 그 손님의 투서로 이 사실이 세상에 드러나버렸다. 여점원은 그 달의 장려금을 받지 못하고 말았다.

'손님은 왕이다'라는 슬로건은 중국어로 '꾸커스상띠(顧客是上帝)'이다. 그러나 신중국 성립 이래 계속된 계획경제로 인해 꿍뿌잉치우(供不應求 : 공급이 수요에 미치지 못함)를 당연시하는 상황이 오래 지속되었다. 이처럼 상품이 부족하여 '파는 사람이 유리한 시장'이 근본적으로 개선되지 않는 한 '꾸커스상띠'라는 슬로건은 뿌리내리지 못할 것이다.

지금 중국의 경제체제는 전체적으로 시장화의 길로 접어들고 있다. 이제까지 국영 집단 경영의 상점밖에 없던 곳에 외국과의 합자형태거나 개인이 경영하는 상창(上場 : 쇼핑센터)이 속속 등장하고 있다. '파는 사람이 유리한 시장'이 어떻게 변해갈 것인가? 이는 사회주의 시장경제를 재는 힘 있는 척도가 될 것이다.

물부족 때문에 피사의 사탑이 된 따이엔 탑

병목현상 • 핑징 • 瓶頸

중국은 예로부터 '국토가 넓고 자원이 풍부하다(地大物博).'
고 했다. 면적으로 보면 '국토가 넓다(地大)'는 것은 틀림없다.
그러나 '자원이 풍부하다(物博)'는 말은 조건부로 성립한다.

1993년 10월 11일자 『런민르빠오(人民日報)』 1면 톱 기사로
'전력(電力), 중국경제의 또 하나의 핑징(瓶頸 : 병목)'이라는 기
사가 실렸다.

발전소 사진이 커다랗게 들어간 이 표제에는 '전력문제 시리
즈 보도 1'이라는 부제가 붙었고, 시리즈 보도(중국어 표현으로
는 '系列報道')라는 제목에 맞게 시리즈로 보도되었다.

그런데 '핑(瓶)'은 유리병, 맥주병 등의 병이고, '징(頸)'은 목
이니까, 문자 그대로 영어에서 말하는 bottle neck이 된다. 이건
여담인데, 瓶은 平과 마찬가지로 중국어에서는 '핑'으로 발
음되기 때문에, 떵샤오핑(鄧小平)의 '小平'은 '小瓶(작은 병)'과

음이 같아 '샤오핑'으로 발음된다. 1989년 4∼6월의 티엔안먼(天安門) 사건 때 민주화를 외치던 학생들과 시민들이 작은 맥주병을 매달아 떵샤오핑을 비난하는 뜻을 표시한 적도 있다.

'핑징'은 중국에서 출판된 『신화자전(新華字典)』에도 없는 것을 보면 bottle neck의 의미를 가진 비교적 새로운 조어일지도 모른다. 상황을 좀더 구체적으로 이해하기 위해 원문을 다시 보면 "현재 철도가 국민경제의 목을 꽉 죄는 핑징(보틀넥)이라 말하면 누구라도 수긍하며 인정할 것이다."라고 씌어 있다. 결국 가장 큰 문제는 철도이고, 다음은 전력이라는 것이다.

이 점은 시리즈의 머리말에도 "올 상반기에 본지는 넓은 지면을 할애하여 철도수송이 당면한 문제를 보도했다."고 설명되어 있다. 또 1995년 춘지에(春節 : 설) 때는 철도수송의 혼란을 줄이기 위해 고향을 떠나 도시로 돈벌이하러 나와 있는 사람들에게 "고향에 가지 말고 도시에서 설을 보내도록 할 것"이라는 통보가 내려온 적도 있다. 소득수준이 높아져 에어컨이나 전기세탁기를 갖고 싶어하는 사람들이 늘고 있지만, 역시 전력부족과 물부족이 발목을 잡고 있다.

강우량이 적은 황토고원인 산시(陝西) 성의 성도(省都) 시안(西安)에서는 물부족을 해소하기 위해 지하수를 대량으로 퍼올려 사용하고 있었다. 지하수를 퍼올리면서 지반이 침하하자, 언제부터인지 저 유명한 따이엔(大雁) 탑이 이탈리아 피사의 사탑처럼 기울기 시작하여 큰 문제가 되었다.

'국토가 넓고 자원이 풍부하다'는 중국도 경제발전에 없어서는 안 될 교통(도로·철도), 전력, 토지, 수자원 등 여러 가지 면에서 '핑징'이 있다는 것을 이 시리즈 보도는 호소하고 있다.

도시로 밀려드는 농민들

무작정 상경 • 망리우 • 盲流

중국사람들, 특히 그 중에서도 한족(漢族)에게 최대의 명절은 춘지에(春節 : 설)이다. 마오쩌뚱 시대에서 떵샤오핑 시대로 옮겨가는 과도기에 있어 근대화를 지향하는 중국사회의 온갖 군상을 그려 압도적 인기를 끈 작가 쟝쯔룽(蔣子龍)은 그의 작품 『빠이니엔(拜年)』에서 이렇게 이야기하고 있다.

"테이프 리코더나 TV는 수입해도 좋겠지만, '새해'까지 수입할 수 있다는 말은 들은 적이 없다. 중국인의 진짜 '신니엔(新年)'은 '춘지에(春節 : 설)'이다. 음력 정월 초하루야말로 진짜 새해의 새날이라 할 수 있는 것이다."

중국에는 공휴일이 1년에 겨우 네 차례밖에 없다. 그 중 신니엔과 메이데이는 딱 하루만 휴일이고, 건국기념일인 구오칭지에(國慶節)는 이틀간 휴일이다. 이에 비하면 '춘지에'는 사흘이 공휴일이니까, 이것만으로도 특별 대우임을 알 수 있을 것이다.

돈벌이하러 외지에 나와 있던 농민들이 일단 시즌이 되면 고향에서 춘지에를 맞이하기 위해 엄청난 규모의 대이동이 시작되어 역전에서 노숙하거나 서로 밀고 당기는 승차풍경은 일종의 풍물시(風物詩)가 된 느낌마저 있다(농촌지역의 휴가는 1~2주로, 매우 길다).

일자리를 찾아 내륙 쪽에서 꽝저우(廣州)나 상하이(上海) 등 대도시로 정처없이 밀어닥친 이들 농민군상들은 '망리우(盲流)'라 표현되어 왔다. 어쨌든 '망리우' 인구를 가장 많이 배출하는 쓰촨(四川) 성을 위시하여 1,000만 명에 달하는 농민이 옌하이(沿海) 지역의 도시에 넘쳐나기 때문에, 그 대군을 흔히 촨쥔(川軍 '四川軍團' 이라는 의미)이라 부른다.

이 '망리우'를 1993년부터는 '민꿍차오(民工潮 : 농민, 노동자의 조류)'라 바꿔 부르게 되었다. '맹목적[盲]' 이라는 의미의 단어를 사용했다고 해서 명칭을 바꾼 것은 아니다. 농촌에서 도시로 돈벌이 나가는 현상은 공업화의 과정에서 필연적인 것이며, 그것을 통해 소득격차 해소 등 여러 가지 장점이 따를 수 있다는 생각에서이다.

1994년 춘지에 직전 『런민르빠오(人民日報)』는 논설에서 "관련기관의 예측에 의하면 올 춘지에 기간 동안 다른 지구(地區) 사이를 이동하는 총 인원수는 연 1,000만 명을 넘을 것이다."라고 지적했다. 하지만 실정은 위의 예상치를 웃돌아 1995년 춘지에를 전후해서는 외지에 나간 농민을 중심으로 연 2억 명이 철도로 이동했다고 한다.

민꿍차오의 민꿍(民工)을 『신사 신어 사전(新詞新語詞典)』에서 찾아보면, 의미가 새로운 것과 옛 것 두 종류임을 알 수 있다.

하나는 주로 마오쩌뚱(毛澤東) 시대 농한기에 대대적으로 행해진 수리·도로 공사 등에 동원되어 일하는 농민, 또 하나는 농한기에 도시로 돈벌이를 나가 건설공사장에서 일하는 농민이다.

개혁·개방의 시대인 지금은 오히려 두번째 의미로 사용되는 경우가 압도적이다. 앞서 기술한 『런민르빠오』 논설에서도 "농촌의 잉여노동력을 합리적으로 이전시켜, 질서 있는 집단으로 만들어야 할 필요성을 알리자."고 강조하고 있다.

농민들은 더이상 농사를 짓지 않는다

기업체에서 근무하는 농민 • 리투뿌리샹 • 離土不離鄕

미국 작가 펄벅 여사는 『대지(大地)』에서 땅에 집착하는 중국 농민을 그렸다. 현재 중국대륙의 농촌에는 농업을 그만두는 농민이 늘어나고 있고 돈벌이를 위해 도시로 떠나는 농민도 상당히 많다. 또한 농촌에 살면서도 농사를 짓지 않는 사람들도 있는데, 이를 리투뿌리샹(離土不離鄕)이라 부르고 있다. 이들 중 대부분은 개혁 · 개방 시대에 크게 발전한 샹전치예(鄕鎭企業)나 싼쯔치예(三資企業)에 근무하는 사람들이다.

먼저 중국의 독특한 후커우(戶口 : 호적) 제도에 대해 설명하겠다. 호적은 도시호적과 농촌호적으로 나뉘어 있다. 도시호적에는 식량배급을 받는 직원 노동자가 속하고, 그들 대부분은 도시에 거주하고 있다. 다만 지방공무원이 근무지 관계로 농촌에 거주하고 있는 경우에도 호적은 도시호적이다.

한편 식량배급을 받지 않아도 좋은 농촌거주자는 농촌호적에

속한다(농가가 실제로 자급할 수 있는가의 문제는 별도). 농촌호적에서 도시호적으로 바꾸는 것을 농주안페이(農轉非)라고 하는데, 지금까지 극히 특수한 경우를 제외하고는 인정되지 않았다. 다시 말해 농촌호적을 가진 사람은 원칙적으로 도시에 살지 않았던 것이다. 따라서 지방에 근무하는 간부가 직권을 남용하여 농촌호적을 도시호적으로 바꾸려다가 적발되는 경우가 끊이지 않았다.

그러던 상황이 크게 변화하기 시작했다. 계획경제에서 시장경제로의 전환이 진행되던 중 식량구입에 쓰이던 량피아오(糧票 : 식량표)가 폐지되고, 농촌에서 도시로의 비합법적 인구유동이 시작되었기 때문이다.

농촌에 살면서 농업에 종사하지 않는 사람도 후커우는 농촌호적을 가지고 있으므로, 대도시 근교의 농촌이나 샹전치예가 발달한 농촌지역에 많다. 특히 푸뚱(浦東) 지역 개발붐이 일고 있는 상하이(上海)에서는 그러한 상황이 매우 극단적인 형태로 나타나고 있다.

상하이 시의 조사에 의하면 근교에 농민으로 호적에 등록되어 있는 사람이 약 200만 명 있는데, 그 중 70퍼센트는 농업에 종사하지 않고 기업의 경영자, 노동자로 일하고 있다고 한다. 그 결손을 메우고 있는 것은 다른 지역에서 돈벌이하러 온 농민과 주부, 노인들이다.

중국인구의 80퍼센트가 농촌에 거주한다고 하며, 예전에는 사실상 그랬다. 그러한 농촌인구에 질적 변화를 가져온 것이 리투뿌리샹(離土不離鄕)으로, 농촌호적을 가진 노동인구 3억 7,990만 명 중 1986년 단계에 이미 7,522만 명이 농업을 떠나

광뚱 성에 위치한 농촌의 모습. 현재 중국에서는 농업을 그만두는 농민이 늘어나고 있다.

있었다. 개혁의 진전과 함께 점점 증가하여 1992년에는 4억 3,802만 명 중 1억 581만 명(24.2퍼센트)에 달했다.

그러한 의미에서 본다면 펄벅이 『대지』에서 그려낸 농민의 모습은 크게 변화하고 있는 셈이다.

제4장

즐기는 문화, 사는 재미

신분상승을 꿈꾸는 마이카족들

자가용 • 쟈팅쟈오처 • 家庭轎車

경제성장이 진행되면서 중국에도 점차 자가용, 이른바 '마이 카'가 등장하기 시작했다. 아직 초기 단계여서 마이카에 딱 들어맞는 중국어는 아직 등장하지 않았었다.

지금까지 중국에는 공용차밖에 없었다. 따라서 차를 갖고 있는 경우, 공용차와는 다른 '개인의 차'라는 의미로 '쓰런쟈오처 (私人轎車)'라는 용어가 사용되었다. 그러나 이 개념이라면 요즘 중국에서 잘 나가는 '꺼티후(個體戶 : 개인사업자)'의 영업용 차까지 포함된다. 그래서 새로이 쟈팅쟈오처(家庭轎車)라는 말이 등장했다.

'쟈오(轎)'는 본래 사람을 태우는 가마를 뜻하는 말이었는데, 자동차가 등장하고부터는 승용차 중 세단, 혹은 상자모양의 차를 지칭하는 말이 되어 다른 차종, 예컨대 창처(敞車 : 오픈카)나 펑처(蓬車 : 덮개 달린 차)와 구별하기 위해 사용되었다.

그런 마이카는 어떤 사람들이 얼마나 갖고 있을까. 통계에 의하면 순수한 의미의 자가용은 1970년대에는 거의 없었고, 1986년에는 약 700대, 1987년에는 약 2,500대, 1990년에는 약 5,000대였다고 한다. 다른 통계를 보아도 뭉뚱그려서 개인소유 대수 118만 대(1992년 말)라고밖에 나와 있지 않다. 이는 앞서 말한 개인사업 경영자가 업무용으로 사용하는 쓰런쟈오처이며, 이 중 마이카로서의 쟈팅쟈오처는 5만 대 정도라고 한다(『런민르빠오(人民日報)』). 중국경제가 사회주의 시장경제 노선으로 크게 비약하기 시작한 1992년부터 마이카 대수가 급격히 불어나고 있는 듯하다.

어떤 사람들이 마이카족에 들어간 것인가. 첫째, 개인사업 경영자, 둘째, 영화·쇼 비즈니스·스포츠계의 스타, 셋째, 해외친척의 증여나 유산을 상속한 사람, 넷째, 외국계 기업의 경영자 관리인 등이다.

자동차가 빽빽이 들어찬 베이징 공항. 마이카 열기를 실감할 수 있다.

1989년의 티엔안먼(天安門) 사건 때까지는 마이카족이라는 사실을 숨기는 사람이 많았다. '세금부과, 구설수, 도둑, 그리고 이러쿵저러쿵 남들의 입에 오르내리는 것을 달가워하지 않았기 때문'이다. 그러나 '먼저 부유해지는(先富)' 것이 공인된 지금은 신분의 상징으로서 자랑거리가 되어 있다.

베이징에 '시우수이지에(秀水街)' 자유시장이라는 곳이 있다. 이 자유시장은 소련 및 동구권 국가의 외교관 부인들이 의류 및 일용잡화를 구입하던 곳으로, 1970년대 말부터 유명했다. 그런데 요즘은 돈 있는 카 매니아(car mania)들이 이탈리아제 스포츠카 페라리에 몸을 싣고 모습을 나타내기도 하고, 비교적 변방이라 할 수 있는 지린(吉林) 성 옌지(延吉) 시에도 벤츠 스포츠카를 몰고 다니는 사람이 등장했다 하니, 넓디넓은 중국 전역에 상당수가 고급 차를 소유하고 있는 것이 분명하다.

베이징 교외에는 마이카 열기를 반영하여 야외 중고차 시장이 등장했다. 일본이나 미국 등 서방측 메이커와 합작 및 기술제휴로 제조된 중국산 베이징 지프(北京吉普車 : 체로키)나 샤리(夏利 : 샤레이드)와 함께 수입차가 즐비하게 진열되어 있다. 일본 다이하쯔와의 기술제휴로 만들어진 샤리는 새 차의 경우 92,000위엔이니까, 근로자가 평균 연수입을 10년 모아도 손에 닿지 않는 '그림의 떡'이다.

그러나 연수입이 5만 위엔을 넘는 가정은 전국적으로 530만에 이른다. 국민차의 성능과 가격을 가진 세단이 등장하면 마이카 시대는 현실이 될 것이다. 중국정부 당국은 배기량 1,000~1,300시시급을 생각하고 있는 것 같다.

거기에 이르는 조건도 서서히 정비되고 있다.

우선 주요 도로를 따라 현금지불의 주유소가 속속 개점하는 상황을 들 수 있다. 석유소비가 급격히 늘어났다 하여 중국이 석유수입국이 된 것은 아니다. 중국은 본디 산유국이다. 휘발유는 리터당 30위엔 정도로, 일본과 비교할 때는 대략 3분의 1 가격이다. 배급표가 없으면 급유를 받을 수 없는 시대는 지났다. 또 베이징 등 대도시에서는 세차 아르바이트를 하는 이들이 노상에서 걸레를 휘두르며 손님을 불러들이는 풍경이 이미 일상화되어 버렸다.

일단 팔아먹기만 하면 그만

가짜 브랜드 • 쟈마오웨이리에 • 假冒僞劣

임시방편으로라도 우선 '돈부터 벌고 보자'는 심리가 중국 곳곳에서 횡행하고 있다. 한마디로 말해서 '가짜 브랜드'나 '물 타기' 상품의 범람이다. 저작권을 무시하는 해적판 서적의 출판이 지금 시작된 것은 아니지만, 그 범위는 뉴미디어의 보급과 함께 더욱 확대되어, CD 소프트웨어의 불법복사 등 외국과의 사이에서 지적 소유권에 관한 문제도 생겨나고 있다.

'쟈마오웨이리에(假冒僞劣)'라고 일컬어지는 가짜 상품 중 해 적판 서적은 차라리 '고전적인' 부류에 든다. 서적은 그런대로 넘어가줄 수 있을지 몰라도 직접 입에 들어가는 식료품이나 음료가 되면 무사할 수 없다.

꾸이저우(貴州) 성 특산품인 마오타이지우(茅台酒)는 저우언라이(周恩來) 총리가 외국의 수상들이 방문했을 때 건배한 후부터 아시아 각국에서 유명해졌다. 1991년 가짜 마오타이지우를 4만

병이나 만들고 있던 그 성 주조공장의 경영자가 일벌백계의 의미로 사형판결을 받았는데, 공소도 받아들여지지 않고 집행되었다. 1994년에는 쓰촨(四川) 성 농민이 메틸알코올이 들어간 가짜 우량이에(五糧液 : 중국의 명주)를 팔았다. 이로 인해 수십 명이 피해를 보고 여덟 명이 사망, 한 명이 실명했다. 이 농민도 사형에 처해졌다.

또 문자 그대로 '물타기'도 있다. 중국의 식육은 저민 조각이 아니라 덩어리 형태로 판매된다. 거기에 주사기로 물을 주입하여 중량을 늘리는데, 이러한 수법의 고기를 '물탄 고기(注水肉)'라 한다.

이러한 속임수 상법의 여파는 다른 나라에 수출되는 송이버섯에까지 미쳤다. 1994년 말 수출국의 각 신문에 '중국산 송이버섯에 이물질 혼입'이라는 기사가 대서특필된 사건이 있었다.

수출국의 중앙 도매시장에서 어느 중개회사가 중국 윈난(雲南) 성에서 수입된 송이버섯을 구입했다. 그 회사 종업원이 송이버섯밥을 만들어 먹었는데, 직경 3밀리미터의 금속 알맹이가 수십 개 나왔다. 송이버섯 자루의 내부가 도려지고 거기에 가득 채워졌던 것 같다. 시장 도매가격은 킬로그램당 4만 원, 중량을 늘리기 위해 넣었을 가능성이 높다. 또 다른 지역에서도 송이버섯 자루의 내부에 직경 약 2밀리미터의 금속 막대기가 여러 개 파묻혀 있는 것이 발견되었다.

중요한 일용품인 구두에 대해서 '리빠이시에(禮拜鞋)'라는 단어가 이미 신조어 사전에 들어 있다. '리빠이(禮拜)'는 기독교의 일요예배 관습에서 파생된 용어로, 일요일이나 일주일을 가리킨다. 이 신조어는 '일주일밖에 신을 수 없는 신발'이라는 뜻이다.

소비재뿐만 아니라 공업원료에도 똑같은 현상이 일어나고 있다. 방직공장이 매입한 면화에 벽돌이나 돌 등이 섞여 있어서, 1994년 3월 전국 220개 방직공장을 조사한 결과, 겉면에 표시된 것과 동일한 품질상태를 유지하고 있었던 것은 55.26퍼센트 뿐이었다. 이물질이 섞인 면화를 사용한 허난(河南) 성의 방적공장에서는 이물질이 말려드는 바람에 정방기(精紡機)의 80퍼센트가 고장나는 사고가 생기기도 했다.

그뿐만이 아니다. 최근에는 군인이나 경관의 제복, 휘장, 장비까지 위조되고 있다. 그것을 착용한 가짜 군인, 가짜 경찰이 범죄를 저지르거나 위조한 군용 경찰넘버의 차로 밀수물자를 수송하는 등 몹시 걱정스러운 현상이 차마 볼 수 없을 만큼 넘쳐나기 때문에 공안당국은 1994년 7~8월에 '경찰로 가장하고 위법행위를 하는 범죄활동(冒充警察進行違法犯罪活動)'을 집중적으로 단속하겠다고 통보했다〔『런민르빠오(人民日報)』〕.

또 최고액 지폐인 100위엔권의 모조품이 나돌기 때문에 상점, 호텔 등에서 위조지폐 검사기로 체크하는 곳이 늘고 있다. 중국에 진출한 한 외국기업이 위조지폐 검사기를 구입했는데, 그 검사기가 가짜였다는 웃지 못할 이야기까지 있다.

이처럼 위조품이 횡행하는 것은 중국의 경제체제가 시장경제로 크게 전환하는 이행기에 처해 있기 때문에 일어나는 현상이다. 계획경제 시기에는 모든 물자가 연간계획에 따라 생산되었기 때문에 당국의 통제도 효과가 있었으며, 모조품이 숨어들 여지도 없었다.

그러던 것이 상품경제가 도입되고서는 크게 변했다. 여러 가지 상품이 나돌게 된 것인데, 양과 질적인 측면 모두 아직 충분하다고는 할 수 없는 품목도 많다. 광대한 국토에서 상도덕의 확립은 아직 요원해 보이는 중국. 일단 팔아먹기만 하면 나중에 그것이 논이 되건 밭이 되건 상관없다는 식의 '쟈마오웨이리에' 상품이 횡행하고 있다.

요리의 본고장 중국을 휩쓰는 패스트푸드 열기

패스트푸드 · 콰이찬 · 快餐

요리의 본고장이라 할 수 있는 중국에서도 간단히 먹을 수 있는 콰이찬(快餐)이 인기를 끌고 있다. 문자 그대로 패스트푸드이며, 중국의 개혁·개방 노선이 본격화된 1980년 후반 이후 세계적으로 유명한 체인점이 속속 중국에 진출했다.

신중국 성립 이전부터 영국, 프랑스, 일본 등 외국인 거주지가 있어서 외국문화가 일찍부터 들어와 있던 국제도시 상하이(上海). 1988년에 수도 베이징보다 먼저 켄터키 프라이드 치킨을 파는 컨더지(肯德基 : 켄터키) 1호점이 상하이의 명소 와이탄(外灘)에 있는 똥펑판디엔(東風飯店)에서 문을 열었다.

프라이드 치킨은 중국요리의 메뉴로 일반시민에게도 친숙한 음식이다. 가게 앞에는 안경을 걸치고 지팡이를 든 카넬산더스 아저씨의 인형이 인자한 미소를 짓고, 한걸음 들어가면 중국사람들이 꿈꿔오던 미국식 인테리어, 거기에 더하여 중국식과는 전혀 다른 스피디한 서비스가 폭발적인 인기를 끌어, 개점 첫날부터 장사진을 이루었다. 상하이의 컨더지는 금세 런민꿍위엔(人民公園), 중산꿍위엔(中山公園) 등 번화가 여덟 군데로 확산되었다.

여기에 대항한 것은 '국산' 룽후아지(榮華鷄). 번화가 난징루(南京路) 등에 다섯 개 지점이 있는데, 그들이 내놓는 프라이드 치킨은 닭고기를 독특한 조미료에 장시간 담근 전통적인 조리 방식에 의한 것으로, 구수한 맛이 특징이다. 컨더지와 마찬가지로 단품(單品)과 세트메뉴에서 선택하는 시스템이며, '렁인(冷飮 : 소프트 드링크)'으로는 '메이니엔따(美年達 : 미린다)' '치시(七喜 : 세븐업)'가 있는데, 모두 3.5위엔이다.

한편 햄버거(漢堡包)를 파는 '마이땅라오(麥當勞 : 맥도널드)'는 상하이에 좀 늦게 들어왔는데 번화가인 화이하이루(淮海路)에 개점했다.

상하이에서는 비록 컨더지에 뒤진 마이땅라오지만, 베이징에서는 옛날부터 최고의 번화가로 알려진 왕푸징(王府井)의 입구, 베이징판디엔(北京飯店)의 맞은편에 초대형 점포를 개설했다.

이 2층 건물은 연건평 2,500평방미터의 건평에 좌석이 700석이고, 종업원 수는 약 1,000명, 하루에 드나드는 고객이 2만 명에 이르렀다고 한다. 세계 161개국에 1만 2,000개가 넘는 맥도널드사 점포 중에서 최대 규모를 자랑했던 이 지점은 그 부지가 시가지 재개발의 대상이 되었기 때문에 현재는 폐점했으나 새로운 쇼핑센터에서 다시 시작할 예정이다. 마치 그 위치를 대신하려는 양 성황을 이루고 있는 켄터키 프라이드 치킨의 상하이

쉬후이(徐匯)점은 1997년 6월 1일 일요일에 동 치킨점 하루 매상으로는 세계 1위의 기록을 달성했다. 마침 그날은 '어린이날'이어서 약 4만 명이 몰렸던 것으로 보인다.

이외에 피자헛이 '삐성커(必勝客)'라는 중국이름으로 베이징에 퍼지고 있다. 현재 영업중인 곳은 '여우이상띠엔(友誼商店)' 옆의 지엔꾸오먼(建國門) 외점, 베이징 대학 부근의 중꾸안춘(中關村)점, 그리고 똥즈먼(東直門)점과 주스커우(珠市口)점의 네 곳이고, 이 밖에 다른 두 곳이 개설되었다.

가격을 보자면 상하이의 컨더지에서는 닭다리가 5.5위엔, 프라이드 포테이토가 2위엔이다. 가격이 싸다고 생각하겠지만 근로자의 평균 월수입이 500위엔 정도임을 감안해본다면 그렇게 싼 것만은 아니다.

그러나 베이징과 상하이에 사는 아이들이 이러한 패스트푸드를 먹지 못한다면 기가 죽는다. 아이가 조르는 바람에 노동절 휴일에 베이징의 맥도널드에 간 외국계 기업 직원 L씨의 메뉴는 이러했다.

중국에서 유행하는 패스트푸드점. 왼쪽이 맥도널드, 오른쪽이 켄터키 프라이드.

우선 본인 것으로 '쥐우빠(巨無覇 : 빅맥)' 9위엔, 아이에게 '마이시앙지(麥香鷄 : 닭고기 햄버거)' 8위엔짜리를 시키고, 큰 컵 '컬러(可樂 : 콜라)' 두 잔 7위엔을 합하니 24위엔이라는 계산이 나왔다. 그다지 고소득자가 아니라도 이미 친숙한 기호품이 되어, 젊은 남녀의 데이트라든가 아이의 생일축하 때문에 오게 된다고 하는 손님도 많은 것 같다.

'바이스컬러(百事可樂 : 펩시콜라)'를 모회사로 하는 켄터키 프라이드 치킨(KFC)사는 1997년까지 중국 전역에 147개 점포를 개설했는데, 그 중 상하이에만 32개가 있어, 단일도시로서는 가장 많다.

이같은 패스트푸드사의 확장계획은 중국에서 소득수준이 높아져 대중소비 붐이 일어나고 있음을 반영해주는 것인데, 여기에는 미·중 간의 최혜국 대우 문제가 해결되고 통상확대 조건이 정비되었다고 하는 상황도 더해져 있다. 메이스콰이찬(美式快餐 : 미국식 패스트푸드)의 붐을 따라갈 정도는 아니지만 중국인 손님을 대상으로 중국인이 경영하는 르스콰이찬(日式快餐)도 늘어나고 있다. '주파이까이판(猪排蓋飯 : 포크 커틀릿 덮밥)' '지딴지러우까이판(鷄蛋鷄肉蓋飯 : 닭고기 계란 덮밥)' '웨이청라미엔(味噌拉麵 : 된장라면)' 등이 주메뉴이고, 가격은 15위엔 정도이다.

죽은 사람을 화장시키면 신문에 나는 나라

경조사 • 홍스, 바이스 • 紅事, 白事

일본에서는 결혼식 등 경사스러운 일에는 홍백(紅白)·금은
(金銀) 등 화려한 색이 사용되고, 장례식과 같은 흉사에는 부의
(賻儀) 봉투나 옷에는 흑백(黑白), 회백(灰白) 등 가라앉은 색을
사용하는 것으로 정해져 있다.

이러한 관습이 생겨난 중국에서는, 경사에는 홍색과 금색으
로 꾸미고 흉사에는 백색이 사용된다. 관혼상제에 해당하는 말
이 홍바이시스(紅白喜事)인데, 경사는 홍스(紅事)·시스(喜事),
흉사는 바이스(白事)라 한다. 여기서 유래되어 혼례의 축하주는
시지우(喜酒)라 하며, 미혼인 친구가 있으면 "언제 시지우를 마
시게 해줄 건가."라는 표현으로 결혼을 재촉한다.

혼례도 1970년대 말까지는 조용히 치렀다. 그때까지는 보통
의 경우 친척이나 친구들이 신랑집에 모여 신랑 신부를 축하하
고 '시탕(喜糖 : 축하사탕)'을 먹는 정도였다.

그러던 것이 오늘날에 와서는 점점 더 호화스러워졌다. 기념 사진만 해도 흑백사진을 뒤에서 착색하여 마무리하던 이전의 '총천연색' 판과는 다르다. 잘 차려입은 커플이 사진관에 와서 컬러사진을 찍는 것이 보통이다. 피로연도 도시에서는 레스토 랑에서 손님을 접대하는 것이 유행이며, 상하이 같은 대도시에 서는 화려한 의상의 신랑 신부에게 시중드는 남녀가 딸려 손님 을 모시는 것이 관례이다. 신랑 신부가 움직일 때는 홍색과 금 색 등으로 화려하게 꾸민 호화로운 승용차가 동원된다.

그에 비하면 도시의 장례식은 간소하고 검소하다. 1994년 8 월, 마침 베이징을 방문중이던 필자는 빠바오산(八寶山) 묘지에 서 치러진 한 장례식에 참석할 수 있었다. 추도회는 무종교(無 宗敎)로 행해졌는데, 침울한 장송곡이 흐르는 가운데 장례식에 모인 사람이 관 속의 고인에게 이별을 고하고 유족에게 문상하 는 매우 간소한 것이었다. 그러나 시골에서는 혼례는 물론 조사 (弔事)도 상당히 복고적이었다.

중국에서는 보통 망자(亡者)를 화장하여 유골을 묘에 넣는다. 이에 대한 유명한 에피소드도 있다. 1956년 마오쩌뚱(毛澤東)은 '화장을 실행하도록 제창한다'는 제목의 문장을 써서 찬성하는 사람에게 서명할 것을 요구했다. 솔선하여 서명한 것은 마오쩌 뚱이었으나, 유지(遺志)와 다르게 그의 유체는 마오 주석 기념 당에 모셔져 있다.

개혁 · 개방 정책으로 부유해진 농촌에서는 옛날 방식의 토장 (土葬)이 상당 부분 부활하고 있다. 대외개방의 선진지역이며 실크손수건으로도 유명한 산터우(汕頭) 시의 경우, 대외개방이 시작된 1978년까지는 화장(火葬)이 90퍼센트를 넘었으나, 1994

년에는 10퍼센트 정도로 격감하고, 토장이 주된 방식으로 되살아나고 있다.

당 기관지 『런민르빠오(人民日報)』는 1995년 5월 저지앙(浙江)성 원저우(溫州) 시에서 백여섯 살 된 노부인이 사망했는데, 유언에 따라 화장했다고 보도했다. 고령자가 사망했다는 뉴스를 중시했다기보다 정부시책에 맞게 화장했다는 점을 선전하고 싶었던 것이리라.

상하이에서 외국의 한 컨설턴트 회사가 번쩍번쩍한 금빛 중고 영구차 한 대를 중국 당국에 기증하여 큰 인기를 끌었다. 덕분에 이 회사는 중국과 합작으로 장의회사를 설립하고 본격적으로 사업을 진행하면서 연간 500대의 영구차를 현지 생산한다고 한다.

관혼상제가 호화로워진 것은 생활에 여유가 생긴 증거라고 볼 수도 있는데, 지방 당 정부의 간부가 자녀의 혼례 피로연으로 파티를 연다든가 부모의 장례식에 관공서 등의 자동차를 동원하여 장례식 행렬을 짠다든가 하는 경우도 적지 않다. 중국 장례식에서는 부의(賻儀)를 내는 관습은 없지만, 비용이 많이 들어가는 피로연쯤 되면 축의금(祝儀金) 같은 것은 호기 있게 내야 한다. 이러한 향응은 간부의 지위이용, 권세과시를 나타내는 것으로 지나치게 눈에 띄면 비난의 대상이 된다. 그 중에 처벌을 받은 경우도 신문에 전해지는데, 그렇다 해도 전체적으로 볼 때는 극히 적은 비율일 것이다.

왜 생맥주가 더 비쌀까

생맥주 · 짜피 · 扎啤

이제 중국의 젊은이들도 맥주를 즐겨 마신다. 소득수준이 높아진 1980년대 이후부터 시작되어, 1990년대에 와서는 생맥주도 찾게 되었다.

생맥주를 나타내는 말이 이 '짜피(扎啤)'이다. 1994년 8월 베이징판띠엔(北京飯店), 꾸이삔러우(貴賓樓 : 北京飯店의 西樓 옆에 생긴 신관)의 로비 라운지에서 생맥주를 달라는 의미로 "시엔피지우(鮮啤酒)"라고 주문했더니, 웨이트리스가 "짜피입니다."라고 환기시켜 주었다. "짜피라니?"라고 묻자, 손잡이 달린 맥주잔에 든 생맥주를 말하는 것이라고 했다. 그래서 한자로는 어떻게 쓰느냐고 했더니 '扎啤'라고 써주었다. 그래도 석연치 않은 데가 있어 왜 손잡이 달린 맥주잔에 든 생맥주를 짜피라고 하는지 거듭 물어보았지만 "글쎄요, 잘 모르겠습니다."라는 대답뿐이었다.

그 후 지린(吉林) 성 창춘(長春)에서 묵었던 난후삔꾸안(南湖賓館)의 2층 비어코너에서도 생맥주를 주문하면서 똑같은 질문을 해보았다. 결과는 마찬가지였다. 난후삔꾸안의 짜피는 중간 정도의 손잡이가 달린 잔으로, 한 잔에 12위엔이었다. 그 정도면 상당한 금액이었다.

짜피의 어원에 대하여 "중국인 친구의 말에 의하면 손잡이 달린 맥주잔에 마시는 생맥주를 가리키는 것으로 보아 손잡이 달린 맥주잔에 맥주 따르는 소리를 표현한 것은 아닌지."라는 내용의 글을 쓴 적이 있다.

그것을 본 독자들로부터 여러 가지 가르침을 받았다. 그 중 한가지를 보면, 원래 주둥이가 넓은 병, 즉 호(壺)를 의미하는 영어 Jar를 음역한 것으로, '扎啤'라는 글자는 단지 그 음을 표기하기 위한 데에 지나지 않는다는 것이다. 그 이유에 대해서는 아직 중국에서도 분명히 밝혀진 것 같지는 않은데, 베이징의 석간신문 『베이징완빠오(北京晚報)』는 1992년 6월 24일자에서 당시 유행하기 시작한 짜피의 표기에 관하여 다음과 같은 해설을 게재했다.

"짜피를 마시는 것은 이미 베이징 시민의 새로운 음주스타일로 되어 있는데, 짜피의 '짜'에 대해서는 모르는 사람이 많다. 『베이징르빠오(北京日報)』 주말판에 짜피를 문제삼은 기사가 실렸을 때도 포르투갈어에서 차용한 말이라는 설명밖에는 없었다. 사실 이것은 영어 Jar의 음역인 것이다. '통피(筒啤 : 캔맥주)' '핑피(瓶啤 : 병맥주)'에서 모방하여 짜피라는 신조어가 만들어진 것이다."

여기에는 다른 설이 있다. 한 외국인 유학생에 의하면 '짜'에는 '찌른다'는 뜻이 있는데, 손잡이 달린 잔에 든 맥주의 비싼 값을 소비자의 입장에서 비꼰 이름이라 한다. 생맥주의 인기가 높아지자 판매자 쪽에서 가격을 높게 책정했다. 여기에 대해 '짜런추쉬에(扎人出血 : 사람을 찔러 피가 나게 한다)' 하는 것이라 고 언짢은 이유를 들고 있는 것이다.

알코올 도수가 높은 술을 리에지우(烈酒)라 하는데, 요즈음 젊은 사람들이 독한 술을 좋아하지 않자, 대신해서 맥주 소비량 이 연 20퍼센트 정도의 높은 신장률을 보이고 있다. 현재 중국 은 미국에 이어 세계 2위의 맥주생산국으로, 1995년 생산량은 1,540톤에 달했다. 1979년에는 52만 톤에 불과하던 것이 15년 동안 30배나 증가했다. 그러나 국민 1인당 소비량을 보면 체코 의 247병(96년, 큰 병 기준)을 필두로 아일랜드, 독일과 구미 각 국이 연이어 있고, 아깝게도 아시아 국가는 한 나라도 10위 이 내에 들지 못했다.

또 병맥주보다도 캔맥주의 인기가 훨씬 높다. 같은 상표의 맥주라도 내용량이 많은 병맥주가 5위엔 전후인 데 반해 캔맥 주는 그 세 배인 15위엔이라는 시장경제답지 않은 현상도 있 다. '시아오싸(瀟酒 : 시원스럽다)'라는 말이 유행어가 될 만큼 캔맥주가 유행하고 있기 때문이다. 거기에 더하여 맥주의 생산 량과 소비량이 자꾸 느는데도 맥주병의 재활용이 순조롭지 않 아, 흠집이 난 맥주병이 다시 이용되어 폭발사고가 빈발하는 것 도 이유로 지적될 수 있다.

주치의를 떨게 한 축구광 펑샤오핑

인기 스포츠 세 가지 • 싼따치우 • 三大球

1998년 프랑스에서 개최될 월드컵 축구 아시아 지구 제2차 예선에서, B조 한국팀은 어웨이(away) 경기의 대일본전에서 역전승을 거두어 일찌감치 출전이 결정되었다. 일본도 어웨이(away)인 대한국전에서 승리하여 B조 2위가 되었고, A조 2위인 이란에 승리하면서 처음으로 월드컵 출전이 결정되었다.

중국은 어떻게 되었는가? A조 중국은 홈(home) 경기에서 사우디에 이겼고, 어웨이 경기에서도 쿠웨이트에 이기는 등 선전했으나, 홈 경기에서 카타르에 패하고 어웨이에서 사우디와 비겼기 때문에 솜씨를 발휘하지 못하고, 결국 2위 안에 들지 못하는 참담한 결과로 끝나고 말았다.

때문에 중국 국가대표팀은 "눈물을 닦고, 떨쳐 일어나 따라 잡자"는 제목의 이례적인 공개장을 발표하여, 많은 축구팬들에게 "기대에 부응하지 못한 데 대해 변명은 하지 않겠다."는 말로 사과했다.

그러면 중국에서 인기있는 세 가지 구기종목은 무엇일까?

탁구는 일찍이 세계를 제패한 종목이다. 외교면에서도 닉슨의 중국방문 이전에 일본에서 열린 경기가 계기가 되어 일세를 풍미한 핑퐁외교의 역사가 있다. 나고야(名古屋) 대회가 열린 1971년에는 아직 미국과의 국교가 시작되기 전이었는데도 미국 선수단을 초대해서, 국제적 센세이션을 일으킨 적이 있다.

그런데도 중국이 이러한 역사적 배경에서 기인하여, 인기있는 세 가지 구기종목에 핑팡치우(乒乓球 : 탁구)를 떠올릴 독자도 있을지 모르겠다. 그러나 유감스럽게도 TV 퀴즈 프로그램에서 그렇게 대답했다면 "핑퐁, 네! 맞았습니다."라고 하지는 않을 것이다. 정답은 파이치우(排球, volleyball), 란치우(籃球, basketball), 쭈치우(足球, soccer)의 세 가지이다.

이웃나라에서도 '排球'라는 한자표기가 사용된 적이 있다. 농구는 '籠球'였다. '籃'과 '籠'은 거의 같은 의미로 '바구니'를 가리킨다. '족구(足球)'는 문자 그대로 발로 공을 처리하는 게임으로, 넓은 뜻으로는 풋볼 일반을 가리키는 것이지만, 중국인에게 soccer의 인기가 높은 만큼 좁은 의미에서는 soccer의 동의어로 사용되고 있다(덧붙여서 말하자면 soccer는 정확하게 영국식 足球, 아메리칸 풋볼은 미국식 足球라 해야겠지만).

soccer는 한국에서도 '蹴球'라는 한자어를 사용하는데, 발음은 '축구'이다. 이는 옛날 귀족들의 공차기 놀이인 '축국(蹴鞠)'에서 유래한 것으로 보인다.

중국에는 쭈치우미(足球謎 : 축구팬)의 숫자가 많은데, 떵샤오핑(鄧小平)도 그 중 한 사람이다. 딸 마오마오(毛毛)에 의하면,

1988년 월드컵 때에는 TV로 중계된 52게임 중 50게임을 봤다나. 또 1994년 미국에서 거행된 월드컵은 TV 방영에 맞추어 경기시간이 정해졌기 때문에 중국에서도 심야에 생중계되었다. 이 때문에 1994년 8월에 만 아흔 살이 된 떵샤오핑의 건강을 염려한 주치의들이 생중계가 아닌 VTR을 통해 월드컵을 보도록 권고했다고 한다.

중국은 월드컵 아시아 지역 예선에 대비해 1992년 첫 외국인 감독을 독일에서 초빙해 중국 국가대표팀의 강화를 꾀했다. 그러나 아예 일찌감치 패배하여 2차 예선에는 나가지도 못해 축구팬들을 실망시켰다.

그래서 중국 축구협회는 1993년 열넷에서 열여섯 살의 어린 선수 22명을 선발하여 브라질로 보냈다. 통역사에서 중국음식 요리사, 교사까지 합류한 이 특훈팀은 브라질에 5년 동안 체류할 예정인데, 체재비용 160만 달러에 대해서는 건강드링크 메이커 지엔리빠오(健力寶)가 후원을 했다.

또 1994년 4월부터는 전국 12개 팀이 리그전을 시작했다. 미국의 식품·담배 회사 필립모리스가 주요 스폰서를 맡아 자사 브랜드인 완빠오루(萬寶路 : 말보로)를 리그명으로 정했다.

같은 해 7월 말 베이징에서 거행된 베이징 꾸오안(國安) 클럽 대 상하이 선화(申花) 클럽의 시합에서 베이징팀 선수의 유니폼에는 낚시도구를 취급하는 일본 메이커의 이름이 들어 있었고, 상하이팀은 그 지역의 가전메이커 회사 선화(申花)만 후원을 했다. 상하이 선화클럽은 러시아 선수를 스카웃하여 전력을 보강하고, 경기에 이겼을 때는 승리보너스를 지급했다. 축구팬의 수는 세계 제일인 중국이지만 축구의 역사와 전통, 선수층, 트레

이닝 방법 등은 아직 세계수준에 미치지 못하는 것 같다. 1997
년 11월 월드컵 예선 패배가 결정된 후, 중국 축구협회는 코치
진을 강화할 것을 결정하여, 프로팀 코치 두 명을 독일 쾰른 체
육 대학에 연수보냈다.

조금 옆길로 새는 것 같은데, 중국에서도 '흡연은 건강에 해
롭다'는 의식이 높아져, '공공장소나 공공매체에는 담배광고를
할 수 없다'는 광고법이 1995년 2월에 시행되었다. 만약 말보
로 리그가 이 광고법에 걸리면 리그 자체가 성립되지 않았을 것
인데, 스포츠 대회는 제외한다는 예외규정 덕분에 구제되었다.

주택배당 시기로 결정되는 결혼날짜

마이홈 • 상핀팡 • 商品房

　농촌의 경우는 별개로 하고, 중국에서는 이제까지 주택이라면 당연히 근무지의 '딴웨이(單位)'가 보살펴주는 것이었다. 이 딴웨이라는 존재는 중국만의 독특한 것으로, 딱 들어맞는 단어가 없기 때문에 간단히 설명하기는 좀 곤란하다. 우선 사택에서부터 관혼상제까지 일체의 것을 돌봐주는 근무지로서의 관청, 대기업 정도로 알아두자.

　계획경제 시대의 중국은 저물가 저소득이었으므로, 집세는 그저 명목적인 것으로, 아파트 형태의 집합주택(集合住宅)의 경우 보수비용에도 미치지 못하는 금액이었다. 1995년 5월의 국가통계국 발표에 의하면 1인당 주택비는 가장 높은 베이징에서도 한 달 평균 9위엔이고, 가장 적은 티엔진(天津)의 경우 그 절반인 4.6위엔이었다.

　하지만 대도시에서는 주택문제가 심각하다. 주택배당은 근무

1930년대의 이미지를 간직하고 있는 상하이의 구시가지.

연수나 지위에 따라 결정되기 때문에, 결혼하는 젊은 남녀에게 주택배당은 '언제 결혼할 수 있는가' 와 직결된 큰 문제였다.

한편 배당을 받아도 넉넉한 공간은 기대할 수 없었다. 베이징(北京) 서북쪽 학원지구에 사는 한 대학교수는 아내와 아이를 포함해서 네 식구이다. 딴웨이인 대학에서 배당해준 아파트는 건평 40평방미터니까 베이징에서는 평균을 훨씬 넘었다. 그러나 안방에 책상을 놓을 만한 공간이 없어 2층 침대를 들여놓은 아이방에 접이식 책상을 설치하고, 아이들이 모두 잠들어 고요해진 밤에 연구작업을 한다.

이쟈량즈(一家兩制)는 맞벌이 부부의 한쪽이 높은 수입을 올릴 수 있는 민간기업, 외자기업에 근무하고, 다른 쪽은 주택할당 등 복리후생의 혜택을 받을 수 있는 원래의 딴웨이에 근무하는 '끼워맞춤'을 가리킨다. '좋은 점을 취한다' 는 이 방식이 널리 퍼진 배경에는 이러한 주택사정도 있다.

상핀팡(商品房)은 시장경제화가 진행된 1990년대 초부터 대도시에 출현하기 시작했다. 딴웨이가 비용을 전부 대주는 전통적 방식으로는 정부와 기업의 부담이 컸기 때문에 신규 건설이 진행되기 힘들었고, 거주자는 거주자대로 비좁고 불편한 점이 많아서 불만의 소리가 높았으므로, 새로운 전환을 꾀한 것이다.

계획경제의 기간(基幹)인 국유기업이 근본적인 경영개혁을 강요당하는 현상황에서 '요람에서 무덤까지'라는 종래의 '딴웨이' 방식을 계속 밀고 나갈 수는 없다. 정부 당국도 주택 신규 건설·도시정비 자금을 상핀팡 판매로 조달해나갈 방침을 세우고 있다.

상하이(上海)의 경우 처음에는 공유(公有)인 중고 집합주택을 팔면서 토지는 국유(國有)인 채로 판매했다. 1993년에 시험판매된 50평방미터의 주택은 2만 5,000위엔이었다. 푸뚱(浦東) 지역 개발붐이 활기를 띠던 1995년 단계에서는 본격적인 분양주택도 건설·판매되었다. 베이징, 우한(武漢), 충칭(重慶) 등 대도시에서도 동일한 현상이 일어나고 있다.

중국에서 최첨단을 달리는 상하이에서는 부동산 전문지 『팡띠찬빠오(房地産報)』가 발행되고 있으며, 외국인 부동산업자가 진출하여 토지(地上權)나 주택의 중개업무를 하고 있다. 상하이 시내 주변구의 경우 신축주택의 가격은 1평방미터당 4,000위엔, 50평방미터 주택이면 약 20만 위엔이 된다. 상하이는 토지 사용권이 하늘 높이 치솟아 있으므로, 이는 잠시 예외로 하고, 전국 평균 취득 가격으로 보아도 8만 9,300위엔이므로 노동자 평균 연수입인 9,076위엔의 9.84배에 달하는 것이다.

이러한 일부 따쿠알들을 겨냥한 신축주택은 다르지만, 일반적으로 중국은 집세가 매우 싸기 때문에 상핀팡이 보급될 조건이 그다지 좋다고 할 수는 없다. 집세가 어느 정도 인상된 경우라도 예금금리가 높아서 예금금리로 집세를 지불해갈 수 있다. 자산을 가지고 싶은 사람, 넓은 공간을 원하는 사람이 아니면, 무리를 해서 마이홈을 손에 넣으려는 사람은 아직 소수이다.

카드 계산방식에 익숙하지 않은 중국의 점원들

크레디트 카드 · 신용카 · 信用卡

'카(卡)' 는 한국에서건 일본에서건 좀처럼 볼 수 없는 한자(한글독음은 '잡' : 역주)로, 영어의 ka, ca음을 표기하는 데 사용하고 있다. 그 중 하나가 카피엔(卡片)인데, 음과 뜻을 합해 '카드' 를 가리킨다. 여기까지 힌트를 주었으면 신용카(信用卡)는 크레디트 카드를 가리키는 말이라는 것을 금방 알 수 있을 것이다.

크레디드 카드이지만, 중국 공산당의 중앙위원회 총회(14기 3중 전회)의 사회주의 시장경제에 관한 결정을 보면, 금융체제 개혁 항에 "크레디트 카드 이용을 적극 추진하여, 현금유통량을 감소시킨다."고 강조하고 있다.

중국에서는 최고액권 지폐가 100위엔이다. 수십만 위엔의 현금을 지불해야 하는 일이라도 생기면 가방 가득 지폐를 준비해야 하고, 보스턴 백으로 현금을 옮기던 기업의 구매담당자가 강도에게 습격당해 현금을 빼앗기는 비극도 발생했다.

현재 중국에서 사용되는 크레디트 카드로는 '카드사회' 미국에서 최고의 위치에 있는 VISA카드(웨이싸카 維薩卡, 또는 VISA가 사증査證의 의미를 갖고 있다 하여 치엔정카簽證卡라 하기도 함) 외에 메이구오윈용(美國運用 : 아메리칸 익스프레스), 따라이카(大來 : 다이너스), 완스따카(萬事達 : 마스터 카드)가 있다.

또 홍콩 남양상업은행(南洋商業銀行)이 발행한 파따카(發達卡 : 페드럴 카드)가 있고, 중국은행(中國銀行)이 발행한 것으로는 창청카(長城卡)와 중국공상 은행(中國工商銀行)의 무딴카(牡丹卡)가 있다. 외국계 카드로는 일본의 JCB와 밀리언 카드가 있다.

비자카드가 어떻게 사용되고 있는지에 대해 중국의 신문은 이렇게 전하고 있다.

"1991년 중국대륙에서의 비자카드 발행수는 48만 1,600매에 불과했고, 대체액은 21억 5,000만 달러였다. 그러던 것이 1993년 3월까지 소비금액은 333퍼센트 가까이 늘고, 발행매수도 288퍼센트 가까이 증가했다"(『징지르빠오(經濟日報)』). 비자카드의 발행량은 1995년 봄에 약 300만 매로 늘어났고, 연간 취급금액은 50억 달러를 돌파하였다.

다른 카드까지 모두 합하면, 발행매수는 1997년도에 2,000만 매를 돌파했다. 2003년에는 2억 매가 될 것이라는 예측도 있는데, 그렇게 된다면 전세계 발행총수의 5분의 1이 되는 것이다.

중국에서의 카드이용에 대해 한마디하면, 외국인 손님을 상대하는 호텔이나 레스토랑, 고급품을 취급하는 상점이라면 대개 카드를 사용할 수 있으나, 아직 가맹점이 적은 것이 난점이다.

1995년 5월 상하이의 경우 카드취급점으로 홍치아오(虹橋) 국제공항의 면세점까지 포함시켜 카드 사용빈도는 VISA카드,

베이징 시내에서 시민이 현금 자동 지급기를 사용하고 있다.

아메리칸 익스프레스, JCB, 다이너스의 순이었다.

카드회사에 따라서는 앞으로 현금자동지급기를 주요 호텔이나 백화점에 설치하여 현금서비스도 계획하고 있으므로 점점 편리해질 것이다.

다만 점원이 아직 카드에 익숙하지 않고, 블랙리스트 대조가 자동화되지 않은 점포에서는 종이에 빽빽이 인쇄된 카드번호를 더듬어 대조한다. '언제 어디서나 카드계산이 곧바로 처리되는' 방식은 아직 이루어지지 않았다.

토요일은 낮이 좋아

토요 휴무제 • 수앙시우르 • 雙休日

1994년 3월 중국에서 주 44시간 근무제가 시행되었을 때 필자는 다음과 같은 해설기사를 쓴 적이 있다.

"'週休二日'이라 번역했지만, 이 말은 오해를 낳기 쉽다. 정확하게는 '隔週二日'이라고 해야 할 것이다."

그런데 1년 후에는 그것이 주 40시간 근무제로 단축되고, 덕분에 결과적으로는 '週休二日制'가 옳은 번역이 되고 말았다.

토요 휴무제는 1995년 3월에 도입된 것으로, 노동시간을 하루 여덟 시간, 주 40시간으로 하고 토·일요일 이틀간을 휴일로 하는 내용이다. 이에 따라 토·일요일이 연휴가 되는 일요일을 따리빠이(大禮拜)라 부르게 되었다.

요일을 리빠이(禮拜)라는 단어로 표현하는 것은 신중국 수립 이전 기독교의 일요예배 관습에서 유래한 것이라 한다. 일요일은 리빠이티엔(禮拜天)이고, 월요일은 리빠이이(禮拜一), 화요일은 리빠이얼(禮拜二)이라 한다. 지금은 기독교 냄새가 나는 리빠이대신 싱치(星期)가 사용되는데, 싱치티엔(星期天)으로 시작되어 싱치이(星期一)·싱치얼(星期二)로 표기한다.

앞서 기술한 것처럼 주 44시간 근무제는 1994년 3월에 도입되었다. 이는 격주 토요일을 휴일로 하는 것으로, 이 제도에 맞추어 격주 2일 휴무제에 겨우 적응하고 있던 외국계 기업들은 갑자기 주 2일 휴무제가 도입되자 매우 곤혹스러웠다고 한다.

중국에서는 신중국 수립 후 1994년까지 리우티엔꿍쭈오즈(六天工作制 : 주 6일 근무제)가 취해져왔다. 하루의 표준 노동시간이 여덟 시간이니까 주 48시간 근무였다. 다만 토요일의 반나절 근무는 없었다.

그러던 것이 1994년 2월 근무시간 단축을 위해 직원 노동자의 근무시간에 관한 국무원 규정이 공표되고, 3월부터는 전국적으로 주 44시간 근무로 바뀌었다. 이것을 우티엔빤꿍쭈오즈(五天半工作制)라 한다.

그런데 왜 이도저도 아니게 우티엔빤(五天半)이었던가. 토요일 완전 휴무제가 되면 주 40시간 근무에 5일 근무제가 된다. 그러나 이것으로는 44시간이라는 규정에서 주 네 시간이 부족하다. 그래서 중국의 새 제도는 격주 토요일을 휴일로 하여 주 평균 44시간(五天半)을 확보하기로 했다.

처음으로 토·일요일 연휴가 된 1994년 3월 5일의 모습을 르포로 쓴 『런민르빠오(人民日報)』에 "격주에 이틀씩 쉰다고 하는 것은 1년 동안 스물여섯 번의 설휴가가 늘어나는 것과 같다."라는 표현이 있었다.

이 르포는 베이징의 티엔안먼 광장에서 아이와 연날리기를 즐기는 어느 기업의 경리담당 임원의 사진을 게재했는데, 격주 휴무를 어떻게 보낼 것인가 하는 노동자들의 '레저대책'이 필요하게 되었다.

토요 완전 휴무제로의 이행을 앞두고 난징(南京) 시 세무국은 직원이 주말에 공용차로 교외에 나가지 않도록 하는 통보문을 내보냈다. 평소에도 공용차를 사적으로 사용하는 예가 없는 것은 아니지만, 휴일이 늘면 그러한 경향이 더욱 확대되어 숙박예정으로 떠나는 여행에 사용되는 것을 방지하겠다는 의도였을 것이다.

일반시민들의 신용카드인 전당포

전당포 · 땅푸 · 當鋪

중국에서는 1949년 이후 높은 이자를 탐하여 약한 자를 울리는 장사라 하여, 땅푸(當鋪 : 전당포)가 금지되었다. 현대중국의 '표준' 국어사전이라 할 수 있는 『현대 한어 사전(現代漢語詞典)』에서 땅푸 항목을 찾아보면 다음과 같이 설명되어 있다.

"구사회에서 물건을 저당잡고, 고리융자를 전문으로 하는 가게. 융자의 액수는 저당물품의 시가에 따라 결정되었다. 기한이 되어도 돈을 갚을 수 없는 경우 저당물품은 가게의 소유가 되었다."

상당히 설명조였는데, 어쨌든 전당포가 없던 시절인 1977년에 준비된 해석이었으므로, 어쩔 수 없었을 것이다. 손님 쪽에서 돈을 갚지 못하면 저당물품을 '잃어버리게 된다' 는 내용을 '점포의 소유가 된다' 고 하여 의지할 곳 없는 느낌을 표현하고 있다.

개혁·개방 노선의 진전에 따라 소액 자금의 활용수요가 높아지고, 소비·여행 붐이 일어 1992년에는 전당포가 부활했다. 베이징에서는 번화가인 시딴(西單) 거리에 진빠오띠엔땅항(金保典當行)이 그해 12월에 개점했다. 시장경제가 진행되는 중국에서도 버젓한 국영으로, 중앙은행으로서의 총괄적 역할을 담당하는 것은 중국인민은행(中國人民銀行)이다.

손님으로는 개인이 압도적으로 많은데, 카메라나 장신구, 채권 등을 저당물로 잡히고 평균 1,000위엔 정도 빌려서 여행비용이나 가전제품 구입에 충당하고 있다. 또 사영기업과 개인상점 등에서도 재고제품을 가져와서 운용자금을 융자받고 있다.

중국에서는 내구소비재의 월부판매 제도나 한도 내에서는 얼마든지 재융자가 가능한 크레디트 카드가 아직 발달해 있지 않기 때문에 일반시민은 비싼 에어컨 같은 것을 구입하려면 불편을 겪는다. 또 중소 사영기업에 대해서는 은행의 융자파이프가 가늘기 때문에, 월 5퍼센트 이율의 전당포는 고마운 존재인지도 모른다.

다이어트를 위해 살코기를 먹는다

비계와 살코기 • 페이러우, 서우러우 • 肥肉, 瘦肉

중국인의 압도적 다수를 차지하는 한(漢)민족이 고기라고 하면, 우선적으로 돼지고기를 말한다. 돼지는 보통 주(猪)라고 하며, 돼지고기는 주러우(猪肉)라고 한다. 덧붙여 말하자면 멧돼지는 이에주(野猪)이다.

돼지는 예로부터 사람과 가까운 동물이었던 것 같다. '家'라는 한자는 지붕을 나타내는 갓머리(宀) 밑에 돼지를 나타내는 '豕'가 결합하여 이루어져 있다. 실제로 윈난(雲南) 성의 시골에서는 집이 마치 정자의 형태로 되어 있고, 변소의 바로 밑이 돼지집인 구조가 많다. 또 떵샤오핑(鄧小平) 시대가 개막되기 직전인 1977년에 발표된 새로운 지엔티쯔(簡體字)에는 '家'라는 글자도 宀 아래에 '豕'가 아니라 '人'을 넣도록 되어 있었다(이 간체자에 대해서는 '너무 심하다'는 등 비판의 의견이 많아, 결국 떵샤오핑 시대에는 모두 취소되었다).

그리고 중국에서는 돼지고기 이외의 고기에 대해서는 통상 니우러우(牛肉)·지러우(鷄肉)·양러우(羊肉)와 같이 종류별로 구분하는데, 니우러우뼁(牛肉餠)은 햄버거를, 양러우추안(羊肉串)은 양고기 꼬치구이를 가리킨다.

고기의 종별에는 또 페이러우(肥肉)와 서우러우(瘦肉)가 있다('瘦'에는 '말랐다'는 뜻이 있어, '아무래도 좀……'이라는 느낌 때문이었는지, '精肉'이라고 표현하기도 한다).

'페이(肥)'와 '서우(瘦)'라는 대조적인 개념에는 고기에 대한 중국인의 기호가 잘 나타나 있다. 페이러우는 '맛있는 비계'를 말한다. 페이러우따지우(肥肉大酒)는 맛있는 고기와 좋은 술이라는 뜻인데, 유사한 의미선상에 '고기는 비계가 좋고, 생선은 살아 있는 것이 좋다(肉是肥的好 魚是活的好)'는 말도 있다. 이에 반해 서우러우는 기름기가 없는(혹은 적은) 붉은 살코기이다.

이러한 전통적 관념에 기초한 표현이 바뀌기 시작했다. 말하자면 '비계는 좋은 고기'라는 의미에서 사용되던 '페이러우'가 점차 사라져가고, 살코기는 '서우러우'가 아니라 문자 그대로 징러우(精肉)가 된 것이다.

이는 생활수준이 향상되자 탄수화물 함유량이 높은 식품에서 동물성 단백질 함유량이 높은 식품으로 선호도가 바뀌었기 때문이다. 구체적으로는 육류의 소비량이 늘어나고(1994년까지 5년 동안 두 배 증가), 육류에서는 지방분이 적은 살코기를 즐기게 되었다.

이러한 관념의 변화는 가격에도 투영되기 시작하였다. 예를 들면 돼지 등심고기가 한 근(500그램)에 16위엔인 데 반해 비계 섞인 돼지 안심고기는 8위엔이었다(1994년 여름 지린 성 창춘).

덧붙여 말하자면 개고기는 15위엔이었다.

　이 때문에 소사육은 서우러우형 품종을 좋아하게 되고, 사람들 사이에서는 지엔페이(減肥 : 다이어트)가 화제가 되었다.

　다만 이처럼 생활수준의 향상을 나타내는 변화도 인구대국 중국에 있어서는 새로운 문제를 만들어내고 있다. 식량생산이 한계점에 도달하여 변동이 없는 상황에 있고, 그래서 육류의 소비량 증가는 가축사료로서의 새로운 곡물소비를 촉진하는 요인이 되고 있는 것이다. 어쨌든 닭고기 1킬로그램을 생산하려면 1킬로그램의 곡물이 사료로 필요한데, 그것이 돼지고기면 4킬로그램, 쇠고기라면 7킬로그램으로 급격히 오른다.

경찰보다 보디가드가 낫다

경호 회사 • 빠오안푸우꿍쓰 • 保安服務公司

"중국의 호텔에서는 방문을 잠그지 않아도 괜찮았다."는 중국방문자의 말이 '중국은 치안이 좋다'는 뜻으로 전해진 적이 있었다. 1970년대 말까지의 일이다. 그 이전의 전언(傳言)들을 보면, 1950년대에 중국을 방문한 사람들은 "중국에는 파리가 없어졌다."는 말을 전했다.

이 두 가지 전언(傳言)에는 공통점이 있다. 국지적 사실의 일반화가 그것이다. "중국에는 파리가 없어졌다."는 말은 대부분 구중국을 알고 있는 '중국통'들에 의해 전해졌다. 다시 말해 그들이 살던 당시에는 거리의 식당 같은 곳을 가보면 그릇에 파리가 새까맣게 떼지어 모여 있었다. 그런 현상이 신중국에서는 보이지 않게 되었다는 것이 본론이었던 셈인데, 거기에 꼬리 지느러미가 붙은 것이다.

호텔 방문을 잠그지 않아도 된다는 말은 대외개방 이전 중국

베이징의 택시에는 운전석과 객석 사이에 플라스틱이나 알루미늄판으로 만든 칸막이가 쳐져 있다.

에 초대받은 외국인이 숙박하는 호텔, 초대소 등에서 숙박한 경험에 근거한 것이었다. 당시 그러한 시설에는 일반 중국시민은 출입금지였다.

외국인의 존재가 드물었던 만큼 와이삔(外賓)이라 하여 특별대우를 받았던 것인데, 그렇다고 중국사회에 도둑이 없었던 것은 아니었다. 그 증거로는 시민의 발로서 부족함이 없던 자전거에 예외없이 자물쇠가 채워져 있고, 아파트 1층의 창에는 철망이나 철격자가 설치되어 있던 것을 들 수 있다.

개혁·개방이 본격화되고 시장경제화가 진전됨에 따라 돈을 노린 난폭한 범죄가 두드러지게 되었다. 1980년대 중반쯤의 일이다. 그에 맞서는 방위책도 여러 가지로 취해지게 되었다.

예를 들면 베이징에는 현금을 노리는 택시강도가 빈발했기 때문에 그에 대한 예방책으로 운전석과 객석에 플라스틱판이나 알루미늄판으로 만든 칸막이를 하고, 야간에는 조수석에 손님을 태우지 않기로 했다. 상하이에서는 운전석과 조수석, 그리고 객석의 사이에 각각 플라스틱 칸막이가 부착되어 있다.

방범의식은 일반시민들 사이에서도 매우 높아 함부로 침입할 수 없도록 강철로 만든 팡따오먼(防盜門 : 방범문)을 집에 설치하는 것은 상식이다.

빠오안푸우꿍쓰(保安服務公司)라는 이름의 경호회사가 생긴 것은 1985년의 일이다. 신중국에서 상업적 경호회사는 유례가 없어 공안기관의 승인과 지도하에 설립되었다.

『런민르빠오』에 의하면 2년 후인 1987년 말에는 99개의 빠오안푸우꿍쓰가 설립되어 1만 3,000명의 경호원이 8,500개의 거래처에 파견되었다. 최근의 공식통계를 얻을 수 없는 것이 유감이지만, 1987년 이후 중국경제의 발전과 치안악화 등의 상황으로 볼 때 '빠오안푸우꿍쓰'나 경호원 파견지의 숫자가 더욱 늘어났을 것임에 틀림없다.

그러나 그것이 중국사회에 존재하는 공사(公私) 혼동, 황금만능의 풍조 속에서 발전했기 때문에, 공안당국과 '빠오안푸우꿍쓰'의 유착관계를 의심할 때가 많다. 예를 들면 '빠오안푸우꿍쓰'에 대금을 지불하면 공안국의 순찰차가 경고등을 켜고 선도해주는 서비스 같은 것은 '용무가 급한' 사람에게는 편리하겠지만, 공무와 비즈니스 사이에 선을 그을 필요는 있을 것이다.

다만 '빠오안푸우꿍쓰'의 존재와 기능면에서 보자면, 현재로서는 부족한 것이 없다. 꽝저우(廣州)에서 유명한 사영기업 경영자의 경우, '빠오안푸우꿍쓰'와 계약을 하면 어디를 가든지 경호원이 따라다닌다.

또 상하이에서 본격적인 백화점으로 인기를 끌고 있는 화팅 이스딴(華亭伊勢丹)의 경우, 잡다한 손님이 출입하는 입구를 비롯하여 각 층의 요소요소에 정·사복의 경호원이 장소에 따라 보란 듯이, 혹은 아무렇지도 않은 듯 서 있다.

사람들의 혼을 빼놓은 미니 스커트

미니 스커트 · 미니쵠 · 謎你裙

나는 마오쩌뚱(毛澤東) 시대의 마지막 해인 1976년 1월 베이
징에 특파원으로 부임했다. 같은 해 2월에 어린 딸과 아들을 데
리고 베이징(北京) 동물원에 팬더를 보러 간 적이 있다.

베이징의 엄동(嚴冬)에 대비해 그 전해 가을까지 주재해 있던
서울의 이태원에서 산 빨간색과 노란색 방한코트를 아이들에게
입혔다. 우리 앞에서 팬더를 구경하고 있으려니까 중국인 구경
객이 팬더보다도 우리 가족을 더 열심히 바라보고 있었다. 아직
대외 개방정책이 취해지지 않았던 당시에는 동물원에 갈 정도
의 '촌뜨기'에게 화려한 색조의 코트를 입은 외국인이 신기했던
것이리라. 당시의 중국사람들이 입던 것은 남녀 할 것 없이 감
색이나 회색, 또는 군·경의 제복 같은 카키색으로 정해져 있었
다. 따라서 우리 아이들이 입고 있던 화려한 색의 방한코트가
시선을 끌었음은 당연한 일이었다.

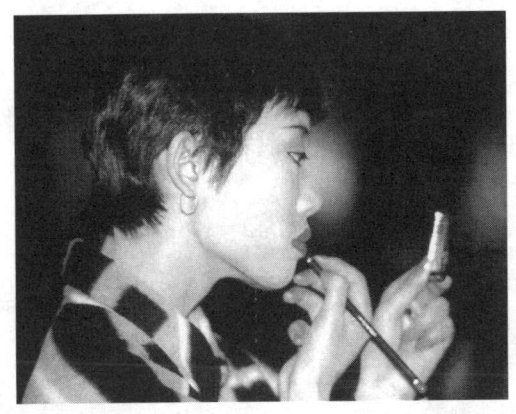

외모를 가꾸고 있는 여성.
외국 화장품은 그녀들이
가장 갖고 싶어하는 것이다.

패션뿐이 아니었다. 여성의 헤어 스타일은 늙으나 젊으나 단
발이었다. 멀리서 보거나 뒷모습을 보면 나이를 도저히 알 수
없었다. 이러한 보편적인 스타일에서 벗어난 복장이나 헤어 스
타일을 하겠다고 하면 치이꽈이좡(奇衣怪裝 : 기괴한 스타일)이라
해서 비판당했던 것이다.

하지만 그런 분위기에서도 차림새에 신경을 쓰는 것은 인간
의 본능일까. 겨울철 두꺼운 감색 웃도리 속에 빨강 스웨터를
껴입고 옷깃 속으로 살짝 들여다보이게 하는 여성도 많았다.

개혁·개방이 시작되자 패션도 크게 달라졌다. 1979년 눈치
빠른 디자이너 피에르 가르뎅이 최신 패션을 내걸고 베이징에
서 패션쇼를 개최한 적이 있다. '이제부터는 이 분야에서 개방
을 진행해도 좋다'는 '권위자의 보증'의 의미가 있었을 것이다.
중국의 높은 분이 다수 초대되어 참석해 있었다. 그 이유 때문
인지 외국 패션 디자이너로는 지금도 피에르 가르뎅이 유명하
다.

그 다음부터는 일사천리였다. 『스주앙(時裝)』이라는 패션잡

지, 그리고 중국어로 '스주앙이엔위엔(時裝演員)' 또는 '스주앙 모터얼(時裝模特兒)'이라고 하는 패션모델이 등장했다. 의류산업은 중국의 전통적인 기축(基軸)산업인만큼 당국도 적극적으로 뒷받침했다.

요즘 상하이나 베이징 같은 대도시의 길모퉁이에서 마주치는 젊은 샤오지에(小姐 : 아가씨)의 패션은 세계 최첨단이다.

서론이 너무 길었는데, 일찍이 '금단'이었던 패션이 중국에 진출하면서 재빠르게 등장한 신조어가 미니췬(謎你裙)이다. 이 단어에 있는 '裙'은 스커트를 가리킨다.

그것이 무릎 위로 10센티미터 이상 올라간 미니 스커트라도 되면 바로 미니췬(당신을 미혹시키는 스커트라는 뜻) 그 자체이다. 이 신조어는 뜻과 음을 동시에 취한 것으로, 이 책에 열거된 신조어들 중 '커커우컬러(可口可樂)' '띠엔나오(電腦)'와 함께 세 손가락 안에 드는 명역(名譯)이라 생각된다.

패션이 의상에만 국한된 것은 아니다. 화장품의 보급도 매우 빠르다. 처음에는 립스틱, 샴푸, 린스 같은 기초적인 것에서 출발했지만, 이제는 대도시에서 마스카라, 아이섀도우 등도 일상화되었다. 상하이에서는 한물 간 국영 화장품 메이커가 재빨리 시장변화를 눈치채고 신제품을 발매하여, 경영을 다시 일으킨 사례도 있다. 1995년에는 중국시장을 겨냥한 국제 화장품 박람회가 베이징에서 열렸는데, 세계 각국 화장품의 전시와 함께 미용법 강의도 행해져 수많은 인파가 몰렸다.

선물받은 애완견을 먹어버린 리훙장

애완견 붐 • 양꺼우러 • 養狗熱

중국인과 개에 대해서는 유명한 일화가 있다. 청조(淸朝) 말기 영국 외상(外相)이 중국의 외무대신인 리훙장(李鴻章)에게 개를 선물했다. 훗날 영국 외상이 "그 개가 어떻던가요?"라고 묻자, 리훙장이 "맛이 좋았습니다."라고 대답했다는 것이다. 영국측이 애완용으로 개를 선물했는데, '네 발 달린 것은 책상을 빼고 뭐든지 먹는' 중국측은 그것을 잡쉬버렸다는 것이다.

있을 수 있는 이야기지만 유난히 애견가가 많은 영국에서 중국에 개고기 먹는 습관이 있다는 것을 알고 의도적으로 '꾸민 이야기'라는 혐의가 느껴진다.

시간이 흐르고 흘러 바로 그 중국에서 전국적인 양꺼우러(養狗熱 : 애완견 붐)가 일어나고 있다. '러(熱)'라는 말은 개혁 · 개방으로 변화한 중국사회에서 붐을 일으키게 된 여러 가지 상황이나 현상을 가리킨다. 또 하나 '뜨거운 것'이라는 의미에서 유

애완견뿐만 아니라 노인들은 잉꼬 같은 작은 새를 많이 기른다.

행하고 있는 것을 가리키기도 한다. 여기에서와 같이 '양꺼우러'라 하면 '애완동물 붐'을 말하고, '러시엔띠엔화(熱線電話)'라 하면 '핫라인'이 된다. 유사한 표현으로 '러후오(熱貨)'라 하면 잘 팔리는 '인기상품'을 말한다.

베이징 등 대도시의 노인들은 이전부터 잉꼬 같은 작은 새를 기르고 있었다. 노인이 작은 새가 든 새장을 공원 등지에서 흔들며, 그 안에 들어 있는 새를 운동시키는 모습이 풍물시(風物詩)에도 있었다. 바로 이러한 행위를 '리우니아오(溜鳥)'라는 용어로 표현한다.

새로이 출현한 급격한 양꺼우러는 일반적으로 개혁·개방 정책 추진 이후 소득수준이 높아져 생활에 여유가 생겼기 때문이라고 한다.

확실히 이 애완견 붐에는 혈통이 좋은 개라면 높은 가격에 팔 수 있다는 '돈벌이' 목적도 포함되어 있는 것 같다. 개혁·개방의 초기에는 지여우러(集郵熱 : 우표수집 붐)가 있었고, 그 후에는 란러(蘭熱 : 난재배 붐)가 이어진 적도 있다.

본론인 양꺼우러로 돌아오면, 베이징에서는 1993년 말 현재 개의 숫자가 19만 마리나 되었고, 전국적으로는 1억 마리가 있는 것으로 추정되었다. 베이징에서는 개에 물리는 사람도 늘어나 1993년에는 연 5만 명에 이르렀다. 이 정도의 숫자가 되면 개의 사료문제나 광견병 환자의 문제 모두 수수방관할 수만은 없는 상황이 된다.

개의 사육을 둘러싼 이야기는 그야말로 '러머얼(熱門兒 : 뜨거운 화제)'이 되었다. 식량이 부족해지고 이웃에게 피해를 준다고 하여 단호하게 금지할 것을 주장하였다.

마침내 1994년 봄 베이징 시민대표대회(시의회)의 대표 476명과 정치협상회의 대표 50명이 개사육 금지, 또는 관리강화를 주장하는 의안(議案)을 제출했다. 결국 첫째, 연간 5,000위엔의 등록료 지불, 둘째, 집합주택에서의 사육, 혹은 대형견 사육은 금지, 셋째, 낮 동안은 개를 산책시키는 행위 금지 등을 조건으로 사육을 인정하게 되었다. 덧붙여 말하면 연간 등록료 5,000위엔은 근로자의 평균 연수입에 해당하는 액수이다.

이 규제는 1995년 5월 1일부터 시행되었다. 시행에 앞서 행해진 샘플조사에 의하면 개를 기르던 사람의 70퍼센트가 사육을 단념하겠다고 대답했다. 19만 마리의 70퍼센트니까 10만 마리를 훨씬 넘는 개가 주인에게 버림받은 꼴이 된다.

물건을 직접 고르는 재미를 선사한 슈퍼마켓

슈퍼마켓 체인점 • 리엔쑤오차오스 • 連鎖超市

처음 베이징에 온 사람이면 '중국사람들은 왜 항상 빈 가방이나 쇼핑백을 가지고 출근할까.' 하고 이상하게 생각할 것이다. 하지만 잠시 살아보고 나면 그 목적을 이해하게 된다. 바로 마이뚱시(買東西 : 물건사기)를 위해서였다.

1976년은 마오쩌뚱 주석의 사망, 마오의 부인인 지앙칭(江靑) 여사 등 사인방(四人幇)의 체포로, 마오쩌뚱(毛澤東) 시대가 끝나고 경제상태는 파탄으로 향해가고 있음이 분명해졌다.

10년 동안 계속된 문화 대혁명으로 경제활동이 완전히 정체되었기 때문에 생활필수품을 구하기 힘든 상황이 계속되고 있었던 것이다. 장사진(長蛇陳)이라 할 수는 없어도 가게 앞에는 파이뚜에이(排隊 : 행렬)가 이어졌다. 나 역시 "생활용품을 살 수 없기 때문에 필요하다고 생각되는 것은 가져오는 편이 좋다."는 전임자의 조언을 받아들여, 배편으로 화장지, 간장 등 여러 가지를 운반해 온 적이 있었다.

일반시민이 빈 가방이나 쇼핑백을 지참하고 있었던 것은 출퇴근 도중 무언가 눈에 띄는 물건을 발견하면 그것을 사들이기 위해서였다. 물건을 발견하면 그 자리에서 사는 것이 철칙. '나중에……'라는 생각으로 살 기회를 놓치면 언제 살 수 있을지 기약이 없었던 것이다. 또 당시는 물건을 오래된 신문에 싸서 주기만 해도 감지덕지하는 상황이었기 때문에 산 물건을 넣을 가방이나 쇼핑백(때로는 빈 병)은 필수적이었던 것이다.

이렇던 쇼핑상황이 요즘 들어 크게 변했다.

1980년대 중반쯤 베이징에 차오지스창(超級市場 : 슈퍼마켓)이 등장했다. 규모가 크고 물건이 다양한 것은 아니었지만, 그래도 진열되어 있는 물건을 자신이 고르고(그런 의미에서 쯔쉬엔스창 自選市場이라 하기도 함) 현금으로 지불하는 방식이었다.

그러던 것이 최근에 와서는 한걸음 더 나아가게 되었다. 삐엔민띠엔(便民店), 또는 팡비엔띠엔(方便店, convenience : 편의점)이 등장했는데, 상하이에서는 1994년 한해 동안 538개의 편의점이 개점했다. 또한 슈퍼마켓 체인점(連鎖超級市場)이 확대되어 옌하이(沿海)의 대도시에는 150개 회사, 2,500개 점포가 생겼다.

1997년까지는 국내외 40여 개 사가 상하이(上海)에 진출하여, 점포수가 1,000개에 달하고 있다. 그 가운데에는 일본의 쟈스코, 한국의 E마트, 독일의 메트로 등도 포함되어 있다.

어쨌든 상하이는 중국에서 가장 소득수준이 높은 도시이고, 소비수준도 하늘 높이 치솟아 있다. 중앙정부와 상하이 시 정부가 외자계 체인점을 적극 유치한 것은 외자계 체인점이 갖고 있는 노하우를 토착기업이 흡수하도록 하려는 이유에서이다.

　또 다른 통계에 의하면, 1996년까지 중국 내의 체인기업은 700여 개에 이르며, 전체 점포수는 전국적으로 1만 개를 돌파했다고 한다. 이 수치는 1년 전에 비해 각각 2.7배와 2배에 해당하는 것이라 한다.

갖고 싶어도 가질 수 없는 것

여섯 가지 신기한 물건 • 리우따지엔 • 六大件

중국에서 말하는 '신기한 물건'은 개혁·개방 초기에는 손목시계, 자전거와 재봉틀 세 가지로, 싼따지엔(三大件)이라고 불렀다. 거기에 라디오를 더해 싼주안이시앙(三轉一響 : 구르는 것 세 가지와 울리는 것 한 가지)이라는 세트가 생겼다. 그리고 그것이 혼수품에 들어 있어 필수품이 되었다. 점차 전자제품이 보급되자 싼따지엔은 1990년대 초에 신싼따지엔으로 확대되었다. 세탁기, 냉장고, 컬러 TV, 더블데크 카세트가 그것이다.

개혁이 진전됨에 따라 그 내용과 수는 자꾸 변해가고 있다. 도시와 농촌, 가정의 소득 등에 따라 내용에 차이가 있지만 현재 최첨단의 표준메뉴는 다기능 대형 컬러 TV, 다기능 VTR, 전자동 세탁기, 스테레오 컴포넌트, 대형 냉장고, 가정용 가라오케이고 리우따지엔(六大件)이라 부른다.

1993년 초 상하이의 석간지 『신민완빠오(新民晚報)』는 퍼스널

여섯 가지 신기한 물건에 속하는 신형 세탁기 판매 캠페인을 벌이고 있다.

컴퓨터를 1990년대 '새로운 네 가지 신기한 물건'의 하나로 들었다. 혼수품으로 자리잡기 시작했다는 말일 것이다. 또 1995년 1월 베이징의 앙케트 회사가 베이징 시민에게 '가까운 시일 안에 구입할 예정으로 있는 것'을 조사했더니 1위 퍼스컴, 2위 에어컨, 3위는 전화라는 결과가 나왔다. 조사한 시점에서의 소유율은 퍼스컴 5퍼센트, 에어컨 13.5퍼센트, 전화 44퍼센트였다고 한다.

또 도시의 젊은이를 대상으로 한 어떤 조사에서는 갖고 싶은 것의 상위 세 가지에 에어컨, 크레디트 카드와 나란히 아파트와 승용차가 등장했다. 가장 수요가 큰 주택이나 승용차의 대인판매가 시작된 상황이 재빨리 반영된 것이다.

다만 모두가 몹시 비싸기 때문에 극히 일부의 따쿠알(大款兒 : 벼락부자)을 제외한 일반대중에게는 문자 그대로 '그림의 떡'인 상황은 아직도 계속되고 있다.

제5장

떵샤오핑 이후 중국은

스리 차이나의 APEC 동시 가맹

아시아태평양경제 협력 조직(APEC) • 야타이징허쭈즈 • 亞太經合組織

아태경합조직(亞太經合組織)은 1989년 오스트레일리아의 제창에 의해 조직되었다. 아시아태평양 지역의 다국간 경제협력에 관한 협의체이며, 1995년 5월 현재 18개 국가와 지역이 가맹되어 있다. 아태경합조직이란 약칭이며, 영어로는 Asia Pacific Economic Cooperation이라고 한다.

그러나 이 약칭도 너무 긴 것 아닌가 싶다. 1997년 11월 캐나다 밴쿠버에서 개최된 회의에 대한 『런민르빠오(人民日報)』 보도를 보면, '아태경합조직'을 표제어로 사용한 외에, 영어 약칭으로 'APEC'도 등장했다. 더욱이 'APEC'을 한자로 야페이커(亞佩克)라 적은 것을 보고는, 지나치게 자의적이 아닌가 하는 생각도 들었는데, 이런 표기는 처음 보는 것이었다. 본문에서는 아무래도 좋겠지만, 글자수에 제한이 있는 표제어로 보았을 때 아태경합조직의 여섯 자는 너무 긴 것 같다.

APEC 개막 전 각 수뇌들이 사진촬영을 하고 있다. 왼쪽에서 네번째가 지앙쩌민 국가주석

중동 산유국 등의 조직인 OPEC(석유수출기구)를 중국에서는 '어우페이커(歐佩克)'라 표기했던 적이 있다. 이를 한 글자만 바꾸어 '야페이커(亞佩克)'라 표기한 것처럼 보인다.

1989년 11월 제1차 회의가 캔버러에서 열렸고, 1991년 11월 서울에서 열린 각료회의에서 중국, 대만, 홍콩의 '스리 차이나' 동시가맹이 결정되었다. 가맹시 대만은 '중구오타이뻬이(中國臺北)'라는 올림픽 방식의 명칭을 따랐다. 이 때문에 중국은 대만과 홍콩이 '주권국가로서 가맹한 것이 아니다'라는 입장을 취하고 대만의 최고 당국자가 비공식 수뇌회의에 출석하는 것을 반대하였다.

APEC의 회합으로는 1993년 11월 미국 시애틀에서 제5회 각료회의에 맞추어 첫 비공식 수뇌회의가 열렸다. 여기서 대만의 참가자격이 문제 되었다.

1997년에 중국에 반환되는 홍콩의 경우는 비교적 단순하다. 주권이 중국에 반환된 후에도 홍콩은 특별 행정구로서 대부분 지금까지와 같은 대외적 경제활동은 하도록 되어 있다. 단 지금보다 중국색이 강한 회원의 자격을 유지하게 될 것이다.

대만의 경우는 '대만의 정치적 실체'라는 기본적인 부분에 대해 중국과 대만 간에 의견이 대립되어 있어 훨씬 복잡하다. 처음 시애틀 비공식 수뇌 회의 때에는 주최국 미국이 대만의 리 떵후이(李登輝) 총통에게 초청장을 보냈는데, 대만측은 이에 응하지 않았다. 대만의 체면을 지킴과 동시에 중국을 자극하지 않기 위한 미국과 대만 간의 타협책이었다.

이 밖에 APEC에 대해서는 제1회 회합 이래 '지역공동체를 지향할 것인가' '미국을 어떻게 위치지을 것인가' 등의 문제를 둘러싸고 의견이 나뉘어 지금까지 일치점을 찾지 못하고 있다.

다만 한편에서는 그동안 '모기장 밖'에 있었던 조선 민주주의 인민 공화국(북한)도 참가의욕을 보이는 등 APEC이 문자 그대로 아시아태평양을 크게 둘러싸는 지역 경제 협력 조직으로 성장할 가능성도 생겼다. APEC의 제7회 각료회의와 제3회 비공식 수뇌 회의는 1995년 11월 오사카에서 열렸다. 중국은 1997년 11월의 APEC 각료회의에서 2001년 APEC 수뇌 비공식 회의를 상하이에서 개최할 것을 발표했다.

계급제가 부활된 인민해방군

고위장성 • 이지상지앙 • 一級上將

중국 인민해방군(人民解放軍)에 계급제가 정식으로 도입된 것은 신중국 수립 후 중국 인민의용군이 한국전쟁에 참전한 후인 1955년의 일이다. 이때의 계급제도는 높은 지위부터 차례대로 대원수(大元帥), 원수(元帥), 대장(大將), 상장(上將), 중장(中將), 소장(少將), 대교(大校), 상교(上校), 중교(中校), 소교(少校)의 순이었다. 아그네스 스메들리의 『위대한 길(*The Great Road*)』(한국에서는 『한 알의 불씨가 광야를 불태운다』는 제목으로 번역되었음. 두레 간)을 통해 잘 알려진 주떠(朱德) 총사령관을 포함하여 열 명에게 원수의 칭호가 주어졌다. 대원수의 지위는 당시 당 주석이자 국가 주석이었던 마오쩌뚱(毛澤東)을 위해 마련되었던 것 같은데, 본인이 한사코 사양하여 수여되지 않았다.

이 계급제도는 발족 10년 후인 1965년 린삐아오(林彪) 국방부장 시절에 일단 폐지되었다. 당시에는 '계급 없는 군대'라는 점이 선전되었지만, 문화 대혁명의 종식과 함께 인민해방군의 근대화가 추진되었고, 1984년에는 계급제 부활이 주장되다가 1988년에 부활했다.

교관(校官)급을 열거하면 소교, 중교, 상교, 대교이고, 장관(將官)급은 소장, 중장, 상장, 일급 상장이다.

계급제가 부활한 1988년에 열일곱 명이 상장이 되고서 그 뒤로는 승진인사가 없었는데, 지앙쩌민(江澤民) 당 총서기(국가주석 및 중앙 군사 위원회 주석 겸임)는 떵샤오핑(鄧小平)에게 군사위(軍事委) 주석직을 승계받은 후 1993년 6월 처음으로 총참모장과 총정치부 주임 등 군 중앙 지도자 여섯 명을 상장으로 승진시켰다. 그리고 1994년 6월에는 열아홉 명의 중장을 상장으로 승격시켰다. 2년 사이에 스물다섯 명의 상장이 탄생하였다.

1993년 6월의 승진대상자를 보면 중앙 간부로 떵샤오핑의 사무실에서 일하던 왕루이린(王瑞林) 주임(총정치부 부주임)도 포함되어 있는데, 베이징(北京), 선양(瀋陽) 등 7대 군구(軍區)의 사령원 정치위원 등 지방의 군간부가 많다는 점, 그리고 워낙 사람수가 많다는 점 때문에, '엄청난 지각변동'이라는 평이 한결같았다.

지앙쩌민 총서기의 선배인 후야오빵(胡耀邦)과 자오쯔양(趙紫陽) 두 전 총서기는 모두 해방군 장악에 실패했고, 다른 정치적 이유로 결국 실각했다. 그러한 전례가 있는 만큼 두 전임자와 마찬가지로 군경력이 없는 지앙쩌민 주석은 재정핍박 속에서 전년 대비 20퍼센트 증가라는 높은 신장률의 국방비 증액을 받아들이는 등 해방군 장악에 고심하고 있다.

경제발전을 위해서라면 시장경제도 오케이

하나의 중심과 두 기본점 • 이꺼중신, 량꺼지뻔띠엔 • 一個中心, 兩個基本點

이것도 중국에서는 흔히 볼 수 있는, 숫자를 사용한 정치 슬로건이다. 이 슬로건이 제기된 것은 1987년에 열린 중국 공산당 제13회 대회였으며, 이 당대회는 오늘날까지 연결되는 중국의 정치·경제 노선을 통합하고 정식화한 대회가 되었다. 그 해초 후야오빵(胡耀邦) 총서기가 '부르주아 자유화'에 미온적이었다고 비판당해 사임하고, 자오쯔양(趙紫陽) 총리가 그 뒤를 이어 총서기에 취임했다.

자오쯔양 총서기는 당시 당대회에서 정치보고를 담당하면서 그 속에 사회주의 초급 단계론을 끼워넣어, 하나의 중심과 두 기본점[一個中心·兩個基本點]을 제창했던 것이다. 자오쯔양 총서기는 그로부터 2년 후인 제2차 티엔안먼(天安門) 사건 때 해임당했는데, 제13회 당대회 때의 이 결정은 지금도 살아 있어, '포스트 떵샤오핑'의 자오쯔양 부활론이 다시금 제기되는 한 가지 단초가 되고 있다.

하나의 중심과 두 기본점의 이야기를 하자면, 우선 '사회주의 초급 단계론'이 전체의 기본을 이룬다. 그리고 사회주의이기는 하나 아직 생산력이 낮은 초급 단계에 처해 있는 중국에서 채택해야 할 목표노선으로서 이 하나의 중심과 두 기본점이 제출되었다.

그 내용은 경제건설이 모든 활동의 중심 목표이고, 그 목표를 달성하기 위한 기본노선이 네 가지 기본원칙과 개혁·개방의 견지라는 것이다.

이를 한 편의 논문에 비유하면, 사회주의 초급 단계론은 논문의 내용을 도출하는 전제가 담겨 있는 서론이고, 사회주의 시장경제론은 논문의 골격을 이루는 총론에 해당된다. 그리고 하나의 중심과 두 기본점은 그 총론을 경제·정치·대외관계 등 각각의 분야에 대하여 전개한 각론의 총합이며, 그 뒤에 네 가지 기본원칙과 두 가지 방법(개혁·개방)의 견지(堅持)가 놓인다. 하나의 중심과 두 기본점에 입각해서 말하자면, 중심 목표인 경제건설을 진척시키기 위한 정치노선이 네 가지 기본원칙(사회주의)이고, 경제적 국제적 노선이 개혁과 대외개방(시장주의)이다.

이를 도식화하면 다음과 같다. 다소 중복될지도 모르겠으나, 지금 하나의 중심과 두 기본점이 목표하는 바는 경제발전 수준을 낮은 단계(초급 단계)에서 보다 높은 단계로 끌어올리고, 사회주의 시장경제를 구축하는 것이다. 그 점에 있어서는 경제건설이 지상명제이고, 그 방법론은 네 가지 기본원칙으로, 공산당 독재의 사회주의를 유지하고 개혁·개방으로 경제발전을 꾀한다고 하는 것이다.

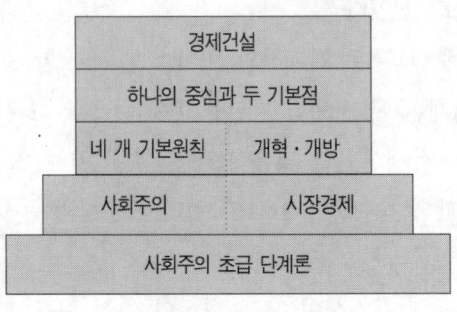

| 경제건설 |
| 하나의 중심과 두 기본점 |
| 네 개 기본원칙 · 개혁 · 개방 |
| 사회주의 · 시장경제 |
| 사회주의 초급 단계론 |

중국의 이론 피라미드

따라서 이 방법론이 그대로 실행되면, 정치=사회주의, 경제=자본주의라는 모순을 초래할 가능성이 크다.

다만 정치의 보호하에 놓인 시장경제가 순조롭게 발전하고 얼마 안 있어 그런대로 자율성을 가지게 되면, 그 위에 선 시민사회도 독자적 질서를 형성해갈 것이다. 그렇게 되면 정치=사회주의 부분의 역할을 분담한 공산당 독재의 권위주의 체제는 시민사회 안에서 점차 '잠이 푹 들게 되는' 것이 아닐까.

이제까지의 경제성장의 은혜를 입은 베이징(北京), 상하이(上海), 꽝저우(廣州) 세 도시의 시민들은 자신의 생활수준에 대한 여론조사에서 7퍼센트가 '중상(中上)위권'이라고 대답했는데, '중중(中中)'이라 답한 44퍼센트와 합하면 반수가 중류의식을 갖고 있다는 것을 알 수 있다.

개혁·개방으로 의미가 퇴색된 정치의 기본원칙

정치의 네 가지 기본 원칙 • 쓰샹지뻰위엔쩌 • 四項基本原則

중국은 문자의 나라라고 불릴 만큼 격언이나 속담, 정치슬로
건 등에 숫자를 넣은 것이 많다. 신구(新舊)를 가리지 않고 잠시
예를 들어보자. 먼저 일촉즉발(一觸卽發), 일각천금(一刻千金),
일분위이(一分爲二 : 하나가 분열하여 둘이 되다. 사물의 운동 발전
에 있어서 대립면의 분열은 불가피하다는 이론. 그 반대말은 合二而
一) 등이 눈에 띈다.

그리고 삼대삼소(三大三小 : 자동차 산업 정책), 오강사미(五講
四美 : 교양, 예의, 위생, 질서, 도덕을 중시하고 마음, 언어, 행동,
환경을 아름답게 하는 것. 문화 대혁명 이후 청소년 교육지침으로 제
시됨), 구우일모(九牛一毛), '십년수목 백년수인(十年樹木 百年樹
人)' 등이 있다. 끝맺음이 좋고 숫자가 많음을 의미하는 백(百)
은 '백화제방 백가쟁명(百花齊放 百家爭鳴 : 예술, 과학의 형식이나
학파의 자유로운 발전과 촉진)'의 쌍백방침(雙百方針)으로 유명한

꽃으로 정치 슬로건을 새겨놓은 티엔안먼 광장. '사회주의 정신문명을 가일층 강화하자'는 슬로건.

데, 여기에서 천차만별(千差萬別), 만사일생(萬死一生)에 이르기까지 일일이 열거할 수 없을 정도이다.

그 중에서도 현재는 물론이고 앞으로도 12억 국민을 다스릴 정치의 원칙으로서 위력을 발휘해갈 것이 바로 이 네 가지 기본원칙(四項基本原則)이다. 이는 중국 공산당과 사회주의 옹호를 천명한 것인데, 우선 그 내용을 보기로 하자.

첫째, 사회주의의 길을 견지해야 한다.

둘째, 프롤레타리아 독재를 견지해야 한다.

셋째, 공산당의 지도를 견지해야 한다.

넷째, 마르크스-레닌주의와 마오쩌뚱 사상을 견지해야 한다.

보시다시피 '견지해야 할' 네 가지를 담은 것으로, 이는 1979년 3월 30일 중국 공산당의 이론활동 좌담회 때 떵샤오핑(鄧小平)이 행한 '네 가지 기본원칙을 견지하자'는 제목의 연설에서 정식화되었다(여담이지만 이론활동 좌담회의 어원은 理論工作務虛會. '務虛'란 일이나 활동에 대해 정치·사상·이론면에서 연구, 토론하는 것이고, '務實'은 일이나 활동의 구제책을 연구, 토론하고 실행하는 것을 가리킨다).

이 네 가지 원칙은 사회주의 중국의 본연의 자세를 규정한 것인데, 1980년대 개혁·개방 노선이 확산됨에 따라 이 원칙에서 빗나가는 상황도 생겨나게 되었다. 그 중에서도 눈에 띄는 것은 경제분야에서의 자본주의적 요소의 확대이다.

예를 들면 외국자본을 도입한 싼쯔치예(三資企業)나 노동력 고용을 인정한 쓰잉치예(私營企業)는 마르크스주의에서 말하는 '착취'를 인정한 것이다. 네 가지 원칙이 경제면에서도 살아 있는 부분을 골라본다면, 현행 사회주의 시장경제의 적잖은 근거가 되어 있는 생산수단(토지·대기업 등)의 국유와 집단소유제 정도일까.

네 가지 기본원칙의 내용으로 되돌아와서 네번째 항에 명시된 마르크스-레닌주의 및 마오쩌둥 사상에 대한 구체적인 내용을 보면, 이 부분은 현 단계에서는 지극히 모호하다.

결국 이들 네 항목 중 가장 중요한 것은 세번째 항목인 공산당의 지도이고, 이 항목을 제외한 다른 세 항목이 신문보도 등에서 구체적으로 언급되는 경우는 좀처럼 보이지 않게 되었다.

떵샤오핑(鄧小平)의 연설이 행해졌던 때의 상황은 현재와는 판이하게 다르다. 역사적인 '4개 현대화'로의 노선전환이 결정된 것이 떵샤오핑의 연설이 있기 석 달 전, 다시 말해 1978년 12월에 열린 중국 공산당의 제11기 3회 중앙 위원회 총회(3중 전회)였다. 1979년에 열린 이론활동 좌담회는 3중 전회에서 충분히 검토되지 않았던 사상·이론면의 과제를 연구하고 토론하기 위한 것이었다.

1979년 1월 18일부터 4월 3일까지의 이론활동 좌담회 회기 중에 중국의 티베트에 대한 '징벌' 전쟁이 전개되었다(2월 17일

~3월 16일). 당시 베이징 시딴(西單)의 '민주의 벽'에 민주화 활동가인 웨이징성(魏京生)이 '민주인가, 새로운 독재인가'라는 제목의 벽보에 "떵샤오핑은 새로운 독재자가 될 위험성이 있다."고 비판했다. 떵샤오핑은 격노하여, 3중 전회까지와는 전혀 다른 톤의 연설을 행한 것이다.

웨이징성은 이 연설 다음날 체포되었으며, 그해 7월에 공표된 새 형법에 제정된 '반혁명죄'로 징역 15년이 선고되었다. 웨이징성은 1993년 가을에 형기만료로 가석방되었으나, 외국인 저널리스트에게 민주화 운동을 계속할 것을 선언하였기 때문에, 이듬해 4월에 다시 구속되었다. 그리고 반혁명 선동죄로 고쳐져 14년형을 선고받고 복역중이었으나, 중국의 인권상황에 비판적인 미국을 위시한 서방제국이 중국에 강한 압력을 행사하게 된다. 지앙쩌민(江澤民) 주석이 미국방문을 마치고 귀국한 후인 1997년 12월 7일 '미국에서의 병치료'를 이유로 출옥해 출국을 인정받고 미국으로 갔다.

백성은 밥을 하늘로 삼는다

그럭저럭 먹고 살 만한 생활 • 원빠오 • 溫飽

원빠오(溫飽)는 '입고 먹는 데 부족함이 없는 상태'(『한어사전 (漢語詞典)』)를 말한다. 원빠오의 개념에 대해 1993년의 『런민르 빠오(人民日報)』에는 이러한 용례가 나와 있다.

"금세기 말의 마지막 7년 동안 노력하여, 지금 전국적으로 8,000만에 달하는 가난한 사람들의 '원빠오 문제'를 근본적으로 해결한다."

여기서 '가난한 사람들'이란 연간 수입이 350위엔이 되지 않는 계층을 말한다. 그리고 그것도 가구당 수입이라는 점에 주목하기 바란다. 이 용례에서 보아도 '넉넉하다'는 개념은 적합하지 않다. 다시 말해 '원빠오 문제'를 기본적으로 해결한다는 것은 '먹을 것이 부족한 상황에서 벗어난다'는 것을 의미하고 있으며, 그럭저럭 어지간히 먹고 살 만한 상황'이라고 의역할 수 있다.

그 때문에 8,000만 명의 빈곤을 해결하는 국가차원의 '7개년 계획'이 세워지고, 계획을 입안한 지 7년 후인 금세기 말에는 1990년 가격을 기준으로 빈곤가정의 연간 순수입을 500위엔으로 끌어올리려는 목표가 활발해졌다.

1995년에는 '빈곤'의 기준이 연수입 530위엔 이하로 바뀌어, 빈곤가정의 인원수가 6,500만 명으로 발표되었다. 빈곤의 기준선이 처음의 350위엔에서 440위엔으로, 다음에는 530위엔으로 올라갔지만, 그래도 1,500만 명이 감소한 것이 된다.

다만 이 사이에 물가가 두 자리 상승률을 나타낸 것을 생각하면, 소득의 신장은 거의 상쇄되어 버리지만…….

경제발전의 결과 옌하이(沿海) 지대, 특히 도시에서는 기업경영자나 외자기업의 샐러리맨 중에서 고액소득자가 늘고 있다. 공무원이라도 의사는 1,000위엔 가까운 월급에 더하여 환자들이 주는 홍빠오(紅包 : 사례금)가 매달 수천 위엔이 된다고 하니까, 내륙 쪽 빈곤가정과의 격차를 해소한다는 것은 쉬운 일이 아닐 것 같다.

중국의 이웃나라인 조선 민주주의 인민 공화국(이하 조선)의 김일성 주석은 1990년대 초반의 연례 '신년사'에서 '흰 쌀밥과 고깃국을 먹으며, 비단옷을 입고 기와집에 사는 것'을 조선인민이 바라는 '의식주'의 이상으로 밝힌 적이 있었다. 조선어에서도 보통은 의-식-주의 순서라야 하는데, '흰 쌀밥과 고깃국'이라 하여 식-의-주의 순서로 되어 있는 것을 보면, 먹을 것이 부족한 상황을 알 수 있다.

『한서(漢書)』에는 "백성은 밥을 하늘로 삼는다(民以食爲天)."는 말이 있다. 어떤 중국문헌에는 이 구절에 대해 "이는 해방 전인민에게 있어 식(食)의 문제가 얼마나 중요했는가를 나타내주는 말이다."라는 해설을 덧붙이고 있다. 조선이 '흰 쌀밥과 고 깃국, 비단옷에 기와집'을 실현하려면 그 전에 원빠오 문제를 착실히 해결하는 과정을 빼놓아서는 안 될 것이다.

두 개의 중국을 인정할 수 없다

해협양안교류기금회와 해협양안관계협회 • 하이지후이, 하이시에후이 •
海基會, 海協會

메이지(明治) 시대에 일본과 청조(淸朝) 중국이 싸운 청일전쟁
이 일어난 후부터 1995년까지 꼭 100년이 되었다. 중국에서는
이 전쟁을 간지(干支)로 하여 갑오전쟁(甲午戰爭)이라 부른다.
전쟁에 패한 중국은 시모노세키(下關) 조약 때 대만을 일본에
할양했고, 일본의 대만통치는 그때부터 시작되었다. 따라서 대
만에게 1995년은 일본통치 50년을 거친 후, 일본 패전(1945년)
부터 계산해서 마찬가지로 50년이 경과된 기념할 만한 해이다.

1945년 이후에도 대만은 중국의 내정과 국제정세에 영향을
받았다. 대륙에서의 국공내전에서 패색이 짙어진 지앙지에스(蔣
介石)가 이끄는 국민당이 대만으로 남하한 것은 1949년 초이다.
대륙에서는 이해 10월에 중화 인민 공화국이 수립되지만, 대만
은 중화민국(中華民國)의 정통정권이라 주장하고, 중국에 대항
하여 '따루판꽁(大陸反攻)'이라는 슬로건을 외쳤다.

246

한국전쟁이 발발하자 미국이 대만해협을 봉쇄했기 때문에 중국의 '인민해방군'에 의한 대만해방은 저지되었다. 그러나 국제무대에서는 중화 인민 공화국과 중화민국의 지위가 역전되어 중국이 안보리 상임 이사국이 되고 대만은 UN에서 추방되었다. 1972년 일본과 중국이 국교를 정상화하면서 대만과 일본 간의 조약은 파기되었다.

미국과 국교를 수립한 1979년, 중국은 비로소 대만에 조국통일을 호소했다. 1981년에는 대륙과 대만 간의 삼통정책(三通政策：通郵·通商·通航)을 제창했고, 이에 대해 대만은 삼불정책(三不政策)으로 거부하는 자세를 분명히 나타냈다. 그 이후로도 중국은 두 개의 중국(兩個中國), 혹은 하나의 중국과 하나의 대만(一中一臺)은 인정하지 않는다는 원칙을 꾸준히 견지하며 '한 나라 두 제도(一國兩制)' 방식의 통일을 호소해왔다.

중국의 개혁·개방이 본격화되자 노동, 토지, 원가상승으로 고민하던 대만기업들이 홍콩을 통해 활발하게 대륙으로 진출하고, 한발 앞서 해금되어 있던 대륙의 친척방문과 어우러져 대만의 삼불정책은 조금씩 무너지게 되었다.

이 때문에 대만측은 대륙정책의 재조정, 정부기관의 정비, 혹은 대륙과의 실무문제를 처리할 민간기관이 필요해져, 1990년 국가통일강령, 국가통일위원회; 해협양안교류기금회(이사장 辜振甫. 약칭 '海基會')가 제정 설립되었다. 이에 대응하여 중국측에서도 1991년 민간기관으로서 해협양안관계협회(회장 汪道涵. 약칭 '海協會')를 설립, 이 '해기회'와 '해협회'가 쌍방의 창구가 되었다. 1993년 4월에는 첫 정상회담이 싱가포르에서 열렸다.

이렇게 되자 중국의 삼통정책과 대만의 삼불정책이 정면으로 대립되어 있던 시대와는 상황이 크게 변했다. 1994년 3월 대만 관광객 스물네 명이 탄 유람선이 중국 저지앙(浙江) 성 치엔따오(千島) 호수에서 강도를 만나 중국 선원을 포함한 서른두 명이 살해된 사건이 발생하여 대만은 대 중국 투자 및 여행을 중지했는데, 중국측이 유감의 뜻을 표명하여 해결되었다.

통일문제에 대해서는 1995년 1월 지앙쩌민(江澤民) 총서기가 중국·대만 지도자의 상호방문과 종래의 국공회담을 대신하는 각 당, 각 단체의 교섭을 내용으로 하는 여덟 항목을 제안했다. 이에 대해 리떵후이(李登輝) 총통은 같은 해 4월 대만의 정치실체 승인 및 중국·대만 수뇌회담을 포함하는 여섯 항목을 제안했다. 중국 대만 간의 여덟 항목 제안과 여섯 항목 제안에는 대만의 국제기구 참가 등 향후 교섭을 통해 합의가 도출될 것 같은 문제들이 담겨 있다.

리떵후이 총통은 1994년 5월 일본작가 시바료타로(司馬遼太郎)와의 대담에서 '대만인으로 태어난 비애'를 이야기했다. 또 1995년 6월에는 '사적인 이유'로 미국을 방문하여 중국측의 비난을 받았다. 중국은 대만의 독립 움직임에 아직까지도 신경을 곤두세우고 있다. 대만의 정치실세 인정과 대만에 대한 무력행사 여부의 문제를 둘러싸고 여전히 대립이 풀리지 않고 있는데, 1994년 대만에서는 중국의 무력행사를 상정한 가까운 미래소설 『1995년 윤(閏) 8월』이 베스트셀러가 된 적이 있다.

다만 중국은 리떵후이 총통의 사적인 방미(訪美)를 인정한 클린턴 정부를 심하게 비난하였고, '해기회'와 '해협회' 정상간의 제2차 회담은 연기되었다.

산성비의 도시, 충칭

하늘에서 내리는 죽음의 신 • 쿵중쓰선 • 空中死神

쿵중쓰선(空中死神)은 산성비를 말하는데, 시적인 듯하면서도 지극히 리얼한 인식이 담긴 용어이다. 이 쿵중쓰선 때문에 전국에서 가장 형편없어져 버린 쓰촨(四川) 성의 충칭(重慶) 시.

내륙의 유수한 중화학 공업도시인 충칭은 '산(山)의 도시' '안개의 도시'로도 유명한데, 에너지를 거의 석탄에 의존하고 있다. 그러다 보니 안개에 이산화유황(SO_2)이 섞여 쿵중쓰선이 내리는 도시이기도 하다.

중일전쟁 당시 수도 난징(南京)을 일본군에 점령당한 국민당 정권은 이곳 충칭을 수도로 정했다. 그러한 이유로 충칭에는 지 앙지에스(蔣介石)의 저택과 중국 공산당의 연락사무소 등 역사적인 건물이 시내 곳곳에 있다. 1995년 5월에 방문했을 때 지 앙지에스 저택에 걸린 금속판은 부식되어 거무스름한 구멍이 많이 생겨 있었다.

창지앙(長江) 유역. 수질오염이 심각해서 시민들은 증류수나 광천수를 마신다.

충칭의 대기오염이 유난히 심한 것은 화력발전소와 기계, 철 강업 등의 열원(熱源)이 되는 석탄의 소비량이 매우 많기 때문이다. 일중(日中) 우호협회에서 내는 『일본과 중국』이라는 잡지에 의하면, 그 양은 1991년 1년 동안, 1,390만 톤에 이르렀다고 한다. 더구나 그 지방에서 생산되는 석탄의 유황분 함유량은 3퍼센트대로 높다(동북지방에서는 1퍼센트 이하).

따라서 석탄연소에 의한 이산화유황의 양도 물론이지만 농도도 매우 높아, 1994년 하루 평균 이산화유황 농도는 1입방미터당 390마이크로그램을 기록했다. 이는 국가가 표준으로 정한 농도의 2.9배에 해당하는 것이다. 덧붙여 이야기하면 상하이(上海)에서는 180마이크로그램, 청뚜(成都)에서는 150마이크로그램, 베이징(北京)은 120마이크로그램으로 되어 있다.

이 네 도시 중에서 이산화유황 농도가 가장 낮은 베이징에서도 늘어나는 자동차 배기가스와 가정의 연탄, 조개탄 연소 등으로 대기오염은 해마다 늘고 있다. 겨울철에 빨래를 바깥에 널어두면 까맣게 더러워져 다시 빨아야 할 정도이다.

그 결과 충칭에 등장한 것이 쿵중쓰선이다. 빗물의 PH수치가 5.6 이하면 산성비로 치는데, 충칭에서는 비가 오면 80퍼센트가 산성비이고, 그 PH수치도 4.4로 전국에서 1,2위를 다투고 있다.

그 대책의 하나로 1993년 10월, 우호관계에 있는 쓰촨 성과 히로시마(廣島) 현, 충칭 시와 히로시마 시의 4자가 산성비 연구 교류 센터를 공동으로 설립했다. 산성비의 실태를 공동으로 연구하고, 그것을 막을 기술을 개발하겠다는 것으로 1994년부터 본격적으로 활동하고 있다. 또 일본정부나 경제 단체 연합회에 히로시마 현이나 시 등 지방자치단체들이 참가한 대형 환경 사절단을 쓰촨 성에 파견하는 계획도 진행되고 있다.

여기에서는 대기오염의 대표적인 경우로 산성비를 들었지만, 예방·방지 대책이 요구되는 중국의 환경문제는 대기오염뿐이 아니다. 수질오염이나 폐기물 처리, 사막화 경향 등 실로 심각한 실정이다.

예컨대 경제개발에 따른 삼림파괴나 농지전용으로 사막화가 진행되는 한편 경지가 감소하고 있다. 쉬여우팡(徐有芳) 임업부장에 의하면 과거 10년 동안 사막화된 토지는 2만 4,000평방킬로미터였다. 그리고 지금까지 사막화, 황무지화한 토지는 모두 32만 7,000평방킬로미터에 달하며, 이는 국토면적 960만 평방킬로미터의 34.1퍼센트에 해당한다.

중국 현대화의 열쇠를 쥐고 있는 농촌기업

농촌기업 • 시앙전치예 • 鄕鎭企業

비약적인 발전을 보이는 중국경제의 큰 기둥이 바로 시앙전치에(鄕鎭企業)이다. 해석은 '농촌기업' 이라고 했지만, 업종이나 규모는 가지각색이다.

시앙전(鄕鎭)은 중국 농촌의 말단에 가까운 행정단위이다. 중국의 행정단위는 큰 순서대로 성(省)급, 지구(地區)급, 현(縣)급으로 대별된다. 베이징(北京), 티엔진(天津), 상하이(上海)는 직할시로, 내몽골 자치구 등 다섯 개의 민족자치구와 함께 성급 행정단위에 해당된다.

시앙전은 현(縣) 아래에 있는 것으로 인민공사(人民公社)였던 1980년대 초까지, 향(鄕)에는 인민공사의 본거지가 있었고, 진(鎭)에는 그보다 한 급 아래인 생산대대(生産大隊)가 있었다(大隊의 아래가 生産隊).

시앙전치에의 시초는 인민공사 시절에 공사(公社)가 경영하던 서뚜에이치예(社隊企業)이다. 1978년 개혁·개방 노선으로 전환함에 따라 농업분야에서 가정청부제가 실시되자 인민공사는 폐지될 운명에 놓였다. 그리고 1982년 12월 헌법이 개정되면서 인민공사의 폐지와 향과 진의 부활이 결정되었다. 인민공사와 생산대대가 해체되고 향과 진의 정부설립이 완료된 것은 1985년 6월의 일이다. 이에 따라 서뚜에이치예은 1984년부터 시앙전치에이라는 새로운 명칭으로 불렸다.

현재 이 시앙전치에에는 서뚜에이치예에서 성장한 것 말고도, 농민이 개인적으로 시작한 기업(도시의 個體戶에 해당)이나 복수의 농민이 공동으로 세운 기업(도시의 私營企業에 해당) 등이 포함되어 있다. 또 업종은 농업, 공업, 건축, 교통, 운수, 상업, 식품 등으로 나뉘어 있다.

이 시앙전치에이 각광받고 있는 이유는, 첫째, 성장률이 높고 총생산액에서 차지하는 비율이 상승하고 있으며 둘째, 잉여 노동력이 많은 농촌에서 노동흡수력이 매우 강하다는 것 때문이다. 중국의 경제개혁이 시작되고 나서 국유기업은 장기하락의 길을 착실히 걷고 있다. 이것은 첫째, 개인·사영 기업 등 민간의 사적 기업이 인정되고, 둘째, 외국자본이 참가한 삼자기업(三資企業)도 사적 기업으로 인정되어 수가 늘어난 데에 기인한 것이다.

시앙전치에에서는 공업부문이 급속히 성장·확대되고 있으며, 그 생산액은 개혁·개방이 시작된 1979년에 424억 위엔이었던 것이 1985년에는 1,827억 위엔이 되었고, 1991년에는 8,700억 위엔이 되었다(이 기간 동안 인민폐의 대외환율이 대폭 하락했다는 점도 참고). 이 때문에 시앙전치에이 공업 총생산액에서 차지하는 시장점유율은 1985년의 17.7퍼센트에서 1992년의 32.5퍼센트로 증대했다. 또 시앙전치에의 종업원 총수는 1979년에는 불과 2,909만 명이던 것이 1991년에는 1억 581만 명으로 늘어났다. 10여 년 사이에 세 배나 증가한 것이다.

'농촌에 살면서 농업에는 종사하지 않는 농민'에 대해서는 앞에서 설명했는데, 그들 농민의 근무지가 대부분 이 시앙전치에이다. 시앙전치에의 향방은 농민인구가 많은 중국 '현대화'의 열쇠를 쥐고 있다.

자본가의 존재를 인정한 사기업의 출현

종업원 7인 이상의 사기업 • 쓰잉치예 • 私營企業

나는 경제개혁이 겨우 정착하기 시작한 1983년 중국의 수도 베이징(北京)에서 개인이 경영하는 자동차 수리점을 취재한 적이 있다. 그 가게의 경영자는 1980년까지 베이징 교외의 쓰지칭(四季靑) 인민공사에서 자동차를 수리하던 농민이었다. 그는 꺼티후(個體戶 : 개인경영)가 공인되자 농촌을 떠나 베이징 시내에서 자전거 수리점을 시작했다(단 호적은 농촌호적인 채). 그 자전거 수리점에서는 입주 도제(徒弟)를 고용하고 있었는데, 당시의 규정으로는 일곱 명까지밖에 고용이 인정되지 않았지만, 이 경영자는 "가능하면 제자를 늘리고 싶다."고 말했다.

개인경영은 도시에서 음식업, 의류판매업을 중심으로 성행하고 있었지만, 자전거 부품을 모두 갖추고 서비스를 해주는 이런 자전거 수리점 같은 기업은 아직 드물었다. 사업이 번성할 것 같으면 경영규모를 확대하고 싶어하는 것이 기업의 논리로 볼

마네킹까지 세워놓은 베이징의 양품점.

때에는 자연스러운 것이었으리라.

경제개혁이 더욱 진전되어 일곱 명 이상의 노동력을 고용할 수 있는 쓰잉치예(私營企業)가 공식적으로 인정받게 된 것은 1987년 이후의 일이다.

같은 해에 열린 중국 공산당 제13회 대회에서는 자오쯔양(趙紫陽) 총서기가 제출한 정치보고가 승인, 채택되었다. 자오쯔양 총서기는 이 보고에서 중국 사회주의의 현 상황에 대해 사회주의 초급 단계라 규정하고, 중국이 달성해야 할 목표와 채용해야 할 방법을 '하나의 중심과 두 기본점(一個中心 · 兩個基本點)'으로 나타낸 것이다. 이 보고는 중국이 건국 직후 채택했던 신민주주의의 경제노선을 대폭 수용한 것이었다. 그 후 개혁파 학자 사이에서는 "경제가 지극히 뒤떨어진 중국에서는 장기간의 신민주주의 시기가 필요하며, 너무 빨리 개인경영과 쓰잉치예 소멸시켜서는 안 된다."쉬에부치아오(薛暮橋 국무원 발전 연구 센터 명예주임)고 하는 '사회주의 시기상조론' 까지 나왔다.

신민주주의 경제노선이란 경제적으로는 자본가와 자본주의 기업을 일정 정도까지 인정한 것이다. 이때는 정치적으로도 공산당 이외의 민주당파에서도 각료가 나오는 등 한정적이지만 복수정당제가 실시되고 있었다.

이는 마오쩌뚱(毛澤東) 자신도 인정하고 있던 이치옹얼빠이(一窮二白 : 경제적으로 가난하고 문화적으로 뒤떨어짐)라는, 중국실정에 꼭 맞는 현실주의적 정책이었다. 후에 국가주석이 된 리우사오치(劉少奇)는 건국 직전 티엔진(天津)에서 생산회복과 발전의 필요성을 강조하여, "노사 쌍방에 유리한 조건하에서 자본가의 존재와 그 발전을 수십 년간 인정한다."고 제창하기도 했다.

중국정치에 변화를 가져올 경쟁선거 방식

낙선자가 나오는 선거 • 차어쉬엔쥐 • 差額選擧

　'선거'라는 말을 들으면 얼핏 입후보하는 사람이 없던 학급 위원이나 노동조합 임원선거를 연상할지 모르나, 만약 그렇다면 이 말은 성립하지 않는다.

　우선 독자에게 힌트를 드리자면, 차이쉬엔쥐(差額選擧)의 반대어는 떵어쉬엔쥐(等額選擧)이다. 여기에서 떵어(等額)의 의미는 후보자수와 당선자수가 같다는 것이고, 차어(差額)는 후보자수와 당선자수에 차이가 있는 것을 말한다. 그렇다면 차이쉬엔쥐란 바로 낙선자가 나오는 선거를 가리키는 말임을 알 수 있을 것이다. 따라서 후보자수와 당선자수가 같은 선거, 바꿔 말하면 신임투표가 떵어쉬엔쥐이다.

　보통 선거권 제도가 널리 시행되고 있는 곳에서는 통상 선거라 하면 정원을 넘는 후보자가 나서고, 그 중에서 득표수에 따라 당선자와 낙선자가 정해지게 되어 있다. 그처럼 낙선자가 나오는 선거를 중국에서는 특히 차이쉬엔쥐라 표현하고 있다.

그런데 일본의 국회의원에 해당하는 전국인민대표대회(약칭 전인대)의 대표는 임기 5년이며, 성 자치구 직할시와 인민해방군에서 선출된다. 1993년 이후의 제8기 대표는 2,978명이다.

전인대 대표는 유권자의 직접투표에 의한 것이 아니라 간접선거로 선출된다. 이는 1980년부터 실시되기 시작한 것으로, 성 자치구 직할시보다 한 급 아래인 현(縣) 단계에서 현 인민대표를 유권자 직접선거로 뽑는다. 다음으로는 현 인민대표의 선거로, 성 자치구 직할시의 전인대 대표를 선출하는 구조이다.

차이쉬엔쥐나 떰어쉬엔쥐라는 용어는 1980년대 초 중국에서 정치개혁이 화제가 되었을 때 빈번히 등장했다. 최근에는 경제개혁에 얽힌 화제나 신조어가 압도적으로 많고, 정치에 관한 신조어는 매우 적어졌다.

『런민르빠오(人民日報)』에 의하면 중국 노동조합의 전국조직인 중꾸오쫑꿍후이(中國總工會)는 1993년 12월의 제12회 전국대회에서 차기 집행위원을 선출했다고 한다. 『런민르빠오』는 "위원은 경쟁선거 방식에 의해 선출되고, 후보자는 253명, 후보자와 당선자의 차이는 5퍼센트이며, 낙선자는 열두 명이었다."고 전하고 있다.

경제개혁의 수익자인 사영 개인기업주 같은 계층에서 정치적 발언력을 요구하는 움직임이 나타나고 있다고도 전해지는 만큼, 이러한 차이쉬엔쥐가 향후 어떤 형태로 바뀌어갈 것인가의 문제는 중국정치의 초점이 되고 있다.

외국자본의 도입으로 옛말이 되어버린 자력갱생

외자기업 · 싼쯔치예 · 三資企業

　'자력갱생'을 기본노선으로 삼아온 중국은 1978년 말에 개혁 · 개방의 발을 내디뎠다. 그리고 본격적인 외자도입이 시작되어, 기업수준에서 그때까지는 없었던 형식과 내용의 기업이 속속 등장했다. 싼쯔치예(三資企業)란 외국자본과 관련된 세 가지 형태의 기업을 지칭하는 말이다.

　일반적으로 '합자'를 가리키는 말이 중외합자(中外合資)이고, 외상독자(外商獨資)라 하면 100퍼센트 외국자본 기업을 말한다. 협력방식에 따라 중외합자가 있고, 중외합작(中外合作 : 중국기업과 외국기업의 기획 · 제조 · 판매면에서의 제휴)이 있다.

　외자계 기업의 수에서 1993년 단계에 '인가를 얻어 설립된 삼자기업이 전국에 7만여 남짓'(『런민르빠오(人民日報)』)된다. 1991년 말에는 누계 4만 1,953개 회사였는데, 내역을 보면 합자가 가장 많아 2만 4,650건(58.8퍼센트)이었고, 다음으로는 합작제휴로 1만 1,089건(26.4퍼센트)이었으며, 독립자본은 6,181건(14.7퍼센트)이다.

비약적인 발전을 보이는 중국경제에서도 성장이 두드러지는 것은 외자계 기업의 생산액과 수출공헌도이다. 외자계 기업이 등장하기 시작한 1985~1986년 단계에서는 중국의 수출총액이 300억 달러도 못되었고, 외자계 기업의 수출액은 겨우 수출총액의 1.2퍼센트밖에 안 되었다. 그러던 것이 매년 늘어나 1991년에는 16.7퍼센트로 열네 배나 증가했다.

이러한 경향은 1993년 1~9월의 통계에서 한층 두드러져, 수출총액 612억 5,000만 달러 중 33.3퍼센트로, 432억 5,000만 달러에 달했다(『런민르빠오』 해외판).

중국경제의 급속한 확대는 이 외자계 기업을 선두로 하여 시앙전치에(鄕鎭企業)과 쓰잉치예(私營企業)이 늘고 있는 데 따른 것이며, 외자계 기업이 수출향상에 지대한 공헌을 했다는 사실을 뒤집어보면, 국유기업의 수출이 부진했다는 것을 알 수 있다.

중국은 1ㅁㅁ년 후에도 여전히 사회주의 국가일까?

사회주의 초급단계 • 서후이주이추지지에뚜안 • 社會主義初級段階

중국은 1978년 12월에 열린 중국 공산당 제11기 3회 중앙 위원회 총회(약칭 3중 전회)에서 획기적인 개혁 · 개방 노선을 내세웠다. 이 노선에 의거하여 외국과의 자본 · 기술 · 인적 교류가 비약적으로 증대했다. 그때까지 거의 닫혀져 있던 국민의 눈이 외국을 향해 열리고, 서방제국의 사회사상과 가치관, 그리고 가전제품을 비롯한 외국제품이 중국에 유입되었다.

그 결과 중국의 사회주의 노선을 둘러싸고 의문이 분출했다. 마르크스-레닌주의와 마오쩌뚱 사상에 의하면 사회주의는 자본주의의 다음 단계에 오는 것으로, 모든 면에서 자본주의보다 나아야 할 것이다. 그럼에도 불구하고 이치옹얼빠이(一窮二白)라는 뒤떨어진 현실에서 출발한 중국은 건국 당시보다는 훨씬 발전했지만, 발달한 자본주의 국가와 비교하면 여러 가지 면에서 아직 뒤처져 있다. 이것을 사회주의라 할 수 있는 것인가? 자본주의가 더 좋았던 것은 아닌가?

마르크스-레닌주의와 마오쩌뚱 사상에 대한 신뢰에 의심이 생겼다는 의미에서 이른바 '신앙위기'가 운위되기 시작한 것은 이 무렵부터였다.

'사회주의 초급 단계론'은 이러한 의문에 답하고, 개혁·개방 노선의 이론적 근거를 세우기 위해 제기된 것이다. 1987년 10월에 열린 중국 공산당 제13회 당대회 때 자오쯔양(趙紫陽) 총서기가 행한 중앙 위원회 보고로 정식화되었다.

그것에 의하면 '사회주의 초급 단계론'은, 첫째, 중국은 이미 생산수단을 공유화한 사회주의 사회이다. 둘째, 다만 그 사회주의는 반식민지·반봉건사회로부터 벗어났을 뿐, 생산력 수준이 낮고 가난하며, 문화수준도 낮다. 셋째, 이러한 현실적 상황에서 출발해야 하며, 이 단계를 주관적으로 뛰어넘어서는 안 된다

네온사인이 현란한 상하이의 야경.

는 골자로 되어 있다.

자오쯔양 총서기는 이미 사회주의 사회라는 근거를 몇 가지 들었다. 생산수단의 공유제(토지·국유기업 등)를 기초로 하는 사회주의 경제제도, 인민민주주의 독재(노동계급을 대표하는 공산당의 통치)의 사회주의 정치제도, 그리고 이데올로기 분야에서 마르크스주의의 지도적 지위가 확립된 점, 착취제도와 착취계급이 폐절된 점, 국가경쟁력이 발전해 교육·과학·문화도 상당히 발전해 있는 점 등이다.

다른 한편 인구가 많고 경제적 문화적 기초가 탄탄하지 못해 1인당 국민총생산액(GNP)이 세계에서 하위에 속해 있는 점 등은 중국의 사회주의가 초급 단계에 있음을 나타내주는 것이다.

이 보고는 중국 사회주의의 시작을 1950년대, 곧 생산수단의 사유제를 사회주의적으로 개조한 시기에 두고 있다. 그리고 사회주의적 현대화의 달성에 이르기까지 적어도 100년은 걸린다고 하여, 초급 단계가 2050년경까지 계속될 것으로 전망했다. 이 초급 단계에서 추구해야 할 목표와 방법이 바로 앞서 말한 하나의 중심과 두 기본점(一個中心·兩個基本點)이다.

초급 단계론의 문제는 두 가지이다. 먼저 초급 단계가 100년 정도 계속된다는 점이다. 중국 공산당이 1978년에 내세운 '4개 현대화'의 경우 금세기 말까지 달성된다는 내용이 명시되어 있다. 초급 단계가 100년 동안 이어지면 일단 이 목표를 달성한 후에도 반세기 동안은 초급 단계가 계속된다.

또 하나, 초급 단계인 이상 중급 단계 내지는 고급 단계를 상정하는 것은 당연하겠지만, 그 부분에 대해서는 전혀 언급이 없어 그 이미지를 알 수 없다. 전통적인 마르크스-레닌주의에서는 사회주의를 공산주의에 이르는 전 단계로 설정하고 있는데, 사회주의의 고급 단계와 공산주의의 관계는 '저 산 너머'로 밀려났으며, 이 '초급 단계론'에 관해서도 잘 알려져 있지 않다. 이 초급 단계론에 대해 '사회주의에서 자본주의로의 연착륙(軟着陸 : soft landing)을 꾀하는 것'이라 해석하는 경우도 있다.

자오쯔양 총서기는 1989년 티엔안먼(天安門) 사건으로 실각했지만, 사회주의 초급 단계론은 아직도 살아 있다. 1997년 9월에 개최된 제15회 중국 공산당 대회의 보고에서 지앙쩌민(江澤民) 총서기는 사회주의 초급 단계론을 재차 공식적으로 제기하고, 모든 분야에서 기초로 할 것을 선언하였다.

21세기를 향한 중국의 목표는?

안정된 생활수준 • 샤오캉수이핑 • 小康水平

서기 2000년 중국의 국가목표로 샤오캉수이핑(小康水平)을 든 것은 떵샤오핑(鄧小平)이었다. 여기서 말하는 소강상태는 중국 고전 『예기(禮記)』에 있는 거란(據亂), 소강(小康), 대동(大同)의 세 단계 중 가운데에 있는 소강(小康 : 세상이 잘 다스려져 평온한 상태에 있다)을 근거로 한 것이다.

샤오캉수이핑이라는 이 말도 사회주의 초급 단계론과 관련이 있다. 중국의 개혁 · 개방이 시작된 1978년의 시점에서는 금세기 말까지 농업, 공업, 국방, 과학기술의 '4개 현대화'를 달성할 것이 목표로 제시되고 있었다.

1979년 12월 6일 오히라(大平正芳) 수상과 회견한 떵샤오핑 부총리는 '4개 현대화'의 내용을 묻는 오히라 수상의 질문에 대해 1인당 국민총생산을 네 배 늘리는 것이라 하여 처음으로 목표를 언급했다.

266

샤오캉(小康)이라는 말도 이때 처음 등장한 것이며, 당시 떵샤오핑의 발언은 '중국의 금세기 목표는 샤오캉을 실현하는 것이다.'라는 제목하에 『떵샤오핑 문선(鄧小平 文選)』(제2권)에 실려 있다. 그 내용의 일부를 보자.

"(중국은) 제3세계 중에서 비교적 풍족한 국가의 수준, 예컨대 1인당 국민총생산 1,000달러를 달성해야만 하는데, 역시 대단한 노력을 하지 않으면 안 된다. 그 수준을 달성했다 해도 서방제국과 비교하면 아직 뒤떨어져 있다. 다만 말할 수 있는 것은 그 수준이 되어도 중국은 여전히 샤오캉 상태라는 것이다."

'그 수준이 되어도 중국은 여전히 샤오캉 상태'라고 하는 것은 실용주의자인 떵샤오핑다운 '깨인 의식'이라고 해야 할 것이다.

전인대는 중국 공산당의 꼭두각시인가

고무도장 · 시앙피투장 · 橡皮圖章

중국 공산당 제11기 3회 중앙 위원회(3중 전회)가 개혁 · 개방 노선을 내세운 1978년이 시작된 지 두 달쯤 지나서의 일이다. 수도 베이징(北京) 최고의 메인 스트리트 창안지에(長安街)의 시딴(西單) 사거리 부근에 대자보(大字報) 한 장이 나붙었다. 이 따쯔빠오에는 "최고의 국가권력 기관이라 해야 할 전국인민대표대회는 시앙피투장(橡皮圖章 : 고무도장)인가"라는 문제제기와 당시 정치체제에 대한 통렬한 비판이 가해지고 있었다.

이 대목에서는 약간의 보충이 필요할 것 같다.

1979년 2월 17일 중국의 인민해방군은 '베트남 징벌'을 내걸고 남부 국경에서 베트남 침공을 감행했다. 이 베트남 전쟁은 3월 5일의 중국군 철수로 일단 종결되었다.

중국군의 베트남 침공 직후에 베이징 시내에 나붙은 그 대자보에는 불과 1년 전 공포된 헌법에 '최고의 권력기관'이라 명기되어 있고, '전쟁과 평화에 관한 결정'도 그 직권 중 하나로 규정된 전국인민대표 대회가 선전포고도 없이 전쟁에 돌입한 것을 비난하는 내용이 적혀 있었다. '고무도장'이라는 표현은 중국 공산당의 지령에 수동적으로 따르는 존재임을 비꼰 것이다.

그런 전인대가 최근 상당히 바뀌고 있다.

변화의 모습을 내외에 분명하게 보여준 것은 1995년 3월의 정례회의에서였다. 아흔 살 고령의 떵샤오핑(鄧小平)이 위독하다고 전해지는 가운데 개최된 전인대에서 부총리를 두 명 증원할 것이 제안되었다. 헌법의 규정에 의하여 전인대는 국무원 총리가 지명한 부총리를 승인, 결정하게 되어 있다. 이 부총리 증원안은 스스로의 리더십 확립을 꾀하는 지앙쩌민(江澤民) 총서기의 주도에 따라 당 중앙 지도부에서 결정된 것이었다.

그러나 이 제안에는 처음부터 비판적 공기가 강했다. 부총리로 거론되던 사람은 상하이(上海) 시 위서기였던 우빵구오(吳邦國 : 당 중앙 정치국원 서기)와 산뚱(山東) 성 위서기였던 지앙춘원(姜春雲 : 당 중앙 정치국원 서기)이라는 '양지(陽地)에 있는' 옌하이(沿海) 지대의 리더였기 때문이다.

이 공기를 탐지한 당 중앙 지도부는 조직 인사담당의 후진타오(胡錦濤) 중앙 정치국 상무위원 겸 서기에게 부총리 인사의 승인을 요구하는 서한을 전인대에 보내도록 했다. 이는 일찍이 없던 '선거운동'으로, 사실상 중국 공산당의 일당 독재체제하에 있는 중국의 정치시스템에서는 지극히 이례적인 것이었다.

그럼에도 불구하고 투표가 실시되자 대량의 비판이 나왔다. 우빵구오는 찬성이 2,366표이고, 반대 210표와 기권 161표를 합쳐 14퍼센트라는 그런대로 괜찮은 결과였다. 그러나 지앙춘원에 대한 평가는 냉혹하여, 찬성 1,746표에 반대 605표, 기권 391표로, 반대와 기권을 합치면 유효투표의 36퍼센트에 달해 찬성표의 과반수가 되었다.

국무원을 구성하는 총리, 국무위원, 각료 선임에서는 1993년 리티에잉(李鐵映)의 국가경제체제개혁위원회 주임직을 둘러싸고 30퍼센트의 비판표가 나왔던 것이 최고였으니까, 지앙춘원에 대한 반대·기권표(36퍼센트)는 이 기록을 경신한 셈이 된다.

이런 상황이 생겨난 데에는 몇 가지 이유가 있다. 우선 리펑(李鵬) 총리 스스로 인플레 억제 실패를 인정해야만 했던 '실정(失政)'을 들 수 있다. 거기에 더하여 전인대의 치아오스(喬石) 상무 위원장이나 티엔지윈(田紀雲) 부위원장 등 전인대 대표부의 스타일이 다소 '리버럴'하여, 전인대의 입법부로서의 존재를 확립하고 기능을 강화하겠다는 자세를 선명하게 드러내고 있는 점 등도 들 수 있을 것이다.

이러한 자세를 반영하여 1997년 3월에 개최된 제8기 전국인민대표대회에서는 최고 인민법원과 최고 인민감찰원의 보고에 대해 전년도를 상회하는 비판표가 던져졌다.

최고 인민검찰원의 보고에는 찬성 1,621표에 대해 반대 675표가 나왔고 기권이 390표를 차지해, 반대·기권표가 1,000표를 돌파했다. 반대·기권표가 투표총수의 40퍼센트에 육박한 것은 처음 있는 일이다.

1989년 6월 4일에 일어난 티엔안먼(天安門) 사건 직전에 리펑 총리의 계엄령 포고에 반대하는 전인대 대표가 서명을 모아 전인대 상무 위원회를 소집하고 계엄령을 취소하는 결의를 하겠

다고 한 적이 있었다. 이 움직임은 떵샤오핑(鄧小平)과 가까운
완리(萬里) 상무 위원장이 중앙 지도부 쪽을 지지했기 때문에
결국 결실을 보지는 못했지만, 최근의 움직임을 보면 전인대는
일찍이 중국 공산당이 시키는 대로 하는 '고무도장'이던 때와
비교해서 점차 독자성을 띠고 있는 듯하다.

부모의 후광을 입은 2세 그룹

태자당 • 타이쯔땅 • 太子黨

　타이쯔땅은 중국 공산당의 노장간부나 정부 및 군의 거물급 인사의 자녀들이 비즈니스, 혹은 정치세계에서 부모의 영향력을 기반으로 젊은 나이에 높은 위치에 앉아 있는 현상에서 유래했다.

　물론 모두가 다 '부모의 후광'으로 높은 자리에 앉아 있는 것은 아니고, 본인의 실력과 인품으로 업적을 쌓은 사람도 있다. 하지만 중국에는 마오쩌뚱(毛澤東) 시대부터 까오깐쯔띠(高幹子弟 : 고급 간부의 자제)라는 말이 '좋은 집안의 자녀들'이라는 의미로 사용되어 왔고, 이 말은 '부모의 후광'이라는 뉘앙스를 갖고 있다.

　까오깐쯔띠의 전형적인 인물이 린리구오(林立果)이다. 그는 린삐아오(林彪) 장군의 장남으로 젊어서부터 인민해방군 내에서 요직에 앉았으며, 부친과 함께 쿠데타를 계획했다. 그러나

1971년 몽골에서 추락사했다.

이와 반대로 마오쩌뚱은 장남 마오안잉(毛岸英)을 한국전쟁에 종군시켰는데, 유엔군의 폭격으로 사망했다. 마오쩌뚱 만년의 정치적 과오를 비판하는 중국시민들도 자기 자식을 특별히 취급하지 않으려던 그의 방식에는 찬탄을 아끼지 않았다.

출신가정의 '혁명적 혈통'을 따지던 시절, 그것을 거침없이 문자화한 슬로건이 문화 대혁명 초기에 등장했다.

아비가 영웅이면 자식은 쾌남(老子英雄兒好漢)
아비가 반동이면 자식은 잡놈(老子反動兒混蛋)

엘리트 의식을 거침 없이 드러낸 이 혈통론에 대해 홍위병들의 비판의 소리가 높았다. 그 대표격인 위루오커(遇羅克)는 「출신론(出身論)」이라는 글로 반박하여, '개구리 자식은 개구리'라는 의식이 뿌리깊은 중국사회에 큰 충격을 던졌다. 때문에 정치·사회 질서의 붕괴를 우려한 당국으로부터 이 논문은 '반동적 문장'으로 호되게 비판당했다. 위루오커는 1968년에 체포되었고 이태 뒤인 1970년에 스물일곱 살의 젊은 나이로 처형당했다.

그런데 중국은 혁명 1세대와 2세대의 퇴장이라는 세대교체의 시기를 맞고 있다. 그 뒤를 잇는 타이쯔땅(太子黨)은 정치 엘리트와 비즈니스 엘리트의 두 종류로 나누어볼 수 있다.

국무원 총리(중국 중앙 정치국 상무위원) 리펑(李鵬)은 혁명을 위해 순직한 아버지(이 경우 '烈士'라 표현)에게서 태어나, 다른 열사의 자식들과 함께 저우언라이(周恩來), 덩잉차오(鄧穎超) 부부의 양자가 되었다. 신중국 수립 후 모스크바 동력학원(動力學

院)에서 유학하고, 귀국 후 전력계통의 전문직을 거쳐, 각료 부 총리를 역임하고 1988년부터 1998년까지 총리를 맡았다.

떵샤오핑(鄧小平)은 2남 3녀를 두었는데, 장녀는 화가, 장남은 중국 장애자 연합회 주석, 차녀 떵난(鄧楠)은 국가과학기술 위원회 주임이고, 셋째딸은 아버지의 비서였다.

장남 떵푸팡(鄧樸方)은 베이징 대학 재학중에 일어난 문화 대혁명 때 비판·투쟁의 대상이 되어 혼자서 걸을 수 없는 중상을 입었다. 부친이 복권되면서 중국 장애자 복지 기금회 이사장에 취임했다. 1989년의 제2차 티엔안먼(天安門) 사건 직전, 그 기금회를 재정적으로 지원하는 캉따꽁쓰(康大公司)에 대한 특혜의 혹이 제기되기도 했다. 차남 떵즈팡(鄧質方)은 미국유학 후 비즈니스 세계에 뛰어들어 1994년 홍콩의 부동산 기업인 서우장쓰팡(首長四方) 주식회사의 총재로 취임했다.

서우장쓰팡이라는 회사는 베이징에 있는 서우뚜(首都) 철강 총공사의 방계회사와 홍콩 소재 창지앙(長江) 실업 공사의 합자 기업으로, '서우(首)'와 '장(長)'이라는 명칭은 각각의 첫머리에서 따온 것이다('首長'에는 '고위급 지도자'라는 의미도 있다). 이회사가 타이쯔땅(太子黨)의 색채를 강하게 풍기는 것은 홍콩의 콩글로머리트(conglomerate : 여러 업종의 회사를 차례로 합병, 흡수하여 거대 기업으로 팽창한 회사, 복합기업)인 창지앙(長江) 실업 공사의 오너 리카싱(李嘉誠) 회장과 서우뚜(首都) 강철 총공사의 저우꾸안우(周冠五) 회장이 모두 떵샤오핑 패밀리와 몹시 가까운 관계에 있기 때문이다.

그러나 저우꾸안우 회장은 아들인 저우뻬이팡(周北方) 서우깡(首鋼) 주식회사 회장이 1995년 2월 오직(汚職) 혐의로 체포되었기 때문에 서우뚜 강철 총공사 회장직을 사임했다. 떵샤오핑의 영향력이 예전만 같았어도 있을 수 없는 일이었을 것이다.

중국에서는 최근 몇 년간 당 간부 및 공무원의 지위·직권을 남용한 부정부패나 타이쯔땅의 위세가 두드러져, 이를 보는 국민의 반감이 강해져 있다. 지앙쩌민(江澤民) 총서기는 일벌백계의 제스처를 내세워 떵샤오핑으로부터 독립적인 지도력을 과시함과 동시에 부정부패를 근절하는 자세를 국민에게 각인시키려 하고 있다.

이외에도 타이쯔땅에는 비즈니스계에 있는 사람이 많고, 홍콩과의 합자기업에서 임원을 맡고 있는 사람이 많다. 예를 들면 앞서 기술한 떵즈팡을 비롯하여 고(故) 천윈(陳雲)의 셋째딸인 천웨이리(陳偉力) 제일 상하이 투자 주식회사 주석(홍콩), 롱이런(榮毅仁) 국가 부주석의 장남인 롱즈지엔(榮智健) 중신안타이푸(中信安泰富) 주식회사 주석(홍콩) 등이다. 또 왕전(王震) 국가 부주석의 자제 왕쥔(王軍)은 중국 국제 신탁 투자회사(CITIC)의 사장이다.

정계에서는 재계처럼 두드러지게 눈에 띄지는 않는다. 주요한 타이쯔(太子)로는 전국인민대표대회 상무 위원장이었던 고 예지엔잉(葉劍英)의 자제로, 꽝뚱(廣東) 성 성장에서 정치협상회의 부주석이 된 예쉬엔핑(葉選平)이 있다.

문화 대혁명 때 희생된 고 리우사오치(劉少奇) 국가주석의 자제 리우위엔(劉源)은 허난(河南) 성 성장을 거쳐 인민무장경찰 정치위원이라는 요직에 올라 있다. 아직 40대 중반의 젊은 나이이므로 장래가 창창하다.

떵샤오핑의 전처 진웨이츠(金維持)와 고 이웨이한(李維漢)의 사이에서 태어난 리티에잉(李鐵映)은 국무위원 겸 국가경제체제 개혁위원회 주임이라는 요직에 있는데, 그가 1993년 그 자리에 취임했을 때에는 전인대의 차이쉬엔쥐에서도 반대·기권이 30 퍼센트나 나왔다.

이외에 고 천윈의 자제 천위엔(陳元 : 중국 인민은행 부행장)과 고 허룽(賀龍)의 자제 허펑페이(賀鵬飛 : 해군 부사령관) 등도 젊은층으로 꼽히고 있다.

지앙쩌민 체제의 향방에 대해서도 여러 가지 견해가 있는데, 유력한 차세대 지도자가 누구인지를 물으면 위에 적은 타이쯔땅 그룹 중 재계인사들을 꼽는 경우는 별로 없다.

오히려 타이쯔땅으로 꼽히지는 않지만 잊어서는 안 될 지도자로 후진타오(胡錦壽) 당 중앙 정치국 상무 위원 (조직담당) 서기가 있다. 공산주의 청년단의 톱에서 티벳 자치구, 구이저우(貴州) 성의 당서기를 맡았던 경력은 '제왕학(帝王學)' 코스 그 자체이며, '다음 다음'을 떠맡을 가능성이 크다.

출세하려면 상하이 출신이어야 한다

상하이 인맥 • 상하이빵 • 上海幇

중국 공산당 총서기 지앙쩌민(江澤民)은 현재 국가주석, 중앙 군사 위원회 주석을 겸임하고 있으며, 당 국가 해방군의 일인자이다. 그가 인솔하는 정치지도부에는 지앙쩌민 총서기와 고향이 같은 상하이 출신 지도자들이 중심부를 차지하고 있다. 이 그룹을 상하이빵(上海幇)이라 한다.

문제는 상하이빵이라는 표현인데, 구중국의 비밀결사 칭빵(靑幇), 홍빵(紅幇)처럼 '빵(幇)'에는 '떳떳하지 못한 집단'이라는 뉘앙스가 있다. 마오쩌뚱(毛澤東) 시대 말기에 권세를 누리던 지앙칭(江靑) 여사 등 네 명은 '쓰런빵(四人幇)'이라 불렸는데, 그들은 상하이를 거점으로 활동했을 뿐 아니라, 그 중 두 명은 출신지가 상하이여서, 상하이빵이라 불리기도 했다.

지앙쩌민 총서기를 핵으로 하는 신상하이빵은 어떤 사람들로 구성되어 있는가. 자세한 인맥은 나중에 설명하기로 하고 넓은 의미에서 상하이와 관련이 깊은 주요 지도자를 열거해보겠다.

지앙쩌민 총서기와 상하이의 인연은 상하이에 있는 이공계의 지아오통(交通) 대학 졸업생에서부터 시작된다. 1985년부터 상하이의 당무와 행정에 종사하고 정치국원을 겸임했던 지앙쩌민은 1989년 티엔안먼(天安門) 사건으로 자오쯔양(趙紫陽) 총서기가 실각하자 평 정치국원에서 총서기, 정치국 상무위원으로 발탁되었다.

1997년 9월의 제15회 중국 공산당 대회까지 일곱 명의 당 중앙 정치국 상무위원 중 한 명이었으며, 1998년 3월의 전국인민 대표 대회(전인대, 국회)까지 전인대 상무 부위원장을 지낸 치아오스(喬石)도 상하이 화똥리엔허(華東聯合) 대학 졸업생으로, 학생시절부터 상하이에서 지하 당활동을 계속했다. 상하이 출신인 치엔치천(錢其琛) 부총리 겸 외무부장(정치국원)은 치아오스와 마찬가지로 상하이에서 지하 당활동을 했다.

주롱지(朱鎔基) 부총리는 정치국 상무위원으로 베이징의 이공계 명문 칭화(淸華) 대학 출신이다. 1959년 반우파 투쟁으로 비판당하고, 개혁·개방이 시작된 1979년에야 비로소 명예회복을 했다. 그 후 경제분야에서 두각을 나타냈고, 1988년 지앙쩌민의 뒤를 이어 상하이 시장에 취임하면서 상하이와 유대를 갖게 되었다.

그 밖에 정치국원 수준에서는 지앙쩌민 총서기에 의해 발탁된 황쥐(黃菊) 상하이 시 당서기, 우빵구오(吳邦國) 전 상하이 시 당서기 등이 포함된다. 우빵구오는 1995년 3월 부총리에 보선(補選)되었다.

이외에도 지앙쩌민 체제가 들어선 이후 상하이에서 당정군의

중추로 발탁된 지도자는 청칭훙(曾慶紅) 당 중앙 판공청 주임,
저우루이진(周瑞金) 『런민르빠오(人民日報)』 부주간(전 『지에팡르
빠오(解放日報)』 편집주간) 등으로 많다.

그렇다면 전해지고 있는 상하이빵의 실체는 어떤 것이며 어
느 정도의 영향력을 갖고 있는 것일까.

우선 상하이와 관계가 깊은 지도자라 해도 위의 멤버 중 치
아오스 전인대 상무 위원장과 주룽지 부총리, 그리고 치엔치천
부총리 겸 외무부장은 그룹에서 제외하지 않으면 안 된다. 치아
오스와 치엔치천 두 사람은 일찍부터 상하이에서 당활동을 시
작했지만, 건국 후에는 상하이를 떠나 베이징의 당 중앙 및 정
부에서 일한 기간이 길었다.

인맥으로 말하자면 치아오스는 중국정계의 '리우라오(六老 :
여섯 장로)'의 한 사람인 펑전(彭眞) 전 전인대 상무 위원장에 힘
입어 사법 공안 방면에 넓은 네트워크를 구축했다.

또 치엔치천은 베테랑 외교관으로, 외교부 보도국장 경력도
있는 만큼 외국에 가장 잘 알려진 지도자이다. 다만 외교에는

지앙쩌민(江澤民)
당 총서기.

프로인 만큼 파벌색이 그다지 강하지 않다. 그 점에서는 주룽지도 중국인민은행(중앙은행) 행장을 겸임한 경제전문 테크노크라트이다. 그와 연결되는 인맥은 같은 은행의 부행장 주샤오화(朱小華) 등 역시 경제분야의 간부가 많다고 한다. 지앙쩌민과의 관계는 상하이 시장의 전임·후임 관계뿐이며, 주룽지가 즉결형 지도자로 지앙쩌민과는 스타일이 달라, 양자의 관계가 반드시 좋다고는 할 수 없는 것 같다.

이렇게 보면 상하이 출신 내지 상하이에서 활동경력이 있는 지도자는 확실히 많지만, 그들을 모두 상하이빵이라 할 수 있을 정도로 결속력이 있는지, 또 정치적 발언력이 있는지는 상당히 의문이다. 황쥐의 후임인 쉬쿠앙디(徐匡迪) 상하이 시장은 그러한 지도자들이 당과 정부의 요직에 있다고 하여 '상하이빵'으로 불리는 것에 대해 '악의가 있는 도발적 표현'이라고 반박했다. 쉬쿠앙디 시장이 힘주어 말한 것처럼 발탁인사가 '본인의 능력이나 실적에 의한 것'인지의 여부는 별도로 하고, 항간에 떠돌 만큼 그룹으로서의 영향력은 갖고 있지 않은 것처럼 보인다.

1995년 봄 일반대중 사이에 부정부패에 대한 불만이 고조되자, 그에 대한 일소 캠페인이 시작되었다. 그 화살이 베이징 시 지도부로 향해져, 왕빠오썬(王寶森) 상무 부시장은 4월 취조를 받은 후 자살하고, 천시통(陳希同) 베이징 시 당서기는 사임으로 몰렸다. 그 배경에 '부정 부패 일소 캠페인에 편승한 지앙쩌민 그룹의 세력확대책'이 있다는 소문이 떠돌게 되었고, 천시통 서기의 후임인사를 둘러싸고 지앙쩌민이 자파의 인사를 누른 데 대해 치아오스가 "널리 인재를 등용해야만 정치안정이 도모된다."고 상하이빵을 비판했다고 한다.

꽝저우(廣州), 상하이 등 경제발전의 수준이 높은 옌하이(沿海) 도시와 내륙도시 사이에는 묵인할 수 없을 만큼 격차가 벌어져 있다. 권력기반의 안정 확대를 꾀하는 지앙쩌민이 얼마만큼 지도력을 발휘할 수 있을까 하는 부분에 대해 관심이 집중되고 있다.

GNP 네 배 증가 계획

네 배 증가 • 판량판 • 翻兩番

이판(一翻), 량판(兩翻)이라는 용어는 마작 애호가들이라면 이미 익숙할 것이다. 이판, 량판은 생략된 표현이며, 정확히 표현하면 판이판(翻一番), 판량판(翻兩番)이 되는데, '판(翻)'의 뒤에 붙은 '이판(一番)' '량판(兩番)' 등의 숫자에 따라 '이판(一番)'이면 한 배 증가, '량판(兩番)'이면 배에 다시 배가 증가하여 네 배가 되는 것이다. 배의 배가 되어가는 방식이니, 판량판은 네 배 증가가 되는 것이다.

이 판량판이 세계적으로 유명해진 것은 1979년 12월 떵샤오핑(鄧小平) 부총리가 이 표현으로 소득 네 배 증가계획을 밝히고 나서의 일이다.

그 구체적 내용은 1980년 1월 떵샤오핑이 행한 '당면한 정세와 임무'에서 분명히 표현되었다. 중국이 1979년의 1인당 국민총생산(GNP) 250달러를 80년대 말까지 우선 판이판(翻一番 : 2

배 증가)하고, 1990년대 말까지 그것을 다시 판이판하여 금세기 중에 네 배가 증가되도록 함으로써 1,000달러 달성을 꾀한다고 하는 것이다(1인당 목표액은 1984년에 800달러로 수정되었다).

이 구상은 1982년의 중국 공산당 12차 당대회에서 정식화되었다. 후야오빵(胡耀邦) 총서기가 정치보고에서 정식으로 강조해서 말한 것은 "총생산액을 1980년의 7,100억 위엔에서 2000년에는 2조 8,000억 위엔 수준으로 증가시키자"는 것이었다.

1993년 제8기 전국인민대표대회에서 리펑(李鵬) 총리는 제8차 5개년 계획의 성장률을 6퍼센트에서 8~9퍼센트로 상향 수정할 것을 분명히 하고, "2000년에는 국민총생산을 1980년의 네 배로 늘린다는 예전의 위대한 목표를 금후 5년 안에 실현할 수 있다."며 3년 단축을 공약했다.

더없이 장대한 계획이지만 떵샤오핑이 최근 내건 '1인당 국민총생산을 1,000달러(내지 800달러)로'라는 달러기준의 목표는 최근에는 언급되지 않게 되었다. 그것은 이 네 배 증가 계획이 어디까지나 1980년 당시의 중국 인민폐 가치와 금세기 말의 12억 인구를 기준으로 한 것이기 때문이다. 그 후 심한 인플레와 대미(對美) 달러환율의 대폭 하락 결과 중국 인민폐의 구매력은 변동하고, 인구도 예상했던 것보다 더 증가했기 때문에 '1인당 1,000달러(내지 800달러)'라는 수치목표는 타당하지 않은 것이 되었다.

'네 배 증가'가 강조되었을 당시 중국 인민폐 1위엔은 0.8달러였다. 그 후 개혁·개방의 진전과 함께 인민폐의 환율은 큰 폭으로 인하되어 왔다. 1994년 1월의 통화개혁 때는 더욱 인하되어 인민폐 1위엔은 0.1달러가 되어 1980년 당시의 10분의 1

이하가 되어버렸다.

또 그동안의 인플레도 심하여, 1980년 당시의 10위엔은 현재의 6~7위엔에 해당된다. 또 인구성장률은 저하되고 있지만, 절대수는 증가하여 금세기 말의 인구는 13억 명으로 추산되지 않을 수 없게 되었다. 따라서 2000년에 2조 8,000억 위엔으로 네 배 증가할 수 있다 해도 1인당으로 하면 목표보다 낮아진다. 그리고 실질 구매력이나 환율에 근거해보면 '알맹이'는 아무리 해도 네 배 증가에 미치지 못하는 것이다.

이제는 WTO 가입이 문제

GATT 복귀 • 푸꾸안 • 復關

중국 신문에 매일같이 푸꾸안(復關)이라는 문자가 등장하던 1992년의 일이다. 어느 독자가 투고하여 "'푸꾸안'과 같은 신조어가 많이 나오는데, 사전을 보아도 실려 있지 않기 때문에 알 수가 없다."고 불만을 토로했다. 중국도 긴 이름을 짧게 줄여서 말하는 습관이 있는데, 너무 짧게 줄여버리면 '수수께끼'가 되고 마는 것이다. 그 좋은 예가 바로 이 푸꾸안이다. 그런데 여기서 꾸안(關)은 '꾸안마오쫑시에띵(關貿總協定 : 관세와 무역에 관한 일반협정, GATT)'의 약어이며, '꾸안마오쫑시에띵'은 또 '꾸안쉐이지마오이쫑시에띵(關稅及貿易總協定)'의 약어이다.

중국은 개혁·개방의 진전과 동시에 국제무역협정이자 기구인 GATT의 멤버가 아닌 데서 오는 불이익을 통감하고, 1986년 7월 가맹을 신청했다.

제2차 세계대전 직후인 1947년에 GATT가 설립되었을 때 중국(당시는 국민당 정권)은 창립멤버 23개국 중 하나였으나, 대만 당국은 대륙을 빼앗기던 이듬해인 1950년에 GATT에서 탈퇴해 버렸다. 이러한 경위가 있기 때문에 중국은 신규가맹이 아니라 '체약국(締約國) 지위의 회복'을 주장하고 있으며, 당기관지『런민르빠오(人民日報)』는 GATT 복귀를 푸꾸안이라 표현하고 있다.

이와 관련하여 말하면 홍콩은 1986년, 마카오는 1991년에 중국 국내의 특정 관세지역으로 가맹하였다. 대만은 1990년 1월 '대만·펭호·금문·마조 특정 관세지역(臺灣·澎湖·金門·馬祖 特定關稅地域)'의 명의로 가맹을 신청했다.

중국이 GATT에 가맹하면 최혜국 대우를 부여받고, 지금까지와 같이 대미 절충 문제로 고민하지 않아도 될 뿐 아니라, 국내의 시장경제 체제화를 국제시장 진출과 결부지어 진행할 수 있다. 한편 관세인하, 경제특구에서의 우대책 폐지 등 여러 가지 의무가 있어, 1992년에는 225개 품목의 관세를 내렸다.

그러나 그것이 실현되지 않은 채 GATT는 1995년부터 WTO로 모양바꾸기를 해버렸다. 그리고 중국의 푸꾸안 신청은 그대로 WTO에 인계되어, 옵서버의 자격으로 오늘에까지 이르고 있다. 이 때문에 1997년 11월 지앙쩌민(江擇民) 국가주석이 미국을 방문하여 클린턴 대통령과 회담하면서 중국의 WTO 가입에 관한 양국간의 교섭을 강화하는 데 의견일치를 보았다.

가입의 국내조건을 정비하기 위해 중국은 1996년 대담한 시장개방 정책을 단행, 약 5,000품목의 수입관세율을 약 35퍼센트에서 23퍼센트까지 인하했다. 또 외국인에 대한 차별대우로 악평이 높던 국내 항공요금과 관광시설 입장료의 외국인 요금도 점차 폐지해가고 있다.

벼락부자와 거지가 공존하는 나라

소득 및 지역격차 • 리앙지펀화 • 兩極分化

　'부유해졌다'는 중국을 방문한 사람들이 예외 없이 감지하게 되는 것은 사람에 따라, 혹은 지역에 따라 생활수준의 격차가 극심하다는 점이다. 다소 극단적인 예가 될지도 모르겠으나 1995년 5월 상하이의 화위엔판디엔(花園飯店 : 가든호텔) 입구에서 연회에 초대된 듯한 정장차림의 중국인 손님과 그들에게 구걸하는 모자(母子)의 모습이 기억난다. 아마도 그 고장 사람이 아니라 안후이(安徽) 성 어디에서 상하이(上海)로 나온 거지였던 것 같다.

　"가난을 걱정하지 않고 평등하지 않음을 걱정한다."고 하던 마오쩌뚱(毛澤東) 시대에도 굶는 사람이 없었던 것은 아니다. 그 존재가 (특히 대외적으로는) 표면화되지 않았을 뿐이지만, 지금처럼 따쿠알(大款兒 : 벼락부자)도 없었다.

　개혁 · 개방 노선을 채택함으로써 대전환을 가져온 떵샤오핑

(鄧小平)은 새로운 노선과 정책에 의해 중국에 '불평등' 현상이 나타날 것을 예측하고 있었을 것이다. 그는 '유언'이 될지도 모를 1992년의 유명한 '남순강화(南巡講話)'에서 이렇게 설명했다.

"조건이 갖추어진 일부 지역은 먼저 발전하고, 다른 일부 지역은 발전이 더디다. 먼저 발전한 지역이 나중에 발전한 지역을 돕는다. 종국에는 함께 부유해진다. 부유할 수 있는 자가 더욱 부유해지고 가난한 자가 더욱 가난해지면 리앙지편화(兩極分化)가 생겨날 것이다."(『등소평 문선(鄧小平 文選)』 제3권)

이 앞부분은 이른바 시엔푸룬(先富論)으로 잘 알려진 대목이다. 거기에서 설명된 대로 '조건이 갖추어진 일부 지역'은 먼저 발전했다. 개혁·개방 노선으로 외국자본이 흘러들어온 옌하이(沿海) 지역이 해당된다. 당연히 그곳 사람들의 소득수준도 높아졌다. 한편 내륙 쪽은 옌하이 지역만큼 외국자본이 진출해 있지 않아 소득수준도 그만큼 높지 않다.

1992년의 1인당 국내총생산액(GDP)으로 보면 2,000위엔을 넘는 성(省)과 시(市)는 상하이, 베이징(北京), 티엔진(天津)의 세 직할시, 다음으로는 꽝뚱(廣東)·랴오닝(遼寧)·저지앙(浙江) 성으로 되어 있다. 이에 반해 낮은 순으로는 구이저우(貴州)·안후이·깐쑤(甘肅) 성과 내륙의 여러 성이 있다.

경제발전에 따라 1인당 GDP의 절대액은 크게 벌어져 있다. 1978년 상하이 시와 구이저우 성의 차액은 2,332위엔이었는데, 1991년에는 5,785위엔으로 늘어났다. 또 꽝뚱과 구이저우 두 성을 비교해보면 같은 기간에 182위엔에서 1,948위엔이 되었다.

엔하이 지역으로의 '망리우(盲流)'로 유명해진 쓰촨(四川) 성처럼 타관에서의 소득이 농촌을 윤택하게 하는 경우도 있지만, 이는 결국 국부적이고 일시적인 소득증가로 보아야 할 것이다.

도시에서도 소득격차는 커지고 있다. 국가통계국의 1994년 가계조사에 의하면 상위 10퍼센트 가정에서는 1인당 평균수입이 6,838위엔이었다. 이에 반해 하위 10퍼센트에서는 1,735위엔밖에 되지 않아, 그 사이에는 3.9배라는 격차가 존재한다. 이는 1993년 가계통계에서 나온 3.6배를 웃도는 것이다.

내륙 쪽에서 제대로 먹지도 못하는 8,000만 명을 대상으로 한 국가 프로젝트가 있다는 것은 제5장의 「백성은 밥을 하늘로 삼는다」에서 소개한 바 있는데, 거기에서의 원빠오(溫飽) 수준은 세대당 연간 수입을 440위엔으로 잡은 것이었다. 중국의 미래는 안정된 경제성장을 꾀하는 한편 이러한 격차를 어떻게 사정하느냐에도 달려 있다.

두 마리 토끼를 잡아라

두 손으로 잡아라 • 리앙서우주아 • 兩手抓

주아(抓)는 한자의 형태로 보더라도 손 수(手) 변에 손톱 조(爪)를 결합한 것이므로, '손가락으로 붙잡다' '긁다' '움켜쥐다'라는 의미를 가지고 있다. 일상용어에서도 '범인을 붙잡다'와 같은 문장에서 극히 평범하게 사용되는데, 정치용어에서는 '중점을 두다' '단단히 힘을 준다'는 의미로 많이 쓰인다.

문화 대혁명 시절에 '주아꺼밍 추성찬(抓革命 促生産)'이라는 슬로건이 있었다. 이는 '상부구조와 의식의 혁명을 힘껏 쥐고 생산을 촉진시키자'는 의미였다. 마르크스가 말한 "의식으로라도 대중을 장악하면 물질적인 힘으로 바뀐다"는 언급에서 비롯되었을 것이다. 그러나 당시 국제뉴스 담당기자로서는 '신참'이던 나는 "혁명을 잡는다고 말했다"라는 세련되지 못한 직역을 원망스러워해야 했다.

개혁 · 개방의 일대 전환점이 된 1992년 봄 덩샤오핑(鄧小平)

의 남순강화(南巡講話)에서는 '말을 꺼낸 사람이 먼저 시작한다'는 이치에 따라 이 점을 알기 쉽게 풀어놓았다. 거기에서 "두 손으로 잡는 것'을 견지해야 한다."고 하는 슬로건은, 한손으로는 '개혁 · 개방'을 움켜쥐고, 다른 한손으로는 '여러 가지 범죄 활동을 혼내 주는 것이다'라고 하여, 움켜쥘 대상을 명확히 내세우고 있다.

리앙서우주아(兩手抓)와 매우 유사한 표현이지만, 그보다 위의 슬로건으로 '하나의 중심과 두 기본점'이라는 것이 있다. 중국 공산당 제13회 대회(1987년)에서 규정된 사회주의 초급 단계의 기본노선을 나타낸 것이다. 여기서 말하는 '중심'이란 말할 나위 없이 경제건설이고, '두 기본점'은 그 목표를 달성하기 위한 네 가지 기본원칙과 개혁 · 개방의 견지라는 방법론을 가리킨다.

리앙서우주아이든 리앙꺼지뻰띠엔(兩個基本點)이든 모두 한쪽으로 치우치는 것을 경고하는 것이며, 그것의 실행을 둘러싸고 '떵샤오핑 이후'의 지도부 역량에 대해 관심이 집중되고 있다.

지앙쩌민(江澤民) 총서기도 이 점은 의식하고 있는 듯하다. 1995년 봄의 부정부패 일소 캠페인 때 베이징(北京) 시 지도부를 엄하게 적발했던 것도 이와 관련이 있다. 그러나 당시의 행위에 대해서는 '상하이(上海) 그룹의 세력 확대책'이라는 곱지 않은 시선들이 쏟아지고 있는 것을 보면, 분명히 정치는 어려운 것이라는 생각이 든다.

제6장

변화하는 중국, 변화하는 중국인

스포츠로 하는 외교

아시안 게임 • 야윈후이 • 亞運會

　복잡하게 뒤얽힌 동아시아의 정치 · 외교 관계에 때로는 스포츠가 예기치 못한 돌파구를 만드는 경우가 있다. 1971년 나고야(名古屋)에서 열린 세계 탁구 선수권 대회를 이용하여 중국이 전개한 핑퐁외교가 그러했다. 당시로서는 국교가 없던 미국팀을 중국에 초청하여 미국인들의 중국에 대한 관심을 높였고, 이듬해에는 닉슨 대통령의 중국방문으로 연결시킬 수 있었던 것이다. 이 움직임은 1979년 미 · 중 국교 정상화로 결실을 보았다.

　1986년에는 한국의 수도 서울에서 아시안 게임이 개최되었다. 1988년 올림픽 개최가 예정되어 있었기 때문에 한국측은 그 '예행연습'으로 아시안 게임에 정성을 들였다.

　당시 남북한 관계가 냉각되어 있어 북한은 아시안 게임을 보이코트했지만, 중국은 이에 동조하지 않았다. 북한과의 '정치적 협조'와 스포츠는 별도라고 생각한 것인지도 모르겠다. 다음번

아시안 게임을 1990년 베이징에서 개최할 예정이었기 때문에 보이코트 같은 행동은 아무래도 불가능할 것이었다. 그래서 서울 아시안 게임에 대선수단을 보내 '스포츠 대국'의 면모를 발휘한 것이다.

그 아시안 게임을 한 달 앞둔 어느 날 베이징(北京) 지국에 주재하고 있던 필자는 중국의 스포츠 관계자로부터 "베이징에서 한청(漢城 : 서울)으로 국제전화를 걸게 된다."고 귀엣말을 들었다. 그때까지 국교가 없던 중국과 한국 간에는 국제전화도 연결되지 않았던 것이다.

사무실로 돌아와 급히 베이징 교환원에게 필자가 근무하는 신문사의 서울지국을 신청해보았다. "아직 연결되지 않았습니다."라는 교환원의 대답에 낙심했지만, 불가능한 경우의 "서울요? 연결할 수 없습니다."와 같은 거부는 아니었다. 단념하지 않고 계속 신청해보았더니 사흘째에 서울지국으로 연결되었다. 상대편에서 수화기를 든 한국인 조수 L씨는 "베이징에서 걸고 있습니다."라는 내 말을 좀처럼 믿지 않았던 것이다.

중국이 아시아 경기 연맹에 가입한 것은 닉슨의 중국방문 이듬해인 1973년의 일이었고, 그 이후로 중국은 야윈후이(亞運會 : 아시안 게임)에 등장할 수 있었다. 야윈후이는 아주 올림픽 운동회(亞州奧林匹克運動會)의 약어이다.

그런데 1994년 히로시마(廣島)에서 개최된 아시안 게임 때에는 중국과 관련된 두 가지 내용이 매스미디어에서 크게 문제로 제기되었다. 하나는 대만문제였고, 다른 하나는 중국선수의 도핑(약물사용)이었다.

유엔의 대표권 문제와 마찬가지로 국제적 스포츠 조직에서도 중국은 과거 대만의 자리를 차지해왔다. 대만은 국제 올림픽 위원회(IOC)에 남아 있으며, 야윈후이에도 IOC방식의 '중구오타이뻬이(中國臺北)라는 명칭으로 참가하고 있다.

히로시마 아시안 게임 때는 대만의 리떵후이(李登輝) 총통이 아시아 경기 연맹으로부터 내빈자격으로 초대받은 것이 문제의 발단이 되었다.

대만은 경제적 약진과 정치적 민주화를 배경으로 최근 들어 국제사회에서의 활동을 강화하고 있다. 이 움직임을 경계하는 중국은 리떵후이 총통의 일본방문을 강하게 반대했다. 결국 리떵후이 총통 초대는 취소되고, 대신 쉬리떠(徐立德) 행정원 부원장(부총리격)이 일본을 방문했다. 실상은 다소 다르지만 이 문제는 APEC 문제와도 연결되어 있어 양안(兩岸 : 대만 해협을 사이에 둔 대륙과 대만)관계가 해결을 볼 때까지는 계속될 것이다.

도핑문제는 대회 종료 후 도핑검사의 결과가 판명되어 표면화되었던 것이다. 수영종목에서 메달을 획득한 중국선수가 속속 '혐의가 짙은 것'으로 밝혀져 메달을 반환해야 했기 때문에 중국 언론도 '흥분제 문제(興奮劑問題)'라고 보도하였다.

중국에서는 국제 스포츠 대회에서의 메달획득을 국위선양과 직결되는 것으로 받아들여, 선수에게 거액의 상금과 특전을 준다. 그러다 보니 선수와 코치 모두 좋은 성적을 올리기 위해 열과 성을 다하여 연습과 경기에 임한다. 그러한 열기가 너무 지나친 나머지 규칙위반이라는 결과를 초래한 것 같다.

중국은 핵클럽 회원인 군사대국

UN 안보리 • 안리후이 • 安理會

UN 안보리의 상임 이사국은 현재 중국, 미국, 영국, 프랑스, 그리고 러시아(구소련)의 5개국이다.

먼저 중국의 입장에서 보면, UN 창설에 가담한 중화민국(中華民國)의 지위를 계승한다고 하는 '정통성'에 대한 의식이 있다. 따라서 안리후이(安理會 : 안보리)의 자리를 차지하는 것은 당연하다는 생각이다.

거기에 국제정치의 실제상황에 있어서는 핵무기 보유 여부를 둘러싸고 '대국(大國)'의 자격문제가 놓여 있다. 위에 열거한 5개국은 모두 핵무기 보유국이며, 그 때문에 이들 상임 이사국에는 '핵클럽'이라는 별명도 붙어 있다.

또 한 가지는 아시아 사회에서의 리더십 내지는 지위의 문제이다. 중국은 비교적 일찍부터 일본이 경제대국임을 인정했다. 그러나 정치대국이라고 인정한 것은 극히 최근의 일이며, 동시에 일본이 군사대국이 되지 않도록 끊임없이 견제하고 있다.

　이 세번째 문제에 관해서는 일본이나 동남아시아 여러 나라들에서 오히려 중국의 군사대국화를 우려하는 소리가 나오고 있다. 우선 뭐라 해도 핵보유국으로서 대륙간 미사일까지 배치하고 있는 것은 아시아에서 중국밖에 없기 때문이다.

　특히 최근 중국의 국방예산은 연 20퍼센트를 넘는 증가추세에 있고, 해군력의 증강이 두드러져 동남아시아 여러 나라에서는 이를 우려하고 있다. 중국측은 국내의 심한 인플레를 들어 국방예산의 증액을 설명하고 있지만, 첨단무기 개발비 등은 국방예산에 포함되지 않을 가능성이 크기 때문에, 주변국들을 납득시키지는 못하고 있다.

　중국은 일찍이 인도와 함께 평화 5원칙(和平共處五原則)을 내걸고, 소련의 위협이 증대된 1970년대부터는 '패권주의 반대(反覇權主義)'를 내세웠다. 그런 만큼 특히 동남아시아 국가들과의

중국은 1971년 국제 연합 안전 보장 이사회의 상임이사국이 되었다.

사이에서 영유권을 둘러싸고 분쟁이 되고 있는 남사군도(南沙群島)를 비롯한 남중국해 여러 섬의 영유 개발 문제에 대해 중국이 어떤 대응을 보여줄 것인지…… '초대국(超大國)'의 위신과 내실(內實)은 무엇인가.

중국의 실상을 꿰뚫어본 마오쩌뚱

경제적 빈궁과 문화적 낙후 • 이치옹얼빠이 • 一窮二白

　　중국을 한마디로 표현하는 숙어로 띠따우뽀(地大物博)와 이치옹얼빠이(一窮二白)가 있다. 띠따우뽀는 당대(唐代)부터 전해 내려오는 유서 깊은 표현으로, 우중띠따(物衆地大)라고도 하는데, 국토가 넓고 물산이 풍부하다는 의미이다.

　　또 이치옹얼빠이는 장기간의 혁명운동과 전쟁 끝에 마침내 신중국 수립에 겨우 도달한 마오쩌뚱(毛澤東)이 지적한 것으로, 경제적으로 가난하고 문화적으로 낙후되어 있는 상황을 가리킨다.

　　이 두 숙어는 얼핏 보기에 다소 모순되어 있는 것 같지만, 띠따우뽀를 객관적 조건으로, 그리고 이치옹얼빠이를 주관적 조건으로 생각하면 중국을 표현하는 데 아주 놀라울 만큼 적합한 말이라고 생각한다.

　　이치옹얼빠이에 관한 마오쩌뚱의 설명을 인용해본다.

　　"나는 일찍이 이렇게 말한 적이 있다. 우리는 몹시 가난하다.

게다가 지식이 많은 것도 아니다. 먼저 것을 치옹(窮)이라 하고, 다음 것을 빠이(白)라 한다. 치옹이란 이렇다 할 공업이 없고 농업도 그다지 발달하지 않은 상황을 두고 말한 것이다. 빠이는 한 장의 백지와 같이 교양수준이나 과학수준 모두 높지 않은 것을 두고 한 말이다."

마오쩌뚱의 이 지적은 40년 전쯤인 1956년에 씌어진 논문 「열 가지의 큰 관계에 대하여」에 나오는 내용이다. 현재의 중국에는 절반은 통하고 절반은 통하지 않는 내용이다.

그로부터 거의 40년, 사람으로 치면 중국은 한창 일할 나이가 되어 있다. 그동안 많이 발전했고, 그 고속성장은 세계적 이목을 집중시키게 되었다. 마오쩌뚱의 지적이 "절반은 통하지 않는다."고 한 것은 이 점을 두고 말한 것으로 여기서 다시 한 번 확인해두고 싶다.

다만 마오쩌뚱이 말한 이치옹얼빠이의 상황이 완전히 없어진 것은 아니다. '건국의 아버지'로 불리는 만큼 광대한 중국의 낙후된 실정을 너무나도 잘 꿰뚫어보고 있었던 마오쩌뚱의 혜안에는 정말 감탄한다.

예로 두 가지 숫자를 들겠다.

12억을 돌파한 인구의 거대함이 자주 지적되고 있지만, 사실상 이면을 보면 그 중 1억 4,500만 명에 달하는 사람들이 글을 읽지 못하는 문맹(열다섯 살 이상이면서 글을 알지 못하는 자)이다.

정부는 신중국 수립 후 식자(識字)교육에 힘을 쏟았으며, 하나의 방법으로 획수가 많은 한자를 간략화하여 지엔티쯔(簡體字)를 채용했다. 또 최근에는 9년제 의무교육 제도를 전국적으로 도입했다.

그러나 농촌 쪽에서는 예전부터 "시를 짓기보다 밭을 갈아라."라는 풍조가 강하기도 했지만, 개혁·개방의 진전으로 한층 강해져 소학교(小學校)를 중도에 그만두는 아동이 매년 600만 명에 달하고 있다. 한편 문자를 읽지 못했던 사람이 한자를 학습하여 읽을 수 있게 된 경우는 매년 500만 명이 되니까, 600만 명에서 500만 명을 빼면 문자를 알지 못하는 사람은 매년 100만 명씩 늘고 있는 셈이다.

또 하나는 먹을 것이 부족한 빈곤층이다. 최근 조사를 보면 1,000만 명 정도 감소했다고 하지만, 그래도 6,500만 명에 달하고 있다.

1987년 도쿄 국제 영화제에서 그랑프리를 수상한 영화 〈옛 우물(老井)〉은 가난한 황토고원에 사는 사람들의 물에 대한 갈망을 테마로 한 것이었다. 이 영화는 정이(鄭義)의 원작소설 「옛 우물」을 바탕으로 제작되었는데, 소설과 영화의 무대가 된 황토고원 지대에서는 한평생 결혼할 수 없는 사람들이 지금도 여전히 식수가 부족한 생활을 하고 있다.

이러한 자연환경만큼은 인위적으로 개선하기 어려운 것이어서 중국정부는 빈곤구제책의 하나로 이러한 지역의 주민을 수십만 명 단위로 묶어 신지앙(新疆) 위그루 자치구 등으로 이주시킬 계획을 세우고 있다.

해외에 친지가 살면 유학도 쉽게 갈 수 있다

해외에 사는 친지 • 하이와이꾸안시 • 海外關係

외국에 사는 중국인을 흔히 화교(華僑)라고 부르고, 영어로는 'overseas Chinese'라고 표현한다. 하지만 동남아시아 여러 나라에서 이중 국적을 인정받지 못하는 지금에 와서는 해외에 거주하는 중국인과 중국계 외국인은 엄밀히 구별하여 호칭하게끔 되었다.

중국의 기준으로 말하면 화교는 해외 거주 중국인 일반을 가리키는 것이 아니라 외국에 살면서도 중화인민공화국의 국적을 보유하고 있는 중국인을 가리킨다.

이에 반해 동남아시아(태국, 말레이시아, 인도네시아 등)와 미국에 많이 살고 있는 중국인 2세, 3세 중에서 현지국적을 취득하고 있는 사람은 화인(華人)이라 한다. 예를 들면 '미국국적의 화인 양리위(楊力宇) 교수' 같은 방식으로 호칭한다. 영어로는 'American of Chinese origin'이다.

화교나 화인과는 다른 표현으로 '해외동포(海外同胞)'라는 것이 있다. 영어로는 'overseas compatriots'라고 하는데, 대단히 넓고 일반적인 범위에서 중국계 사람들을 지칭할 때 사용된다. 중국 쪽 입장에서 말하면 얼마전 중국에 반환된 홍콩과, 아직 중화인민공화국의 주권하에 들어 있지는 않지만 곧 귀속되게 될 마카오의 중국인을 가리키는 것이다. 또 대만 사람들도 이 범주에 포함되어 있다(이는 중국 쪽의 주관적 견해일 뿐이며 이 부분에 대한 대만 사람들의 의식은 다소 복잡하다).

이렇듯 중국에서는 화교와 화인, 그리고 해외동포라는 표현을 상당히 엄밀하게 구분하여 사용해왔다. 그러나 개혁·개방 정책이 진전되면서 내외의 구별이 상당히 애매해지고 있는 것 같다.

1990년대에 접어들면서 덩샤오핑(鄧小平)도 "수천만의 애국동포가 해외에 있다." "대륙동포, 대만·홍콩·마카오의 동포, 그리고 해외화교가 모두 중화민족의 자손이다."라고 말한 바 있는데, 그 바람에 동포, 화교, 화인이 구별되지 않는 상황이 발생하기도 했다.

서론이 너무 길어졌다. 화교든 화인이든 가족이나 친척 중 그런 사람이 있으면, 중국에서는 흔히 "하이와이꾸안시(海外關係)가 있다."고 말한다. 극단적으로 '자력갱생(自力更生)'이 고취되고 대외관계도 폐쇄적이던 1966~1976년의 문화 대혁명기, 하이와이꾸안시가 있는 사람들은 그 이유만으로도 여러 가지 박해를 당했다. 다시 말해 그러한 관계를 통하여 중국의 실정을 외국에 누설할 가능성이 크다는 이유로 감시의 대상이 된 것이다.

건국 직후인 1950년대 신중국 건설의 호소에 응하여 일본이나 미국, 동남아시아 여러 나라에서 귀국한 화교들도 박해받는 신세였다. 따라서 당시 하이와이꾸안시가 있는 사람들은 편지도 할 수 없을 만큼 조심했다고 한다.

중국이 개혁·개방 정책을 채택하자 분위기는 일변하여 하이와이꾸안시가 있는 사람들은 혜택받은 입장에 서게 되었다. 예를 들면 청년 학생이 동경하는 해외유학도 친척 일가가 외국에 있으면 훨씬 쉽게 나갈 수 있었기 때문이다. 또 수입제품을 자유로이 구할 수 없던 시절, 외국에서 송금을 받으면 우선적으로 살 수 있는 이점도 있었다.

이러한 역전은 열강의 중국침략이 계속되던 시절의 매판(買辦)에 대한 평가에서도 일어나고 있다. 매판이란 외국상사가 중국에서 고용하고 있던 중국인을 가리키는 것으로, 신중국 수립 후에는 '외국의 앞잡이, 매국노'라는 냉엄한 평가가 일반적이었다.

이러한 평가변화도 개혁·개방의 시대에 외국기업과의 관계가 밀접해졌기 때문이며, 외자계 기업에 근무하며 중요한 역할을 담당하는 중국 비즈니스맨도 늘어나고 있다. 이러한 사람들은 '신매판(新買辦)'이라 불리는데, 전문지식을 가진 스페셜리스트로서 우대받고 있다.

황제의 자손끼리 피를 흘릴 수는 없다

황제의 자손 • 황띠쯔쑨 • 黃帝子孫

아득한 옛날, 중국에는 삼황오제(三皇五帝)라는 전설 속의 제왕이 있었다고 한다. 삼황(三皇)이 누구를 가리키는지에 대해서는 출전에 따라 다르지만 천황(天皇), 지황(地皇), 인황(人皇), 혹은 복회(伏羲), 신농(神農), 여와(女渦)라 한다. 그리고 오제(五帝)에 대해서도 여러 설이 있지만 저 유명한 사마천(司馬遷)의 『사기(史記)』에 따라 황제(皇帝), 전욱(顓頊), 제곡(帝嚳), 요(堯), 순(舜)이라 해두자(『현대 한어 사전(現代漢語詞典)』 등 중국에서 출판된 사서들도 대체로 이를 따르고 있다).

황제의 뒤를 이은 전욱, 제곡, 요, 순도 모두 황제의 자손이라고 되어 있기 때문에, 중국사람들은 대부분 중화민족의 뿌리가 황제에서 시작된다고 믿고 있다. 통일문제를 둘러싸고 기본적인 문제에서 중국과 대립하고 있는 대만의 리떵후이(李登輝) 총통도 1995년 4월에 발표한 여섯 항목 제안에서 대만에 있는 중국인도 같은 뿌리임을 인정하고, "황제의 자손간에 골육상쟁이 없도록 해야 한다."고 주장했다.

그 황제를 모신 능(陵)은 시안(西安) 부근에 있다. 어쨌든 세계 최대의 인구를 자랑하는 민족의 뿌리이므로 내국인들은 말할 것도 없고 해외의 화교, 화인을 포함하여 연간 10만 명이 이 황제능을 찾고 있다. 1996년 4월, 고인을 기리는 청명절(淸明節)에는 지난해와 마찬가지로 성대한 의식이 행해져, 중국 국내외에서 5만 명 가량이 황제능을 찾았다. 이 의식에는 중국 공산당 중앙 정치 국원이자 국무위원인 리티에잉(李鐵映)을 위시하여 당국자 다수가 출석하였다. 또 국내외 17개의 단체·기업이 황제능의 유지비와 정비자금으로 359만 위엔을 기부했다.

중국의 전(前) 세계 탁구 챔피언이었던 허즈리(何智麗)는 일본인과 결혼하고 귀화했다. 그녀가 1994년 히로시마(廣島) 아시안 게임에 일본선수로 출전, 여자싱글에서 중국선수를 꺾고 우승하자 중국에서는 이를 두고 논의가 분분했다.

그녀는 1987년 세계 선수권 대회 우승자였으나 이듬해인 1988년 서울 올림픽에 출전할 수 없었다. 세계 선수권 대회에서 동료에게 승리를 양보하라는 코치의 지시를 받아들이지 않았기 때문에 서울 올림픽 팀에서 제외된 것이라고 한다.

그러한 '정치적 조작'에 혐오를 느껴 일본인 탁구선수와 결혼하고 탁구를 그만두었다. 그러나 탁구에 대한 미련을 버릴 수 없었고, 남편의 뒷받침도 있어 하드 트레이닝을 쌓은 후 히로시마 아시안 게임에 일본선수로 출전한 것이다.

이 문제와 관련한 중국 내 언론보도를 보면, 베이징의 신문들은 "그녀에게는 중국인의 피가 흐르고, 중국의 밥을 먹고 자

오피스텔도 민족적 색채가 강한 디자인으로 되어 있다.

랐는데······"라는 논조로 그녀를 비난하는 투고가 많이 밀려왔
다는 사실을 전하고 있다. 이에 비하여 상하이(上海)의 신문은
그녀가 상하이 출신이라는 사정도 있어서인지 베이징보다는 냉
정한 입장을 취하여, "일본국적의 그녀가 일본을 대표하여 시합
하는 데는 법적으로나 경기규정에 있어서나 문제될 것이 없다."
라는 중국 스포츠 당국자의 언급을 게재했다. 베이징 언론의 논
조나 투고 등에서 보이는 것은 옹졸하고 고루한 민족주의요 애
국주의이다. 이 애국심 논쟁은 히로시마 아시안 게임에 출전한
중국 수영선수의 도핑사건이 발각되기 전에 일어났는데, 도핑
사건도 국위선양의 의식과 함께 거액의 상금이 걸린 금메달 지
상주의가 초래한 것이 아니었겠는가.

　대외개방이 진전됨에 따라 중국의 스포츠 선수가 외국 국적
으로 활약하는 경우도 늘고 있다. 중국의 유명한 탁구선수로

1986년 전(全) 중국 선수권 대회 단체우승의 멤버였던 자오뚜오뚜오(趙多多)가 1988년부터 일본의 기업팀에 소속되어 1995년에 일본국적을 취득한 것도 한 예이다.

동남아시아의 화교에게는 뻬이왕선저우(北望神州 : 북쪽으로 조국을 바라본다)라는 성어에서 나타나는 민족주의와 애국주의가 면면히 흐르고 있다. 중국을 선저우(神州)라 부르는 관습은 옛날 전국시대 때의 '적현신주(赤縣神州)'에서 시작된 것이다. 제2차 세계대전 때에는 일본에서도 신국(神國)이라는 의미에서 '신주불멸(神州不滅)'과 같은 슬로건을 통해 '신(神)'이 허구적 이데올로기로 사용되었던 적이 있다.

중국신문에는 지금도 가끔씩 이 선저우가 얼굴을 내민다. 마르크스-레닌주의와 마오쩌뚱 사상이 예전과 같은 권위를 갖지 못하게 된 지금 정신적으로 그 공백을 메우고 경제적으로는 화교, 화인 등 해외동포의 지지를 얻어야 할 필요성이 제기되고 있다. 일찍이 존재했던 이데올로기에 기초한 국제주의적 연대는 느슨해져 있다. 앞으로 민족주의와 애국주의는 점점 무게를 더해 갈 것이다.

1995년은 항일전쟁 승리 50주년이 되는 해이다. 여러 가지 기념행사가 열렸는데, 6월 14일 베이징에서의 〈황허(黃河) 대합창〉 공연에는 1만 명의 대학생이 객석을 메웠다. 인사말에 나선 리치이엔(李其炎) 베이징 시장은 "중화민족의 불요불굴(不撓不屈)의 정신을 이 노래로 느낀다. 애국주의의 깃발을 높이 내걸고 전진하자."고 강조했다.

연줄 없이는 아무것도 못한다

연줄 • 꾸안시쉬에 • 關係學

중국어를 몰라도 한자를 써서 필담으로 의사소통을 한 경험이 있을 것이다. 발음은 달라도 한자의 형태와 의미가 기본적으로 통하고 있으므로, 한국인이나 일본인이라면 의사소통이 가능하다. 이처럼 공통된 의미를 갖는 한자가 바로 인간(人間)인데, 중국어에서는 '사람과 사람 사이' 다시 말해서 '사회'와 '이 세상'을 말한다.

중국에서는 사람과 사람 간의 결합이 눈에 띄게 강하다. 이 점은 한국의 상황과도 다소 유사한 점이 있는데, 대강 정리하면 다음과 같다.

첫째, 자신의 의견과 욕구는 직접 표현하는 것이 마땅하고, 그것을 받아들일지 어떨지는 상대방의 자유라고 생각한다. 둘째, 가족, 친척, 친구, 아는 사람 등 자신을 중심으로 한 동심원의 테두리 안에서 '우리'가 시작되고, 그 외의 사람은 문자 그대로 '타인(他人)'이라는 의식이 강하다. 셋째, 전통적으로 법률, 규칙, 제도는 불확실한 것이라고 생각한다. 넷째, 따라서 '우리' 사이에서는 모든 편의와 협력을 구하는 것이 당연하다. 하지만 '타인'의 일에는 관여하지 않는다. 중국어에서 말하는 메이꾸안시(沒關係 : 관계없다)가 되는 것이다. 한 가지 덧붙인다면 위의 세번째 항목과 관련 있는 것인데, 이 두 사회에서는 이제까지 법률, 규칙, 제도가 국민의 권리와 편의를 충분히 배려한 것이 아니라 정부(政府)의 형편에 맞도록 되어 있었다는 것이다.

따라서 관청에 대한 민원이나 거래, 교섭은 말할 것도 없고 취직에서 인사문제, 사기 힘든 인기상품이라든가 콘서트 티켓 구입에 이르기까지 이 '사람과 사람 사이'의 관계에 의해 움직인다. 그것만으로 결과가 얻어질 것 같지 않을 때는 '떡값' '뒷돈' 등 여러 가지 이름의 '총알'이 나오게 된다.

일상생활에는 이런 예가 있다. 중국인 친구에게서 들은 이야기이다. 지금 중국에서는 집에 전화를 놓는 것이 유행이다. 실제로 전화가 필요했던 그 친구는 전화국 창구계와 친하게 지내는 사람이 있어서 그에게 다리를 놓아달라고 부탁하여 창구계와 그 상사에게 인사했다. 그리고 그 두 사람과 전화가설 담당자를 접대하고 각각 선물을 건넸다. 그 결과 정해진 날짜 안에 전화가 설치되었다. 이것은 꾸안시쉬에(關係學)의 제1과에 불과하다. 단지 안면이 있다고 하는 정도의 사이에서도 위력을 발휘하는 경우가 많기 때문에 사람들은 가능한 한 모든 기회를 이용해 교제의 범위를 넓히려고 한다. 전화이야기를 해준 친구는 그 주변사정에 대해 이렇게 말했다.

"편의나 이익이 모든 사람에게 고루 미칠 만큼 부유하지 못하다는 데에 문제의 원인이 있다. 그리고 그것을 공평하게 배분하는 규칙과 시스템이 이루어져 있지 않다. 따라서 모두가 인간관계를 최대한으로 이용하여 끼여들려고 하는 것이다. 정치로 말하자면 권력과 권한을 행사하는 규칙이 확립되어 있지 않기 때문에 아직 '법치(法治)'가 아닌 '인치(人治)'라고 하는 것이다."

그러한 폐해를 우려한 때문이지 중국 공산당은 1995년 5월 간부임명에 있어 '연줄'을 엄금하는 '간부 선발 임용 잠정 조례'를 제정했다. 이 조례는 자식이나 친척 등 혈연관계에 있는 사람이 동일 조직에 소속되거나 상사 · 부하의 관계가 되는 것 등을 금지하고 있다.

기차를 타고 홍콩에 가고 싶어했던 떵샤오핑

베이징과 홍콩을 잇는 철도 • 징지우티에루 • 京九鐵路

철도는 중국대륙의 대동맥이다. 요사이 국내 항공노선이 늘고 승객도 비약적으로 증가하고 있지만, 승객과 화물의 수량에서는 티에루(鐵路 : 철도)를 당할 수 없다.

중국의 철도노선은 시발역과 종착역의 지명을 따서 이름붙인다. 예컨대 징꽝시엔(京廣線)이라고 하면 베이징(北京)-꽝저우(廣州)를 잇는 2,324킬로미터의 구간을 말하고, 징하오시엔(京滬線)은 베이징-상하이(滬上海의 별칭)를 잇는 1,462킬로미터의 구간을, 그리고 징하시엔(京哈線)은 베이징-하얼삔(哈爾浜)을 잇는 1,388킬로미터의 구간을 말한다.

중국이 개방노선으로 전환하기 이전에는 한국 • 미국 • 일본 등과의 사이에 항공로가 개설되어 있지 않았기 때문에, 베이징을 방문하려는 외국인은 먼저 비행기편으로 홍콩으로 날아가 꽝지우티에루(廣九鐵路, 廣州-九龍間)로 꽝저우에 가서 다시 징꽝시엔으로 바꿔 타는 것이 일반적이었다. 도중에 선전(深圳)에서 일단 하차한 다음 다리를 건너 입국수속을 마치고 다시 기차를 타야 했던 것이다. 꽝저우에서 베이징까지 약 36시간이 걸리는 긴 여행이었다.

그 철도사에 다시금 새로운 장을 장식할 대건설 프로젝트가 1996년에 완성되었다. 베이징과 홍콩을 잇는 징지우티에루(京九鐵路, 北京-九龍間)가 그것이다.

홍콩반환을 결정한 떵샤오핑은 평소에 "기차를 타고 홍콩에 가보고 싶다."고

새로 생긴 베이징 서부역의 위풍당당한 모습.

말하곤 했다. 징지우티에루는 떵샤오핑 생전에 완성되었지만, 정작 떵샤오핑 본인은 홍콩반환을 5개월 남짓 남겨둔 1997년 2월에 타계하여, 결국 그 꿈은 실현되지 못했다.

창지앙의 물을 황허 이북으로 끌어오기

남쪽의 물을 북쪽에 조달한다 • 난수이뻬이티아오 • 南水北調

중국대륙의 기후와 풍토는 지역에 따라 큰 차이가 있다. 베이징(北京)을 포함하는 화뻬이(華北) 지역은 강우량이 적다 보니 겨울에도 눈이 내리면 신문에 서설(瑞雪)이라 대서특필된다. 따라서 만성 물부족을 해결하기 위해 중국 남부 창지앙(長江)의 물을 북방 황허(黃河)의 북쪽으로 끌어와 사용한다는 아이디어가 일찍부터 검토되고 있었다.

중화인민공화국 수립 후에도 중국정부는 여러 가지 조사를 계속했는데, 그것이 실제계획으로 되살아난 것은 마오쩌뚱 사후, 대담한 발전계획하에 발표된 국민경제 발전 10개년 계획(1978년)부터이다. 다만 이때는 10개년 계획 자체가 다소 과장된 것이었기 때문에 파국으로 돌아갔고, 남쪽의 물을 끌어다 쓰는 계획도 그 이상 구체화되지는 못했다.

그 후 얼마 되지 않아 중국은 떵샤오핑 시대의 개혁·개방 노선으로 이행하고 1980년대부터 급속한 경제발전을 이루었다. 그와 함께 베이징, 티엔진(天津) 등 화베이 지역의 물부족현상은 더욱 심각해졌다. 그리고 기술면이나 자금면에서 이 아이디어에 몰두할 조건이 갖추어졌기 때문에 이 계획도 1994년부터는 급속히 구체화되어 온 것이다.

창지앙의 물을 황허 이북으로 끌어올리는 데는 기술적인 문제가 있다. 우선 창지앙에서 북상하는 운하를 건설해야 한다. 취수지점과 경로는 지금까지도 몇 가지로 검토되어 왔다. 그 하나가 난수이뻬이티아오중양시엔(南水北調中央線)으로, 후베이(湖北) 성 내의 창지앙 지류인 한지앙(漢江)에 있는 딴지앙커우(丹江口) 댐에서 취수하여 허난, 허뻬이(河北) 성을 가로지르는 운하를 통해 베이징, 티엔진으로 옮긴다는 것이다. 이 경우 운하의 길이는 1,200킬로미터나 된다.

또 한 가지 큰 문제는 황허의 하상(河床)이 자꾸 높아져 부근의 토지보다도 높은 이른바 천정천(天井川)이 되어가는 것이다. 이는 황허가 황토고원을 흐를 때 유입된 황토가 수량(水量) 1세제곱미터당 700킬로그램이나 되고, 그것이 몇 세기에 걸쳐 침전되어 하상을 높여왔기 때문이다. 그래서 창지앙의 물을 황허 이북으로 흐르게 하는 데는 황허에 이르기까지 양수(揚水) 스테이션을 수십 개소 설치하여 수위를 40미터 가량 높여야만 하고, 더욱이 그것을 황허의 대안(對岸)에 건네주어야만 한다.

그 방법으로는 수로교(水路橋)를 통해 전달하는 방식과 황허 밑에 터널을 뚫어 전달하는 방식의 두 가지가 있는데, 1988년에 시험적으로 터널을 관통시켰다. 이러한 경위도 있고 해서 터널방식이 유력해졌다.

자금은 외국에서 차관을 들여와 일부 충당할 예정인데, 세계 역사상 유례 없는 이 프로젝트는 1996년부터 시작하는 것으로 되어 있다.

이 난수이뻬이티아오(南水北調)는 홍백(紅白), 흑백(黑白), 동서(東西)와 같이 대구(對句)를 많이 쓰는 중국숙어의 하나인데, 모양과 뜻이 유사한 숙어로 난량뻬이티아오(南糧北調)가 있다. 풍부한 남방의 식량을 북방으로 이송하는 것이다.

여담인데 난수이뻬이티아오와 모양이 비슷한 것으로 난치앙뻬이티아오(南腔北調)가 있다. '치앙(腔)'은 '액센트' '티아오(調)'는 '가락'과 동시에 '사투리'라는 의미가 있다. 그래서 이 숙어는 '남북의 방언이 뒤섞인 말'이라는 뜻이다.

중국의 지도를 바꿔놓을 세계 최대의 댐 공사

창지앙 댐 공사・싼시아꿍청・三峽工程

　황허(黃河)와 나란히 중국대륙을 관통해 흐르는 대하(大河) 창지앙(長江). 창지앙은 외국에서 양쯔지앙(揚子江)이라 불리는 경우가 많지만, 엄밀히 말해서 양쯔지앙은 지앙쑤(江蘇) 성의 지앙뚜(江都)에서 전지앙(鎭江)까지의 창지앙을 가리킨다.

　이 대하가 쓰촨(四川) 성을 지나 후뻬이(湖北) 성에 이르면 양안에 절벽이 깎은 듯 솟아 있고 강폭이 좁아지는데, 상류에서부터 차례로 취탕시아(瞿塘峽), 우시아(巫峽), 시링시아(西陵峽)를 합쳐 싼시아(三峽)라 한다. 이 싼시아를 관통하는 싼떠우핑(三斗坪)에 댐을 쌓는 싼시아꿍청(三峽工程)이 1994년 12월에 정식으로 착공되었다.

　창지앙을 다스려 관개(灌漑)와 발전(發電)에 이용하겠다는 아이디어를 처음 구체적으로 내세운 것은 신해혁명(辛亥革命)의 지도자 쑨원(孫文)이었다. 이 아이디어는 1919년에 씌어진 논문

창지앙(長江) 댐 건설 현장. 2,000미터의 콘크리트 구조물로 창지앙을 막게 된다.

「실업계획(實業計劃)」에 분명히 나와 있다. 신중국 수립 이후에도 이 아이디어는 발표되지 않았다. 공사규모가 너무 거대하고 건설비용도 막대했기 때문에 1959년에 책정된 창지앙 유역 종합 이용 계획에 포함되어 있었지만 구체화되지는 못했다.

1980년대에 들어 개혁·개방의 본격화와 함께 구체화를 요구하는 소리가 높아지고, 1991년이 되어 전국 수자원 공작 지도 소조가 조기건설 의견을 정부에 제출했다. 전국인민대회에 의안으로 제출되어 승인된 것은 1992년 4월의 일이다.

제안에 이르기까지도 기나긴 우여곡절이 있었지만 의안채택 때에도 찬성 1767표에 반대가 177표, 기권이 664표가 나왔다. 1991년에는 유명한 물리학자이자 정치 협상 회의 부주석인 치엔 웨이장(錢偉長)이 "전쟁이 나면 미사일 공격의 표적이 된다."라는 견해를 피력하며 싼시아 댐 건설에 반대의사를 표명했다. 또 거대 댐 건설이 환경에 미칠 영향을 우려하는 목소리도 강하여, 이런 여러 가지 견해가 투표결과에 반영되었던 것 같다.

그렇다면 이 프로젝트는 어느 정도의 규모인가.

이 댐은 발전 외에도 치수, 관개 등의 목적을 가진 다목적 댐으로, 총공사비 1,468억 위엔이 소요되고 완료까지 15년이 걸릴 전망이다.

댐은 높이 175미터, 길이 2,000미터의 콘크리트 구조물로 창지앙을 막는 형태가 된다. 저수량은 393억 세제곱미터. 여기서 생겨나는 발전소의 발전능력은 1,768만 킬로와트로 연간 840억 킬로와트나 된다(1993년 중국의 총발전량은 8,396억 킬로와트).

현재의 수위가 최대 170미터 상승하기 위해 인근의 땅 2만 8,000제곱킬로미터가 수몰된다. 이 때문에 주민 113만 명이 다른 지역으로 이주해야 한다. 이주대책비를 포함한 프로젝트 자금으로는 외자도 도입할 계획인데, 일본에서는 중·일 경제협회가 일찍부터 협력 위원회를 설치하고 있고, 정부도 중국측의 요청을 기다리며 검토하고 있다.

그런데 이 프로젝트의 재검토를 호소하고 있는 국제 인권단체 '인권워치 아시아(본부는 뉴욕)'는 1995년 2월, 중국 허난(河南) 성의 황허에서 1975년에 댐이 무너져 23만 명이 사망했다고 발표했다. 보고에 의하면 무너진 것은 1950년대 초기에 소련의 협력으로 건설된 두 개의 댐으로, 500년에 한 번 있는 큰 비에도 견딜 수 있다고 되어 있었지만 태풍이 세차게 밀어닥치자 참사가 발생했다고 한다. '인권워치 아시아'는 거대 댐 건설의 위험성을 강조하고, 쌴시아 프로젝트에 외국이 자금을 지원해주지 않을 것을 호소하고 있다.

중앙정부와 지방의 불협화음

위에 정책이 있으면, 아래에는 대책이 있다 •
상여우정처, 샤여우뚜이처 • 上有政策, 下有對策

문자 그대로 하면, '위에 정책이 있으면 아래에는 대책이 있다.' 가 되지만, 직역만으로는 이 말의 진짜 의미를 알 수 없다. 그 점을 보충해서 번역하면 '위에서 정책을 입안하더라도 아래에는 (그것을 멋대로 해석하고 적용하는) 대응책이 있다.' 는 정도가 될까.

위와 아래, 정책과 대책이라는 중국어다운 대구(對句)형식을 포함한 이 단어는 중국의 정치, 경제, 사회를 볼 때, 특히 중앙정부와 지방정부, 상부기관과 하부기관 및 말단기관에 있어 지령—복종, 지시—실시라는 실정을 생각할 때 중요한 단서를 제공해주는 것이다.

예를 들면 1993년 6월 중국 공산당 중앙 규율 검사 위원회와 국무원 감찰성이 연명하여 "당의 규율과 정치적 규율을 엄수하자."고 지방의 당과 정부기관에 통지문을 발표했다. 그 통지 중에는 다음과 같은 사항이 있었다.

"당 중앙이나 국무원의 유관 정책 조치 규정을 돌아보지 않고 '위에 정책이 있으면 아래에는 대책이 있다.'는 식의 농간을 되풀이하는 지방이나 부문에 대해서는 반드시 지도자를 책임추궁한다."(『런민르빠오(人民日報)』)

이 통지의 다른 부분에는 "명령해도 행하지 않고 금해도 멈추지 않는다. 네게 정책이 있으면 내게는 대책이 있다.(有令不行, 有禁不止, 有政策, 我有對策)"라는 표현도 나온다. 이는 미엔총푸뻬이(面從腹背 : 앞에서는 따르는 척하면서 뒤에서는 다른 마음을 품는 것)인 것이다.

중앙과 지방 사이, 중앙당국과 지방당국의 위와 아래 사이에 이러한 미엔총푸뻬이 현상이 잘 일어난다. 예컨대 홍꾸안티아오콩(宏觀調控, 매크로 컨트롤)을 채택한 중앙 당국이 인플레 억제를 위해 지방에 금융긴축을 시달했다고 하자.

이 '위의 정책'에 대해 밑에서 순순히 복종하면 문제는 없겠지만, '아래에는 대책'이라 하여 본래 긴축대상이 되는 대형 프로젝트라도 그것을 몇 개의 중소형 사업으로 나누어 보고하는 경우가 있다는 것이다.

다만 지방의 입장을 다소 변호하면, 광대한 중국에서는 지방에 따라 경제적 조건에도 상당한 차이가 있다는 것을 알아야 한다. 그래서 중앙이 전국에 일률적인 정책지시를 내놓아도 그것이 실정에 맞지 않는 곳도 나온다. 중국 공산당이 마오쩌뚱 시대부터 '이따오치에(一刀切 : 천편일률적인 처리)'를 제지해온 것도 그 때문일 것이다.

또 하나 『삼국지』의 이야기를 인용하지 않아도 중국은 지역마다 각각의 역사적 전통이 있으며, 향토의식도 대단히 높다. 그것은 자기가 살고 있는 지역의 이익을 옹호하겠다는 강도 높은 의욕으로 나타난다.

중국정부는 매크로 컨트롤을 강화하기 위해 중앙은행인 중국 인민 은행의 역할과 기능을 강화할 방침을 내세웠다. 이것이 실행되자 지방 당국은 이제까지 수중에 갖고 있던 금융권한을 잃고 말았다. 1995년 3월의 전국인민대표대회(전인대)에서 인민은행법 체결에 대한 반대·기권·무효가 897표(출석자의 33퍼센트)에 달한 것을 보아도 중앙의 통제강화에 대한 저항과 불만이 분명히 나타나 있다.

출신지가 다르면 말이 통하지 않는 중국인들

표준어 • 푸퉁화 • 普通話

니하오(你好 : 안녕하세요), 시에시에(謝謝 : 고맙습니다), 그리고 짜이지엔(再見 : 안녕). 중국을 방문하는 외국인이라면 가장 먼저 익혀 요긴하게 쓰는 기본적인 중국어 표현들이다. 영어로 하자면 'Hello, Goodbye, See you again' 쯤 되는 것이다.

중국에 사는 중국인이 사용하는 말이므로 중국어라고 일반적으로 생각하지만 엄밀히 말하면 사정은 상당히 다르다. 모두 '중국인'이라 통칭해도 그 나라 국민이 속해 있는 민족이 56개로 나뉘어 있고 언어도 다르기 때문이다.

중국에서는 12억 인구 중 한족(漢族)이 92퍼센트로 압도적 다수를 차지하고 있다. 중국에서는 중국어를 말할 때 한족이 예로부터 사용해왔고 한자로 표기해온 언어라는 의미에서 '한어(漢語)'라고 하지 '중국어'라고 하지는 않는다. 마찬가지로 한어로 시짱(西藏)족이라 표현되는 티베트족의 언어는 시짱어이다.

이 한어를 중국이 제정한 한위핀인(漢語拼音 : 국정 로마자) 방식으로 표기하면 Hanyu가 된다. 구미어(歐美語)에 공통되는 로마자를 사용하고 있지만 혀를 말아들여 발음하는 zhi(즈), chi(츠), shi(스), ri(르)를 비롯하여 si(쓰), xi(시) 등의 발음과 표기는 한어만의 독자적인 것이다. 예를 들면 '稀飯(아침에 먹는 멀건 죽)'은 Xifan으로 표기되고 '시판'으로 발음한다.

이러한 방식이 국제적으로 널리 알려져 있지는 않다. 중국의 전 주미 대사 한쉬(韓敍 : 전 중국인민대외우호협회 회장, 1994년 사망)의 이름은 Han Xu라 표기되었는데, Xu를 읽는 데 곤란을 느낀 미국인이 '한 엑스유'라 불렀던 적도 있다고 한다.

한편 소수민족이 사용하는 언어는 여러 가지가 있는데, 한자 이외의 문자가 많다. 예컨대 앞에 든 티베트족의 시짱어에는 티베트 문자가 있다. 그 중에서도 조선족의 차오시엔(朝鮮)어에는 한국어인 한글이 있고, 위그루족의 위구르어(維吾爾話)와 위구르 문자는 구소련령에서도 일부 통한다.

외국에서 한어를 중국어라고 받아들이는 방식이 생겨난 이유는 대략 세 가지라고 생각된다. 첫째는 인구의 절대다수를 차지하고 있는 것이 한족이라는 점, 둘째는 그 한족이 4,000년 전부터 다른 여러 민족보다 고도로 우수한 문명을 구축해왔다는 점, 셋째는 이 두 가지 기본적인 사정이 있기 때문에 근·현대 이후 만주족이 수립한 청조(淸朝)에서도 수도는 베이징(北京)이 되어 궁정이나 관리의 세계에서는 한어 중에서도 베이징어가 베이징꾸안화(北京官話 Mandarin)로서 사용되었다는 점이다.

다만 한어에도 복잡한 사정이 있다. 방대한 중국에서 사용되는 언어인만큼 베이징어 외에 꽝뚱(廣東)어 상하이(上海)어 등 다수의 방언이 있는 것이다. 예컨대 숫자를 세는 데도 베이징어에서는 一·二·三을 이·얼·싼이라 하는 데 반해 꽝뚱어에서는 얏·이·삼이라 하여 전혀 다르다.

해방 전의 중국을 무대로 한 미국작가 펄벅 여사의 소설 『대지(大地)』를 보면 중국인 유학생 두 명이 함께 배에 탔지만, 출신지가 서로 달랐기에 방언이 심해서 말이 통하지 않는다. 결국 서로 영어로 의사를 전달하는 에피소드가 나온다.

그래서 중화 인민 공화국 수립 후 베이징어의 발음을 기준으로 한 푸퉁화(普通話 : 표준어)가 제정되었다. 학교수업과 라디오·TV 방송은 기본적으로 이 푸퉁화로 진행된다. 소수 민족 지역에서는 민족 고유의 언어 외에 푸퉁화 교육도 행하고 있기 때문에 소수민족 중에는 2개 국어를 하는 사람이 많다.

그 중에서도 지린(吉林) 성에 사는 조선족들은 교육열이 높다고 알려져 있다. 고등교육을 받지 않은 사람이라도 한국어와 한어의 2개 국어를 하는 것이 예사이다. 게다가 한국어와 일본어는 문장구조가 매우 유사하기 때문에 일본어를 배우는 사람도 많아, 여행사의 가이드들은 중·한·일 3개 국어를 할 줄 아는 사람이 대부분이다.

떵샤오핑은 헛소문 제조공장

유비통신 • 샤오따오샤오시 • 小道消息

일직이 마오쩌뚱(毛澤東) 시대에 크게 추앙받던 소설로 『진꽝 따따오(金光大道)』라는 작품이 있다. 제목을 직역한다면 '빛나는 큰 길'이 될 것이다. 소설의 내용은 마오쩌뚱 사상을 기린 것인데, 문화 대혁명이 수습되면서 잊혀져버렸다. 따따오(大道)라는 제목과 반대로 샤오따오(小道)가 된 것이다.

표면에 드러난 내용들을 모든 미디어가 이구동성으로 전하는 관제(官製)뉴스를 '따따오신원(大道新聞)'이라 한다면(이런 단어는 실제로 없지만), 샤오따오샤오시(小道消息)는 대체로 골목에서 골목으로, 입에서 입으로 전해지는 뉴스나 정보, 이야깃거리를 가리킨다. 여기에는 또 하나 당 정부요인의 가족 등으로부터 누설된 공식정보가 비공식 루트를 통해 외부에 유통된 것도 포함된다.

중국의 경우 1980년대에 들어 정보교환이 많이 자유로워졌다. 그러나 NHK의 위성방송이나 CNN 등 외국 TV 방송의 수신이 법적으로 제한되어, 국내에서는 헌법에 정해진 집회·언론의 자유가 충족되지 않은 상태이다.

정보통제 사회의 만화적 풍경은 라디오 다이얼이 자국의 방송국에만 고정되어 있는 북한에서 지금도 볼 수 있다. 공식매체에서는

베이징의 자랑인 지엔꾸오먼(建國門) 입체교차로.
이 부근에서 아홉 명이 사망하는 참극이 벌어졌다.

다른 나라의 상황, 특히 생활모습이 전해지지 않아 대부분의 국민들은 비교할 대상이 없어서 "우리는 행복합니다" "우리는 부러울 것이 없습니다"라는 슬로건만 외치고 있다.

개방체제하의 중국에서는 북한과 같은 희화적 상황은 일단 없어졌다. 그러나 대중이 알고 싶어하는 것을 공식 미디어가 충분히 전해주는 것은 아니다. 그래서 샤오따오샤오시가 아직 건재하다.

1994년 9월 20일 이른 아침, 수도 베이징의 중심부에 있는 지엔꾸오먼(建國門) 입체 교차로 부근에서 한 남자가 자동소총을 난사하여, 지나가는 시민 외에 스쿨버스를 기다리던 이란 외교관 가족 등을 포함하여 아홉 명이 사망하고 마흔두 명이 부상

당했다.

가두에서 참극이 발생했기 때문에 이를 목격한 시민이 많았고, 이 사건은 샤오따오샤오시를 통해 금세 전해지기 시작했다. 중국 사람들은 호기심 많기로는 타의 추종을 불허한다. 사고가 난 20일 저녁에 범인의 신원에 대해서 비교적 정확한 정보가 소문으로 오르내렸다. 그는 베이징 교외의 부대에 소속된 인민해방군 장교이며, 상관과 말다툼하고 부대를 뛰쳐나왔다는 내용이었다.

국영 신화사(新華社) 통신은 다음날 오후나 되어서야 범인은 베이징 교외의 인민해방군 부대 소속 중위라는 것을 확인하고, 범행동기에 대해 "병사를 구타하여 징계처분을 받고 있었다."고 전했다.

샤오따오샤오시가 성행하는 것은 정치정세나 사회상황이 불안해져서 대중이 알고 싶어하는 것이 많아졌는데도 매스미디어가 이에 대응하지 않을 때이다.

1976년 1월 저우언라이(周恩來) 총리가 사망하여, 국민들이 '중국은 앞으로 어떻게 될 것인가'라며 불안해 하고 있을 때, 떵샤오핑(鄧小平)에 대한 기대를 담은 온갖 샤오따오샤오시가 난무했다. 그 중에는 떵샤오핑측에서 흘러나온 여론공작의 성격이 강한 정보도 있었던 것 같은데, 지앙칭(江靑) 여사 등 '사인방(四人幇)' 그룹은 떵샤오핑 등을 '헛소문 제조공장(造謠工場)'이라 비난하며 당시 상황을 샤오따오샤오시만티엔페이(小道消息滿天飛 : 유언비어가 하늘 가득 날아다니네)라고 표현했다.

"사람의 입에 달린 문은 닫히지 않는다."는 속담과 같이 현대사회에 있어 완전한 통제는 무리인 것 같다. 1970년대 박정희 정권하의 한국에서도 엄격한 매스컴 통제가 행해졌기 때문에 유언비어가 난무했다. 한국 사람들은 '유언비어'에서 로마자 머리글자를 취해 'YB 방송국'이라 익살을 부렸고, "YB 방송국에 의하면……" 등으로 샤오따오샤오시를 서로 전해 당국의 통제를 뒤에서 비웃기도 했다.

문서와 회의에 파묻혀 인민에게 봉사하지 않는 공무원들

문서의 산, 회의의 바다 • 원산후이하이 • 文山會海

어느 나라에서건 관료주의적으로 보이는 공무원들의 일처리 방식에 불만이 많다. 중국은 고대부터 관료제도를 시행하고, 세계에서 으뜸 가는 한자로 문서를 주고받는 습관을 길러왔다. 그만큼 관료주의의 폐해도 뿌리깊은 것 같다.

1949년 사회주의 체제가 되고서도 '웨이런민푸우(爲人民服務 : 인민에게 봉사한다)' 정신이 널리 퍼져 있던 시절에는 그래도 비교적 좋았던 것 같다. 그러던 것이 1950년대 중반 이후로는 '공산당 천하'라는 의식이 강해져 관료주의가 증폭되었다고 인민대중들 사이에서 불평을 샀다. 1957년 중국 공산당의 관료주의를 비판하는 작품이 화근이 되어 우파분자로 비판받았던 작가 왕멍(王蒙)은 문화 대혁명 후인 1978년 작가생활에 복귀했다. 그 이듬해 발표한 『유유촌초심(悠悠寸草心)』이라는 작품에는 주인공인 노(老) 이발사가 "그 시절에는 차별을 두지 않아서 좋았다."고 회상하는 대목이 나온다.

원산후이하이(文山會海)는 관료주의로 인한 형식적인 일처리를 말하는 것으로, 이것 역시 대(對)가 되는 한자를 멋지게 사용한 숙어이다. 文·山·會·海가 대가 되어 네 자로 꼭 맞게 구성되어 있다. 문서[文]의 산[山], 회의[會]의 바다[海]로, 관리가 문서의 산에 파묻혀 종일 시간을 보내고 회의의 이쪽 바다에서 저쪽 바다로 옮겨다니는 정경이 눈앞에 펼쳐지는 것 같다.

전직 국가 공무원 출신으로 사회학을 전공하고 있는 왕후이(王輝) 티엔진(天津) 사회과학원장은 '원산(文山)'의 문제점으로 다섯 가지를 들었다. 첫째, 많다(무엇이든 기안하지 않으면 시작할 수 없다). 둘째, 내용, 형식, 수신 등이 혼란스럽다. 셋째, 장황하다(틀에 박힌 말을 넣는다). 넷째, 내용의 수준이 낮다. 다섯째, 더디다(초안을 잡는 데 시간을 너무 들인다). 또한 회의의 대부분이 형식화되어 모이면 의논하지 않고, 의논해도 결정하지 않는 폐해가 일찍부터 지적되기도 했다.

'원산'의 사정은 미국에서도 마찬가지인 것 같으며, 1995년 5월에는 서류 작성 삭감법이 수립되었다. 행정 관리 예산국에 서류의 필요성을 체크시켜 1998년부터는 연 5퍼센트씩 서류를 줄여갈 것이라고 한다. 수치목표를 설정한 것은 자못 미국 스타일인데 효과는 어떨지.

이 밖에도 중국의 경우 지역적·전국적 회의가 되면 회의에 편승한 '관광유람(遊山玩水)'과 왕창 먹고 마시는 것(大吃大喝)이 늘 문제가 된다. 그 좋은 증거로는 서로 다른 성격의 회의라 해도, 피서지 베이따이허(北戴河)나 명승지 꾸이린(桂林), 항저우(杭州), 우시(無錫) 등 인기 있는 관광지에서 항상 개최된다는 점을 들 수 있다.

또 공비(公費)에 의한 연회는 그 지방의 명물요리와 술을 풍성하게 차려놓는 호화판이 된다. 중국 당국은 '연회를 간소하게'라고 하는 싼링우선(三令五申 : 반복해서 내리는 명령과 통지)을 하달하고 있으며, 구체적으로는 싼차이이탕(三菜一湯 : 요리 세 접시, 탕 한 사발)이라는 내용까지 규정한 적이 있다. 하지만 이럴 때는 '상여우정처, 샤여우뚜이처(上有政策, 下有對策 : 위에 정책이 있으면, 아래에는 그에 대한 대책이 있다)'라고 했던가. 그릇을 큰 것으로 해서 거기에 어떤 요리라도 보기 좋게 담는 대책이 등장했다. 이런 방약무인(傍若無人)의 태도를 막기 위해서는 "벽에 귀가 있고 미닫이에 눈이 있다."는 말처럼 국민과 매스미디어의 역할로 제도화하는 방책을 취해야 할 것이다.

정권투쟁에서 세 번이나 부활한 떵샤오핑

죽기살기의 정권투쟁 • 니쓰워후오더떠우정 • 你死我活的鬪爭

니쓰워후오더떠우정(你死我活的鬪爭)은 끈기 있고 자기 주장이 강한 중국인의 성격을 감탄할 정도로 잘 표현해내고 있다.

교과서 스타일로 얌전하게 해석하면 '너는 죽고 나는 사는 투쟁'이 된다. 이 말은 '잡아먹는가 먹히는가의 투쟁' 즉 한쪽은 살고 다른 한쪽은 죽는 것을 의미한다. 하지만 이 정도 만으로는 이 표현이 갖는 뉘앙스를 제대로 살렸다고 볼 수 없다.

실제의 경우 잡아먹는다거나 먹힌다거나 하는 등 제3자적 입장에서 남의 일을 말하는 것처럼 끝나지 않는 것이 바로 중국의 투쟁이다. 중국에서는 2,000년 이전부터 이 표현 그대로 피비린내 나는 권력투쟁이 반복되어 왔다.

그 구체적인 예로 『사기(史記)』를 보자. 기원전 625년 초(楚)나라에서 성왕(成王)의 장남이 아버지를 거역하고 쿠데타를 일으켜 성왕을 가두었다. 죽음에 임한 성왕은 "곰 발바닥(熊掌) 요리를 먹고 죽고 싶다."고 했으나 허락받지 못했다고 적혀 있다. 성왕은 죽기 전에라도 맛있는 것을 먹고 싶었던 것일까. 그렇지 않다. 조리에 3박 4일이 걸리는 곰 발바닥 요리를 먹고 싶다고 했던 것은 어떻게든 시간을 벌어 그 사이에 마지막 기사회생의 기회를 만들어내려 한 것이라고 적혀 있다.

대부분의 중국인들은 지금도 정치투쟁에는 유혈이 수반된다고 생각하는 것 같다. 인민해방군이 베이징(北京) 시내에 출동, 발포하여 수백 명의 사망자를 내고 세계를 놀라게 한 티엔안먼(天安門) 사건(1989년)은 "국가의 무력이 비무장 시민에게 향했다."고 하여 외국, 특히 서방 여러 나라에 충격을 주었다. 중국에서도 '공산당은 국민당보다 나쁘다.'라는 악평을 샀는데, "권력에 반항했으므로……"라는 의견도 일부에서 나왔다고 한다.

그런 맥락에서는 '뿌따오황허신뿌쓰(不到黃河心不死)'라는 속담도 있다. 이는 '황허(黃河)까지 몰리지 않는 한 단념하지 않는다'는 의미로, 절망적인 경지에 몰리기 전까지는 결코 포기할 수 없다는 말이다. 투쟁에 임하는 각오라고나 할까.

중국을 개혁·개방의 길로 인도한 떵샤오핑은 정치적으로 세 번이나 실각했다. 1976년 4월 고 저우언라이(周恩來) 총리를 추도하는 대중행동이 반혁명 사건으로 단죄되고(제1차 티엔안먼 사건), 그 사건의 배후로 간주되어 세번째 실각했을 때는 부총리, 당 정치국원 등 모든 공직에서 추방되고 말았다. 단 마오쩌뚱 주석의 알선으로 공산당원의 당적만은 박탈당하지 않았다.

공산당원으로 머물렀다는 것은, 중국의 정치세계에서는 '껍데기 한 장 쥐고서' 그 세계에 붙어 있는 것을 의미한다. 만약 그렇지 않았다면 '공산당원이 아니면 사람이 아니므로' 모든 공직

1996년 국경일 전후의 티엔안먼 광장의 평화로운 풍경. 유혈사태가 벌어졌던
1989년의 살벌했던 분위기와는 대조적이다.

에서 추방당하는 것은 물론 생명유지조차 어려웠을 것이다. 실
제로 문화 대혁명 때 '당에서 영원히 제명' 당한 리우사오치(劉少
奇) 전 국가주석은 허난(河南) 성 카이펑(開封)의 감옥에서 돌봐
주는 가족도 없이 비참한 죽음을 맞았다(1980년 5월 명예회복).

  떵샤오핑은 운이 매우 좋은 사람이다. 그의 경우 1차 티엔안
먼 사건으로 실각한 지 4개월 후에 마오쩌뚱이 사망했다. 그리
고 '사인방(四人幇)' 이라 불리던 그의 정치적 라이벌 그룹이 권
력계승을 노리고 책동했다. 이 그룹은 예컨대 철도노동자에게
"자본주의적인 정각(定刻)보다 사회주의적인 지각(遲刻)이 좋다"
는 슬로건으로 태업을 부추기기도 한 극좌 교조주의 집단이다.
"모든 사람이 손가락질하면 병 없이도 죽는다."라는 옛말처럼
그들은 대중의 지지를 얻지 못했고, 권력투쟁에 패하여 체포당
하고 만다. 그로부터 1년 후 떵샤오핑은 부활했다. 이러한 역사
적 사실이 최근에도 있었던 것을 보면 니쓰워후오더떠우정이나
뿌따오황허신뿌쓰 모두 사어(死語)가 되지는 않은 것 같다.

국민에겐 알리고 싶은 것만 알린다

좋은 일은 전하고 좋지 않은 일은 전하지 않는다 •
빠오시부빠오여우 • 報喜不報憂

한신(阪神) 대지진이 일어나 피해가 막대하다는 사실이 전해
졌을 때, 나는 1976년 7월 베이징(北京)에 주재하던 당시 허난
(河南) 성 탕산(唐山)에서 발생한 대지진을 생각했다.

진도 7.8의 도시직하형(都市直下型) 지진으로 인해 인구 100
만의 탕산 시는 사망자 24만 명, 중상자 16만 명을 내는 궤멸적
인 충격을 받았다. 베이징은 탕산에서 직선으로 150킬로미터
떨어져 있는데도 그 충격이 매우 심해 7층 아파트에서 잠자다
가 침대에서 떨어졌다.

당시 중국의 매스미디어는 탕산에서 대지진이 일어난 것은
보도했지만, 사상자수를 포함하여 재해상황은 전혀 전하지 않
았다. 그때 외국인 기자가 베이징에서 다른 지역으로 가려면 중
국 외무부와 베이징 시 공안국의 허가가 필요했는데, 이러한 보
도 통제 방식부터가 외국인 기자의 현지취재 따위는 안중에도

없다는 듯했다. 모 언론사의 도쿄 본사 데스크가 '중국의 구원대에 몰래 숨어 현지에 들어갈 수는 없는가?'라는 주문을 해왔다는 것을 훗날 전해 듣고서 같은 일에 종사하고 있는 사람으로서 씁쓸한 웃음을 지었던 기억이 난다.

이 예에서 볼 수 있는 것처럼 사회주의 국가에서 매스미디어의 역할은 일본, 미국과는 기본적으로 크게 다르다. 일본이나 미국에서는 '대부분의 사람들이 알고 싶어하는 것'이 뉴스이고, 그것을 전하는 것이 매스미디어의 역할이다. 이에 반해 사회주의 국가의 매스미디어는 한마디로 '당의 대변자'이며, 당과 정부의 업적 방침의 선전·선동 기관이라 할 수 있다.

그곳에서는 무엇이 사실이고 뉴스인가 하는 것보다 그것을 보도하는 것이 어떠한 의미와 효과를 가지는가가 기준이 된다. 그리고 이런 기준으로부터 '좋은 일은 전하고 좋지 않은 일은 전하지 않는다.'는 기본적 입장이 생겨났다.

물론 일본 등의 매스미디어도 어떤 사실에 대한 보도가 지니는 의미에 대해 검토하거나 고려하지 않는 것은 아니다. 1961년 『뉴욕 타임즈』는 쿠바 반군에 대한 미국의 지원사실을 사전에 포착했지만, 검토한 후에 보도하지 않았다. 후에 케네디 대통령이 "보도해주었더라면……" 하고 후회했던 말은 유명하다. 또한 『뉴욕 타임즈』도 당시를 반성하고, 후에 '베트남 비밀보고'를 입수했을 때는 게재를 단행했다. 문제는 좋은 것, 마음에 드는 것을 누가 결정하는가 하는 점이다.

1995년 3월 중국 전국인민대표대회(전인대)에서의 부총리 선거 때 한 명의 후보자에게 반대 605표, 기권 391표로, 도합 36퍼센트나 되는 비판표가 나왔다. 그러나 중국의 주요 언론들은 이 수치를 알리지 않았다. 대량의 비판표가 나온 것이 보도되면 당 중앙 지도부의 위신에 악영향이 미친다고 판단했기 때문일까.

같은 전인대의 투표보도라 해도 1989년 당시는 국영 신화사(新華社) 통신이 어느 중요 안건에 대해 40퍼센트의 반대표가 던져진 사실을 전했던 것이다. 또 베이징 TV국이 고급 간부용 공용차(公用車)로 백화점에 가는 가족의 모습을 방영하여, '이러한 보도는 일찍이 없었던 것'이라는 반향을 일으킨 적이 있었다. 상업담당 각료가 베이징의 고급 레스토랑에서 여러 차례 연회를 하면서도 형식적인 대금밖에 지불하지 않자, 종업원이 언론에 내부 고발하여 세상에 알려졌던 적도 있다.

이러한 상황은 1987년 중국 공산당 제13회 대회 때 당시 자오쯔양(趙紫陽) 총서기가 정치체제 개혁을 언급하면서 '여론에 의한 감독'을 다시금 제창하던 분위기 속에서 출현한 것이었다.

지앙쩌민(江澤民) 지도부는 경제성장 중 횡행하는 고급 간부의 부정부패에 반대하고, 이를 적발하는 캠페인을 1994년부터 계속하고 있다. 1995년 봄에는 오직(汚職) 혐의를 받은 베이징 부시장이 자살하는 소동이 일어났는데, 시장경제화가 더욱 진행되면서 고급 간부의 부정부패 현상은 갈수록 확대될 것이다. 거기에 대처해가는 데는 매스미디어가 지금까지와 같은 빠오시부빠오여우의 자세를 고치고 대중의 지지를 얻어 '여론에 의한 감독'의 역할을 맡을 필요가 있다.

개혁의 첨단을 걷는 선전(深圳) 시에서는 당과 정부 지도자의 발언이나 동정을 신문 TV에서 크게 다루지 않는 개혁을 시작했다. 하지만 정치의 근본에 '네 가지 기본원칙'이 자리잡은 것이 그 나라의 특성인만큼 저널리즘으로의 길은 아직도 멀다.

누가 중국을 먹여살릴 것인가

일용할 양식 • 리앙스 • 糧食

한어(漢語)에서 말하는 리앙스(糧食)에는 '생활의 양식'이라는 뉘앙스가 들어 있다. 이 리앙스는 곡물, 감자류(芋類), 콩류 등 주식이 되는 것의 총칭이며, 구체적으로는 쌀, 밀, 대두, 고량, 조, 옥수수, 고구마, 감자 등을 가리킨다(토란은 포함되지 않는다).

따라서 중국에서 공식적으로 발표되는 식량생산량(4억 5,649만 톤, 1993년)은 이들을 모두 합산한 것이다. 집계 때 감자류는 곡물 중량의 5분의 1로 환산되어 있다(예컨대 감자 5킬로그램은 쌀 1킬로그램분).

이처럼 리앙스는 곡물, 감자류, 콩류의 총칭이므로 그 내용에 따라 고급 리앙스인 시리앙(細糧)과 그렇지 않은 추리앙(粗糧), 또는 짜리앙(雜糧)으로 구별한다.

북방에서는 소맥분을 사용한 분식(면류, 만두)을 즐기고, 남방에서는 쌀밥이 일반적이어서 식습관에 차이가 있다. 시추(細粗)의 구별은 지역에 따라 다르기도 하지만, 보통 시리앙은 정미(精米)와 소맥분(小麥粉)이고, 그 외의 잡곡, 감자류는 추리앙, 짜리앙이라 한다.

그런데 『한서(漢書)』에도 "백성은 밥을 하늘로 삼는다(民以食爲天)."라고 씌어 있을 만큼 중요한 리앙스지만 그 장래를 걱정하는 소리가 높다.

중국에서는 엄격한 인구 억제 정책에도 불구하고 인구의 절대수가 연간 1,200만~1,500만 명쯤 증가하고 있다. 한편 공업화를 축으로 한 근대화로 농지가 공장, 도로, 주택 등으로 전용되어 경지면적이 감소하고 있다. 경지면적은 1989년의 1억 1,300만 헥타르를 최고로 하여, 그 이후로는 5년 연속 감소했다. 그리고 1994년에는 결국 경계수위라고 하는 1억 1,000만 헥타르를 밑돌고 말았다.

인구증가와 농지감소에 더하여, 첫째, 식육수요의 증대에 따른 곡물의 사료전용 증가, 둘째, 농산물과 공업제품(농업기계, 화학비료 등)의 협상가격차(schere : 해마다 농산물과 공산물의 가격차가 벌어지는 현상)에 의한 경영곤란과 생산의욕 감퇴, 셋째, 농약의 과다 사용과 사막화, 산성화 등에 의한 농업생산력 저하 등도 심각하다.

미국의 환경감시 단체 월드 워치의 레스터 브라운 소장은 1994년 '누가 중국을 먹여살릴 것인가(Who will feed China)' 라는 제목의 보고에서 "인구가 16억 명이 되는 2030년이 되면 중국은 3억 8,000만 톤의 곡물을 수입하지 않을 수 없게 된다."고 예측했다. 그리고 1992년의 세계 곡물 총수출량은 대략 2억

3,000톤이었으므로 4억 톤 가까운 곡물을 중국에 공급할 수 있는 나라는 없다고 경고하고 있다.

실제로 1994년 중국은 '쌀 수출 금지와 밀 등의 수입' 방침을 결정하고 일본의 연간 쌀 소비량에 해당하는 1,000만 톤을 수입했다. 일본의 메이커가 된장의 원료로 의지하고 있는 중국산 대두의 수입은 중국정부가 1995년 5월부터 신규 수출허가증을 내주지 않게 되었기 때문에 일본측에서는 공급불안이 고조되었다. 5~6월 선적분에 대해서는 일단 허가증의 기한을 연장하는 방법이 취해지게 되고, 9월부터는 수출허가증을 내줄 전망이지만, 다소 불투명하다.

식량난이 전해지는 북한에게 버팀목이 되어야 할 중국이 이런 형편이므로, 북한은 1995년 5월 마침내 일본에 '잉여쌀의 대여'를 제의했다.

또 1994년 10월에는 중국 주요 도시에서 식량가격이 전년 동월 대비 60퍼센트나 치솟았다. 그것이 요인이 되어 인플레를 크게 악화시켰고, 시민의 고민거리가 되었다. 이 때문에 35개 주요 도시 중 베이징(北京), 꽝저우(廣州), 티엔진(天津) 등 여섯 도시를 제외한 29개 도시에서는 1994년 가을부터 리앙피아오(糧票 : 식량표)가 부활했다.

리앙피아오는 시장경제화에 따라 1993년 5월에 폐지되었던 것으로, 지금 그것을 지참하고 국유상점에 가면 시장가격보다 싸게 쌀이나 밀을 구입할 수 있다. 이 조치에는 물가대책의 색조가 짙게 드리워 있는데, 머지않아 수요량과 공급량을 조정하는 역할을 할지도 모른다.